プリント形式のリアル過去問で本番の臨場感！

愛知県

星城高等学校

2025年春受験用 解答集

本書は，実物をなるべくそのままに，プリント形式で年度ごとに収録しています。
問題用紙を教科別に分けて使うことができるので，本番さながらの演習ができます。

■ **収録内容**

・解答集(この冊子です)

書籍ＩＤ番号，この問題集の使い方，最新年度実物データ，リアル過去問の活用，
解答例と解説，ご使用にあたってのお願い・ご注意，お問い合わせ

・2024(令和６)年度 ～ 2020(令和２)年度　学力検査問題

・リスニング問題音声《オンラインで聴く》　詳しくは次のページをご覧ください。

JN132602

○は収録あり　年度	'24	'23	'22	'21	'20
■ 問題(一般入学試験)	○	○	○	○	○
■ 解答用紙	○	○	○	○	○
■ 配点			○		
■ 英語リスニング音声・原稿	○	○	○	○	○

全教科に解説があります

☆**問題文等の非掲載はありません**

教英出版

■　書籍ＩＤ番号

リスニング問題の音声は，教英出版ウェブサイトの「ご購入者様のページ」画面で，書籍ＩＤ番号を入力してご利用ください。

入試に役立つダウンロード付録や学校情報なども随時更新して掲載しています。

書籍ＩＤ番号　137321

（有効期限：2025年9月30日まで）

【入試に役立つダウンロード付録】
「ラストチェックテスト（標準／ハイレベル）」
「高校合格への道」

【リスニング問題音声】
オンラインで問題の音声を聴くことができます。
有効期限までは無料で何度でも聴くことができます。

■　この問題集の使い方

年度ごとにプリント形式で収録しています。針を外して教科ごとに分けて使用します。①片側，②中央のどちらかでとじてありますので，下図を参考に，問題用紙と解答用紙に分けて準備をしましょう（解答用紙がない場合もあります）。

針を外すときは，けがをしないように十分注意してください。また，針を外すと紛失しやすくなりますので気をつけましょう。

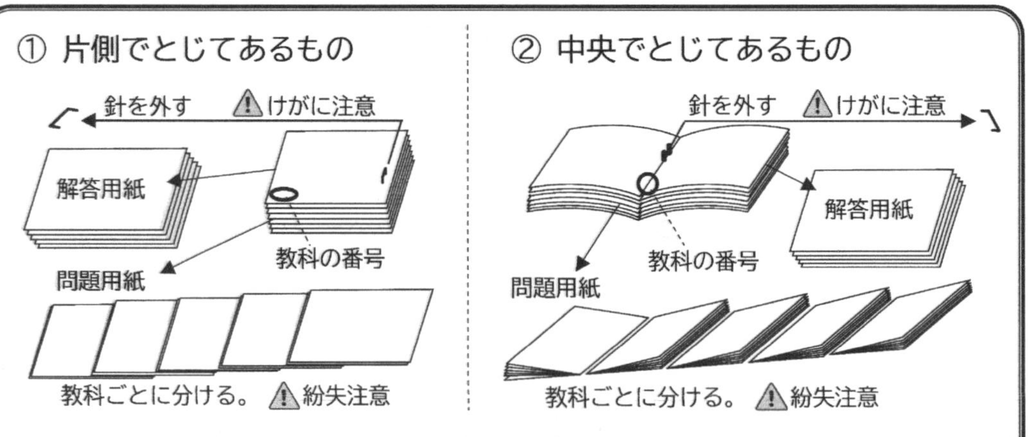

※教科数が上図と異なる場合があります。
解答用紙がない場合や，問題と一体になっている場合があります。
教科の番号は，教科ごとに分けるときの参考にしてください。

■　最新年度　実物データ

実物をなるべくそのままに編集していますが，収録の都合上，実際の試験問題とは異なる場合があります。実物のサイズ，様式は右表で確認してください。

問題用紙	Ａ４冊子（二つ折り）
解答用紙	Ａ４マークシート

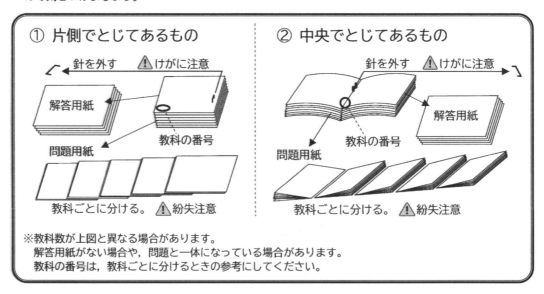

リアル過去問の活用

~リアル過去問なら入試本番で力を発揮することができる~

本番を体験しよう！

問題用紙の形式（縦向き / 横向き），問題の配置や余白など，実物に近い紙面構成なので本番の臨場感が味わえます。まずはパラパラとめくって眺めてみてください。「これが志望校の入試問題なんだ！」と思えば入試に向けて気持ちが高まることでしょう。

入試を知ろう！

同じ教科の過去数年分の問題紙面を並べて，見比べてみましょう。

① 問題の量

毎年同じ大問数か，年によって違うのか，また全体の問題量はどのくらいか知っておきましょう。どのくらいのスピードで解けば時間内に終わるのか，大問ひとつにかけられる時間を計算してみましょう。

② 出題分野

よく出題されている分野とそうでない分野を見つけましょう。同じような問題が過去にも出題されていることに気がつくはずです。

③ 出題順序

得意な分野が毎年同じ大問番号で出題されていると分かれば，本番で取りこぼさないように先回りして解答することができるでしょう。

④ 解答方法

記述式か選択式か（マークシートか），見ておきましょう。記述式なら，単位まで書く必要があるかどうか，文字数はどのくらいかなど，細かいところまでチェックしておきましょう。計算過程を書く必要があるかどうかも重要です。

⑤ 問題の難易度

必ず正解したい基本問題，条件や指示の読み間違いといったケアレスミスに気をつけたい問題，後回しにしたほうがいい問題などをチェックしておきましょう。

問題を解こう！

志望校の入試傾向をつかんだら，問題を何度も解いていきましょう。ほかにも問題文の独特な言いまわしや，その学校独自の答え方を発見できることもあるでしょう。オリンピックや環境問題など，話題になった出来事を毎年出題する学校だと分かれば，日頃のニュースの見かたも変わってきます。

こうして志望校の入試傾向を知り対策を立てることこそが，過去問を解く最大の理由なのです。

実力を知ろう！

過去問を解くにあたって，得点はそれほど重要ではありません。大切なのは，志望校の過去問演習を通して，苦手な教科，苦手な分野を知ることです。苦手な教科，分野が分かったら，教科書や参考書に戻って重点的に学習する時間をつくりましょう。今の自分の実力を知れば，入試本番までの勉強の道すじが見えてきます。

試験に慣れよう！

入試では時間配分も重要です。本番で時間が足りなくなってあわてないように，リアル過去問で実戦演習をして，時間配分や出題パターンに慣れておきましょう。教科ごとに気持ちを切り替える練習もしておきましょう。

心を整えよう！

入試は誰でも緊張するものです。入試前日になったら，演習をやり尽くしたリアル過去問の表紙を眺めてみましょう。問題の内容を見る必要はもうありません。どんな形式だったかな？受験番号や氏名はどこに書くのかな？…ほんの少し見ておくだけでも，志望校の入試に向けて心の準備が整うことでしょう。

そして入試本番では，見慣れた問題紙面が緊張した心を落ち着かせてくれるはずです。

※まれに入試形式を変更する学校もありますが，条件はほかの受験生も同じです。心を整えてあせらずに問題に取りかかりましょう。

2024 解答例 令和6年度　星城高等学校

《国　語》

大問一　1．a．ウ　b．ア　c．エ　2．ア　3．エ　4．ア　5．イ　6．イ　7．イ　8．ア

大問二　1．ウ　2．a．エ　b．ウ　3．エ　4．②イ　③イ　5．イ　6．ア　7．ウ　8．エ

《数　学》

1　(1)ウ　(2)ウ　(3)エ　(4)ウ　(5)ア　(6)オ

2　[1](1)ウ　(2)エ　[2](1)イ　(2)ウ

3　[1](1)ア．4　イ．3　(2)ウ．1　エ．1　オ．2　[2](1)カ．1　キ．2　(2)ク．1　ケ．5

4　[1]ア．7　イ．0　[2]ウ．1　エ．9　オ．4　[3](1)カ．2　キ．5　(2)ク．5　ケ．3
[4](1)コ．3　サ．2　シ．2　ス．3　(2)セ．3　ソ．1　タ．1

《社　会》

1　(1)イ　(2)イ　(3)ア

2　(1)エ　(2)ウ　(3)ウ　(4)ア

3　(1)オ　(2)エ　(3)イ　(4)ウ

4　(1)ウ　(2)エ　(3)ア　(4)イ

5　(1)①イ　②ウ　③イ　(2)①エ　②ア

《理　科》

1　(1)オ　(2)ウ　(3)ウ　(4)ア

2　(1)オ　(2)①ウ　②エ　(3)ウ

3　(1)イ　(2)①エ　②ア　(3)Ⅰ．イ　Ⅱ．エ　(4)エ

4　(1)ア　(2)エ　(3)ア　(4)①イ　②イ　③ウ

5　(1)イ　(2)イ　(3)カ　(4)イ　(5)ウ

《英　語》

1　第一問　1番．a．誤　b．誤　c．誤　d．正　2番．a．誤　b．正　c．誤　d．誤
3番．a．正　b．誤　c．誤　d．誤
第二問　問1．a．誤　b．誤　c．誤　d．正　問2．a．誤　b．誤　c．誤　d．正

2　(1)エ　(2)ア　(3)イ

3　(1)イ　(2)エ

4　(1)イ　(2)ア　(3)エ　(4)ウ　(5)エ

5　(1)イ　(2)①エ　②ア　③ウ　(3)エ

2024 解説
令和６年度

星城高等学校

《2024　国語　解説》

一　**問二**　アの「副詞」は、自立語で活用がなく、主に動詞や形容詞、形容動詞を修飾する語である。

問三　「最先端の研究をしている科学者は、それぞれ自分が正しいと考える仮説を正当化するために、実験をしたり計算をしたりして」いる。そして、「まさしく今現在問題になっていること」に関しては、科学者は「『自分が正しいと考える答え』しか教えてくれない」。つまり、「今現在問題になっていること」に関しては、科学者たちは、自分が正しいと考える仮説をそれぞれ持っているのである。すると、ある問題について、同じような仮説を立てている科学者は複数存在すると考えられる。だから、科学者たちの間で意見が分かれている問題であっても、自分の意見と一致する立場をとっている科学者ばかりを集めることができるのである。よって、エが適する。

問四　「現代社会において科学研究の主要な財源は国家予算」であるので、「政府の立場と一致する主張をしている科学者には研究予算を支給し、そうでない科学者には支給しないようにすれば」、予算がほしい科学者などの中から、「政府の立場を補強するような研究」を行う者が出てきて、政府にとって都合のよい研究ばかりが行われることになりかねない。つまり、政府の立場と一致する主張をしている科学者に研究予算を支給することで、直接的に科学者をコントロールできるのである。よって、アが適する。

問六　傍線部④の次の段落に「この本では、『正しさ』とは何か～を考えます」とあり、このことに関して、同じ段落で、「あらかじめ結論だけ述べておけば～いわば共同作業によって『正しさ』というものが作られていくのだと考えています。それゆえ、多様な他者と理解し合うということは、かれらとともに『正しさ』を作っていくということです」と述べている。つまり、筆者は、「多様な他者と理解し合う」こと、「多様な他者」との「共同作業によって『正しさ』というものが作られていく」と考えている。そうして作られる答えが、「客観的で正しい答え」である。よって、イが適する。

問七　傍線部⑤の直前に、「感情尊重の風潮」の具体例として、「『正しさは人それぞれ』と並んで、『どんなことでも感じ方しだい』とか『心を傷つけてはいけない』といった」ものが挙げられているので、ア、ウ、エは適当。よって、イが正解。

問八　最後の段落に、「学び成長するとは、今の自分を否定して、今の自分でないものになるということです～傷つくことを恐れずに成長の道を進んでほしい」とある。よって、アが適する。

二　**問一**　「心すべき」は、現代でも使われる表現で、十分に注意するべき、用心すべきという意味。よって、ウが適する。

問二a　出された酒を、「さし受けさし受け、よよと」飲んだのは、具《ぐ》覚房《かくぼう》を迎えるためにつかわした「口づきのをのこ」である。よって、エが適する。　**b**　飼主のいる「宇治大路の家に」走り込んだのは、具覚房を乗せていた「馬」である。よって、ウが適する。

問三　過去の助動詞「けり」は、「けら・○・けり・ける・けれ・○」と活用する。よって、エが適する。

問四　古文で言葉の先頭にない「はひふへほ」は、「わいうえお」に直す。傍線部②と③を現代仮名遣いに直すと、それぞれ「迎えに馬を遣わしたりければ」「かいがいしげなれば、頼もしく覚えて」となる。よって、傍線部②と③は、歴史的仮名遣いの表記がそれぞれ２か所ずつあり、どちらもイが適する。

問五　「この男」とは、「口づきのをのこ」のことである。酒に酔った「この男」は、奈良法師が僧兵を大ぜい連れているのに出会い、彼らに対して「止り候へ」と命令した。したがって、破線部イの「止り」の主語は、奈良法師

と僧兵たちである。よって、イが正解。

問六　「このをとこ(＝ロづきのをのこ)」は、具覚房が奈良法師たちに、「この男は正気を失うほど酔っている者です。まげてお許しください」と言って、その場を収めたことに対して怒っている。よって、イは適当。また、「このをとこ」は、具覚房に対して、「わたしは酔ってなどおりません。せっかく手柄を立てようとしたのに、抜いた刀をむだにしてしまわれた」と言いがかりをつけて怒っている。よって、ウとエも適当。「このをとこ」は、「僧兵もみな、太刀を抜き、矢をつがえなどした」ことに対しては怒っていないので、アが正解。

問七　「宇治に住み侍りけるをのこ」が異変に気付いたのは、具覚房のところにつかわした馬が、血をつけて家に戻ってきた時である。この後、男は、「びっくりして、下男たちを大ぜい走らせた」。よって、ウが適する。アは「木幡の里人たち」、イは「馬」、エは「下男たち」の行動である。

問八　『徒然草』は、エの兼好法師による鎌倉時代の随筆。アの清少納言は『枕草子』の作者、イの鴨長明は『方丈記』の作者、ウの藤原定家は、『新古今和歌集』の編者として有名。

《2024　数学　解説》

1　(1)　与式$=10-4\div4=10-1=$**9**

(2)　与式$=\sqrt{6}+\frac{2\sqrt{6}}{2}+2\sqrt{6}=3\sqrt{6}+\sqrt{6}=$**$4\sqrt{6}$**

(3)　$a^2-2ab+b^2=(a-b)^2$に$a=2+\frac{4}{\sqrt{3}}$，$b=2-\frac{2}{\sqrt{3}}$を代入すると，

$\{(2+\frac{4}{\sqrt{3}})-(2-\frac{2}{\sqrt{3}})\}^2=(2+\frac{4}{\sqrt{3}}-2+\frac{2}{\sqrt{3}})^2=(\frac{6}{\sqrt{3}})^2=\frac{36}{3}=$**12**

(4)　食塩水に含まれる食塩の量は水を入れる前後で変わらず，$100\times\frac{10}{100}=10$(g)である。加えた水の量を$x$gとすると，$\frac{10}{100+x}\times100=8$　　$1000=8(100+x)$　　$1000=800+8x$　　$8x=200$　　$x=25$　　よって，**25g**である。

(5)　**【解き方】百の位は0にならないことに注意して，百の位→十の位→一の位の順に決めていく。**

百の位の決め方は3通りあり，その3通りそれぞれに対して十の位は3通り，一の位は2通りの決め方がある。よって，3桁の整数は全部で$3\times3\times2=$**18**(通り)できる。

(6)　**【解き方】箱ひげ図からは，右図のようなことがわかる。**

A．箱ひげ図から平均値は求められないので，正しいとはいえない。

B．(四分位範囲)＝(第3四分位数)－(第1四分位数)＝70－50＝20(点)である。よって，正しい。

C．クラスの人数は41人だから，第1四分位数は，41÷2＝20.5，20÷2＝10より，小さい方から10番目と11番目の値の平均である。第1四分位数が50点なので，50点以下の人が少なくとも10人以上いることはわかるが，50点未満の人が必ず10人であるかは判断できない。よって，正しいとはいえない。

D．中央値は60点であり，これは大きい方から21番目の値である。よって，60点以上の人は少なくとも21人いるから，正しい。

以上より，B，Dが正しいので，**オ**が適切である。

2　[1](1)　**【解き方】(少なくとも1枚は表となる確率)＝1－(4枚すべてが裏となる確率)で求める。**

4枚の硬貨の表裏の出方は$2^4=16$(通り)ある。このうち，すべて裏となるような出方は1通りだから，求める確率は，$1-\frac{1}{16}=$**$\frac{15}{16}$**である。

(2)　**【解き方】合計金額が 110 円以上になるためには，100 円が表，50 円か 10 円の少なくとも１枚が表となればよい。**

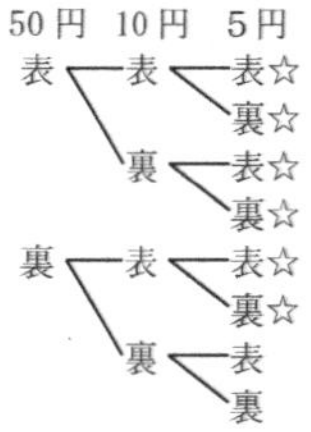

100 円は表に決まるから，50 円，10 円，５円の表裏の出方について右のような樹形図をかくと，条件に合うものは☆印の６通りある。よって，求める確率は，$\frac{6}{16}=\mathbf{\frac{3}{8}}$である。

［２］　**【解き方】各辺の長さは右図のように表せる。**

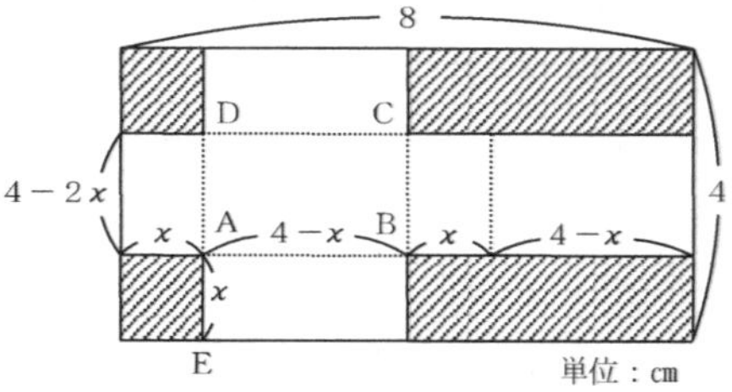

(1)　$x=1$のとき，AB$=4-1=3$(cm)，AD$=4-2\times1=2$(cm)，AE$=1$ cmだから，箱の体積は
$3\times2\times1=\mathbf{6}$(cm³)

(2)　長方形ABCDの面積について，$(4-x)(4-2x)=10$
これを解くと，$x=3\pm\sqrt{6}$
xは$4\div2=2$より小さいので，$0<x<2$だから，$x=\mathbf{3-\sqrt{6}}$

3　［１］(1)　**【解き方】P，Qの速さは毎秒１cmで等しいから，$0<x<4$のとき，△APQ∽△ABCである。**

P，Qが出発してからx秒後の△APQの１辺の長さは$1\times x=x$(cm)なので，△APQと△ABCの相似比は$x:4$となる。相似な図形の面積比は相似比の２乗の比と等しいから，S：T$=x^2:4^2=x^2:16$

S$=\frac{1}{9}$Tのとき，S：T$=1:9$だから，$x^2:16=1:9$より$x^2\times9=16\times1$　　これを解くと$x=\pm\frac{4}{3}$

$0<x<4$だから，$x=\mathbf{\frac{4}{3}}$

(2)　**【解き方】$4<x<6$のとき，△APQと△ABCで，底辺をそれぞれPQ，BCとしたときの高さが等しいから，S：T＝PQ：BCである。よって，PQ：BC＝１：４となるときのxの値を求める。**

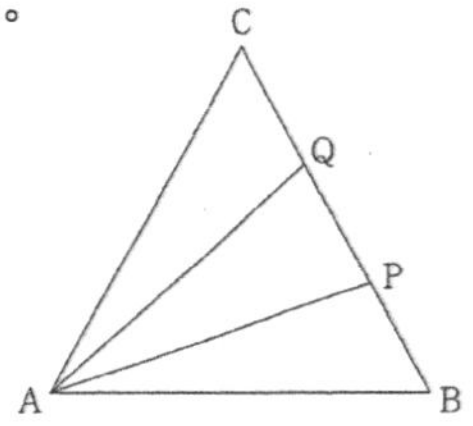

P，Qはそれぞれ出発してから４秒後にB，Cに達する。この後，PQ$=4\times\frac{1}{4}=1$(cm)となればよいので，P，Qが合計で$4-1=3$(cm)だけ進めばよい。P，Qは１秒間に合計で$1+1=2$(cm)進むから，PQ＝１cmとなるときのxの値は，
$4+\frac{3}{2}=\mathbf{\frac{11}{2}}$である。

［２］(1)　**【解き方】△OABの面積について，aを用いて方程式を立てる。**

Bは放物線$y=ax^2$上の点で，x座標が２だから，y座標は放物線の式に$x=2$を代入して，$y=a\times2^2=4a$となる。よって，AB＝(AとBのx座標の差)＝２，OA＝(Aのy座標)＝(Bのy座標)$=4a$だから，△OABの面積について，$\frac{1}{2}\times2\times4a=2$よりa$=\mathbf{\frac{1}{2}}$となる。

(2)　**【解き方】△OAB＝△OCBのとき，底辺をそれぞれOBとしたときの高さが等しいので，CはAを通り直線OBに平行な直線と，放物線$y=\frac{1}{2}x^2$の交点である。**

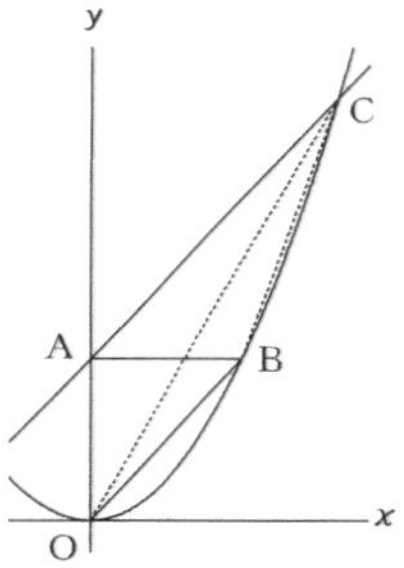

(1)より，$4a=4\times\frac{1}{2}=2$だから，A(0，2)，B(2，2)である。
直線ACの傾きは直線OBの傾きと等しく，$\frac{2-0}{2-0}=1$であり，切片が２だから，
直線ACの式は$y=x+2$である。
放物線の式$y=\frac{1}{2}x^2$と，直線の式$y=x+2$を連立させて，yを消去すると，
$\frac{1}{2}x^2=x+2$となり，これを解くと，$x=1\pm\sqrt{5}$　　$x>0$より$x=1+\sqrt{5}$
よって，Cのx座標は$\mathbf{1+\sqrt{5}}$である。

4　［１］　**【解き方】右図のように，補助線CDを引く。**

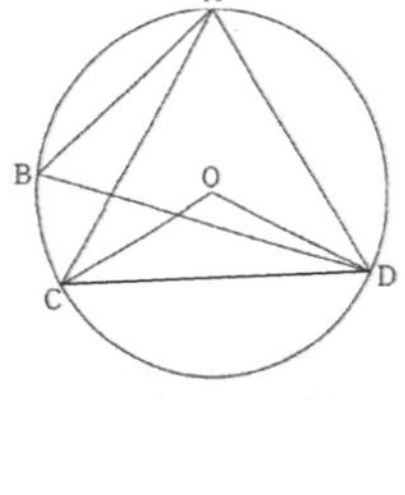

$\overset{\frown}{AD}$に対する円周角は等しいから，∠ACD＝∠ABD＝50°なので，
∠OCD＝∠ACD－∠ACO＝50°－30°＝20°

△ＯＣＤはＯＣ＝ＯＤの二等辺三角形だから，$\angle COD=180^\circ-20^\circ\times 2=140^\circ$

同じ弧に対する円周角は，中心角の半分だから，$\angle CAD=\frac{1}{2}\angle COD=$**70°**

［２］　証明の穴埋め問題では，すでに書かれていることがヒントになるのでそれをよく読んで，論理的な説明になるように空欄を埋めていこう。答えがすぐにわからない場合は，仮定を図にかきこみ，問題の内容に応じて，図形の性質，平行線の同位角・錯角などからわかることも図にかきこんで，答えを考えよう。

［３］⑴　**【解き方】ＡＢが直径だから∠ＡＰＢ＝90°であり，ＡＢ//ＣＤより，∠ＢＡＱ＝∠ＣＱＡだから，右のように作図できる。**

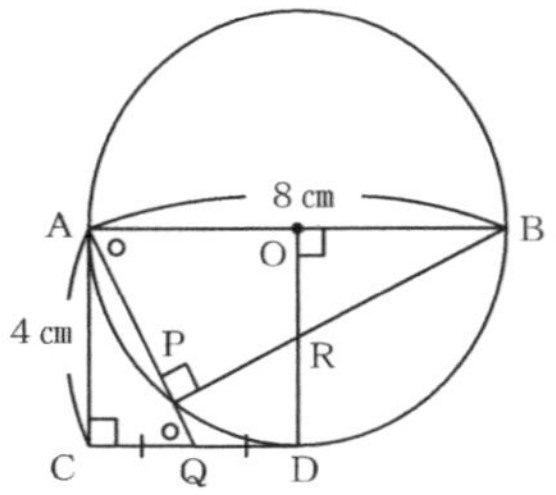

△ＱＣＡ∽△ＡＰＢ，△ＡＰＢ∽△ＲＯＢだから，△ＱＣＡ∽△ＲＯＢである。

また，ＡＣ＝ＢＯ＝４㎝だから，△ＱＣＡ≡△ＲＯＢである。

$QC=4\times\frac{1}{2}=2$（㎝）だから，三平方の定理より，

$AQ=\sqrt{AC^2+QC^2}=\sqrt{4^2+2^2}=2\sqrt{5}$（㎝）

△ＱＣＡ≡△ＲＯＢより，ＢＲ＝ＡＱ＝**$2\sqrt{5}$㎝**

⑵　**【解き方】△ＡＰＢ∽△ＲＯＢとなることを利用する。**

ＢＡ：ＢＲ＝ＰＢ：ＯＢ　　$8:2\sqrt{5}=PB:4$　　$PB=\frac{8\times 4}{2\sqrt{5}}=\frac{16\sqrt{5}}{5}$（㎝）

よって，$BR:RP=2\sqrt{5}:(\frac{16\sqrt{5}}{5}-2\sqrt{5})=$**5：3**

［４］⑴　**【解き方】△ＣＢＤと△ＡＢＤは３辺の長さがそれぞれ等しいので，合同である。**

△ＣＢＤが直角二等辺三角形だから，△ＡＢＤも直角二等辺三角形なので，$BD=\sqrt{2}AB=4\sqrt{2}$（㎝）

ＯがＢＤの中点だから，△ＯＡＢも直角二等辺三角形なので，$AO=BO=\frac{1}{2}BD=2\sqrt{2}$（㎝）

よって，正四角すいＡ－ＢＣＤＥの体積は，$\frac{1}{3}\times 4\times 4\times 2\sqrt{2}=$**$\frac{32\sqrt{2}}{3}$**（㎤）

⑵　**【解き方】側面がすべて合同な正三角形であることから，切断面の四角形ＰＣＤＱの辺の長さをすべて求められる。**

△ＡＢＥにおいて中点連結定理より，ＰＱ//ＢＥ，$PQ=\frac{1}{2}BE=2$（㎝）　　よって，ＰＱ//ＢＥ//ＣＤである。

また，ＰＣ，ＱＤはそれぞれ△ＡＢＣ，△ＡＥＤの高さにあたり，

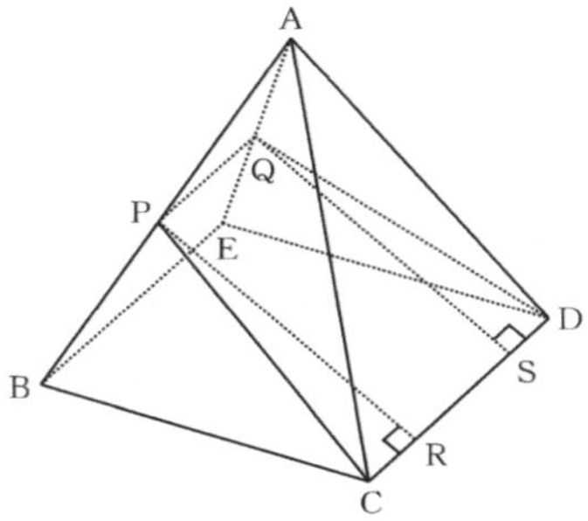

△ＡＢＣ≡△ＡＥＤだから，ＰＣ＝ＱＤである。

したがって，四角形ＰＣＤＱは等脚台形だから，右図において，

ＲＳ＝ＰＱ＝２㎝である。

よって，ＣＲ＝(ＣＤ－ＲＳ)÷２＝(４－２)÷２＝１（㎝）

△ＡＢＣは正三角形であり，ＰはＡＢの中点なので，△ＡＰＣは

３辺の長さの比が$1:2:\sqrt{3}$の直角三角形である。

よって，$PC=\frac{\sqrt{3}}{2}AC=2\sqrt{3}$（㎝）

△ＰＣＲにおいて，三平方の定理より，$PR=\sqrt{(2\sqrt{3})^2-1^2}=\sqrt{11}$（㎝）

したがって，求める切断面の面積は，$\frac{1}{2}\times(2+4)\times\sqrt{11}=$**$3\sqrt{11}$**（㎠）

《2024　社会　解説》

1　⑴　イ　　オーストラリアでは，東部で石炭，北西部のピルバラ地区で鉄鉱石，北部でボーキサイトが産出される。

⑵　イ　　ゴールドラッシュは，西部を開発する際に起きた。郊外にシリコンバレーがあることから判断する。

⑶　ア　　華南は稲作とさとうきび・茶の栽培，華中は稲作と茶の栽培，華北と東北は畑作が中心である。経済特

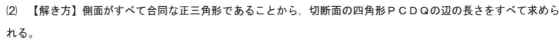

区は，アモイ・シェンチェン・チューハイ・スワトウ・ハイナン島の５つで，いずれも沿海部に位置する。

2　(1)　エ　　AはB，Cより明らかに高緯度に位置するから，冬に冷え込んでいる②である。瀬戸内地方に位置するCは，１年を通して降水量が少ない①である。

(2)　ウ　　Bは東京都である。ア．誤り。大阪の説明である。イ．誤り。都心の再開発が進められ，大学や研究機関は郊外に移転している。エ．誤り。東京都の都心部は，夜間人口より昼間人口の方が多い。

(3)　ウ　　Dは岩手県である。アは新潟県，イは京都府，エは山形県の伝統工芸品。

(4)　ア　　Eは愛知県である。愛知県の渥美半島には大きな河川がなかったため，豊川用水を引いてキャベツなどの野菜，メロンなどの果物，電照菊などを栽培している。

3　(1)　オ　　③(『日本書紀』の編纂・720 年)→①(墾田永年私財法の制定・743 年)→②(大仏の開眼供養・752 年)

(2)　エ　　東大寺南大門の金剛力士像がつくられたのは鎌倉時代である。アは平安時代の 11 世紀，イは平安時代の 10 世紀，ウは鎌倉時代が滅亡した後の 14 世紀。

(3)　イ　　慈照寺の銀閣が建立されたのは室町時代の 15 世紀のことである。アは江戸時代の 17 世紀，ウは平安時代の 10 世紀，エは安土桃山時代の 16 世紀。

(4)　ウ　　８代将軍の徳川吉宗による改革を享保の改革という。アは松平定信の寛政の改革，イは田沼意次の政治改革，エは水野忠邦の天保の改革の内容。

4　(1)　ウ　　義和団事件は 1900 年に起きた。ア．サラエボ事件は 1914 年に起きた。イ．ブロック経済政策は，イギリスとフランスが世界大恐慌を乗り切るために行った政策である。エ．名誉革命は 1688 年に起きた。

(2)　エ　　柳条湖事件は，南満州鉄道を関東軍が爆破した事件で，満州事変のきっかけとなった。治安維持法は，普通選挙法が成立した 1925 年に制定された。

(3)　ア　　イは 1945 年，ウは 1948 年，エは 1967 年。

(4)　イ　　日中平和友好条約は 1978 年に締結された。アは 1941 年，ウは 1925 年，エは 1880 年。

5　(1)①　イ　　天皇の国事行為に対する助言と承認は，内閣の仕事である。　②　ウ　　投票は無記名であり，秘密投票が行われる。　③　イ　　日本国憲法第 25 条で，生存権が保障されている。

(2)①　エ　　消費者基本法は，消費者保護基本法をもとにして，消費者の権利の尊重と自立の支援をするために，さまざまな消費者の権利を定めた法律である。1993 年，公害対策基本法にかわって環境基本法が成立した。

②　ア　　１ドル＝128 円から１ドル＝147 円になることは，ドルと交換する円の価値が下がったことになる。円安は，輸出企業に有利にはたらき，海外からの輸入品の価格は上がる。

《2024　理科　解説》

1　(1)～(3)　Aのような等粒状組織は深成岩に見られるつくりである。深成岩には白っぽいものから順に，花こう岩，せん緑岩，斑れい岩がある。これに対し，Bのように，石基と斑晶からなる斑状組織は火山岩に見られるつくりである。火山岩には白っぽいものから順に，流紋岩，安山岩，玄武岩がある。また，無色鉱物である石英や長石が多く含まれる火成岩は白っぽく見える。

(4)　マグマが地下深くでゆっくり冷えると大きな鉱物ができる。よって，大きな鉱物のみからできている深成岩は，マグマが地下深くでゆっくり冷えてできたものである。これに対し，火山岩は，(地下深くでゆっくり冷えてできた)大きな鉱物を含むマグマが地表付近に上昇し，地表近くで急に冷やされたため，大きな鉱物(斑晶)を取り囲む

ように石基ができ，斑状組織になる。

2　(1)　ＢＴＢ液は酸性で黄色，中性で緑色，アルカリ性で青色に変化する。塩酸は酸性，水酸化ナトリウム水溶液はアルカリ性であり，塩酸と水酸化ナトリウム水溶液が過不足なく反応したときにできる塩化ナトリウム水溶液は中性だから，水溶液の色は，黄色→緑色→青色の順に変化する。

(2)　塩酸中には塩化水素が電離して水素イオンと塩化物イオンが数の比１：１で存在する〔$HCl \rightarrow H^{+} + Cl^{-}$〕。また，水酸化ナトリウム水溶液中には水酸化ナトリウムが電離してナトリウムイオンと水酸化物イオンが数の比１：１で存在する〔$NaOH \rightarrow Na^{+} + OH^{-}$〕。これらを混ぜ合わせると，酸性の性質を示す水素イオン(陽イオン)とアルカリ性の性質を示す水酸化物イオン(陰イオン)が数の比１：１で結びついて水になることで，たがいの性質を打ち消し合う〔$H^{+} + OH^{-} \rightarrow H_2O$〕。また，塩化物イオンとナトリウムイオンは水溶液中では結びつかないので，手順Ｂで中性になったとき，水素イオンと水酸化物イオンはすべて水になり，塩化物イオンとナトリウムイオンだけが存在する。

(3)　塩酸(水素イオン)が残っているときには，水酸化物イオンと結びついて水素イオンが減っていくが，それと同じ数のナトリウムイオンが追加されるので，イオンの総数は変化しない。手順Ｂで中性になったときに水素イオンは０になり，さらに手順Ｃで水酸化ナトリウム水溶液を加えていくと，水酸化物イオンは結びつく相手がいないのでイオンのまま残り，イオンの総数が増えていく。

3　(2)　低気圧は西から東に動くので，この後，寒冷前線がＹを通過すると考えられる。寒冷前線付近では，寒気が暖気を激しく持ち上げることで積乱雲が発達しやすい。積乱雲は狭い範囲に激しい雨を降らせる雲である。また，寒冷前線通過後は寒気におおわれ(気温が下がり)，風向が南寄りから北寄りに変化する。

(3)　名古屋付近は高気圧におおわれていて，等圧線の間隔が広いことから，晴れで風が弱いと考えられる。また，春や秋は，低気圧と移動性高気圧が西から東へ交互に通過し，天気が周期的に変化する。

(4)　〔$\text{湿度}(\%)=\dfrac{\text{空気中に含まれる水蒸気量}(g/m^3)}{\text{その気温での飽和水蒸気量}(g/m^3)}\times 100$〕で求める。最高気温25℃における飽和水蒸気量は約23 g/㎥であり，空気中に含まれる水蒸気量は露点(ここでは10℃)における飽和水蒸気量と等しいから約10 g/㎥である。よって，$\dfrac{10}{23}\times 100 = 43.4\cdots(\%)$となり，エが最も近い。

4　(2)　導線を流れる電流の向きに図ｉの右手をあてはめると，図１のＡ側の導線のまわりには上から見て時計回り，Ｂ側の導線のまわりには上から見て反時計回りの磁界ができる。磁界の向きは方位磁針のＮ極が指す向きだから，ここでは針の黒く塗りつぶされた方をＮ極と考えて，エが正答となる。

図ｉ

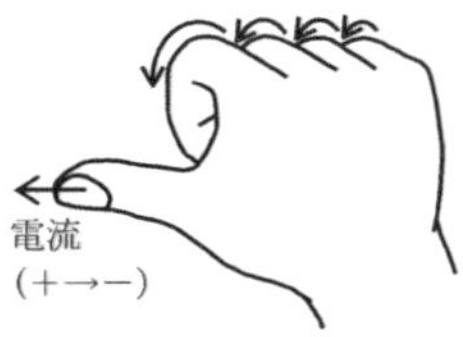

(3)　図２で，コイルの動き(電流が磁界から受ける力)を大きくするには，電流を大きくする，コイルの巻き数を多くする，より磁力の強いＵ形磁石に変える，などの方法がある。イとウではコイルの動く向きが逆になり，エではコイルの動きが小さくなる。

(4)　コイルの中の磁界が変化することでコイルに電流が流れる現象を電磁誘導という。磁石のＮ極を下にして上から下へ動かしたときに電流がＡの向きに流れたことを基準とし，磁石の極と磁石の動かし方のうち，どちらか一方を逆にすると電流の向きはＢになり，両方を逆にすると電流の向きはＡになると考えればよい。①では磁石の動かし方だけを逆にし，②では磁石の極だけを逆にしたから，どちらも電流はＢの向きに流れる。また，③では磁石を静止させたことでコイルの中の磁界が変化しないので，電流は流れない。

5　(3)　丸の純系はＡＡ，しわの純系はａａで表されるから，表ⅰより，ＡＡとａａをかけ合わせると，子はすべてＡａになる。

表ⅰ

	Ａ	Ａ
ａ	Ａａ	Ａａ
ａ	Ａａ	Ａａ

(4)　孫の代はＡａの自家受粉によってできる。表ⅱより，Ａａの自家受粉でできる孫の遺伝子の組み合わせと数の比は，ＡＡ《丸》：Ａａ《丸》：ａａ《しわ》＝１：２：１であり，形質の数の比は，丸：しわ＝(１＋２)：１＝３：１となる。よって，丸が547個できたとき，しわは$547\times\frac{1}{3}$＝182.3…(個)できるから，イが最も近い。

表ⅱ

	Ａ	ａ
Ａ	ＡＡ	Ａａ
ａ	Ａａ	ａａ

(5)　子の代はすべてＡａ，しわの種子は必ずａａだから，Ａａとａａをかけ合わせたときを考えればよい。よって，表ⅲより，Ａａ《丸》：ａａ《しわ》＝２：２＝１：１となるから，丸としわの数がほぼ同じになる。

表ⅲ

	Ａ	ａ
ａ	Ａａ	ａａ
ａ	Ａａ	ａａ

《2024　英語　解説》

1　**第一問　１番**　質問「ヨシノ先生とカズオはどこで話していますか？」…ヨシノ先生「みなさん、おはようございます。さっそく始めましょう。今日は，みなさんに将来なりたい姿を表現してほしいと思います。10 年後，または 20 年後の姿を想像してみてください。カズオさん，あなたはどうですか？」→カズオ「僕の好きな科目は数学です。数学の問題を解こうとしているとき，とても幸せです。僕は高校の数学の先生になろうと思います」より，ｄ「教室で」が適当。

２番　質問「どれが正しいですか？」…マリア「もしもし？」→ケイジ「やあ，マリア。ケイジだけど」→マリア「ケイジ，明日の朝は何かすることがある？もしなければ携帯電話の使い方のことで助けてくれないかな？買ったんだけど使い方がわからなくて」→ケイジ「明日の朝？悪いけど手伝えないよ。でも今なら暇だから手伝えるよ」→マリア「30 分後に新しい携帯電話を持って行くね」より，ｂ「マリアは携帯電話を購入済だ」が正しい。

３番　質問「エリーは次に何と言うでしょうか？」…マイク「ランチの時間だね。エリー，君は何を食べたい？」→エリー「お寿司が大好物だよ」→マイク「夕食に君を寿司屋に連れて行こうと思ってるんだ。他の食べ物はどう？」より，ａ「それなら，お好み焼きを食べてみたいな」が適当。

第二問　【放送文の要約】参照。

問１　質問「全部の水槽で飼われている金魚の数はいくつですか？」…10×５－７－３＝40 より，ｄ「40」が正しい。

問２　質問「リョウは毎朝何をしますか？」…ｄ「彼は金魚にエサをあげます」が正しい。

【放送文の要約】

リョウの父親は５つの水槽にたくさんの金魚を飼っています。問１ｄ父親はそれぞれの水槽に金魚を 10 匹ずつ入れていますが，そのうちの７匹は死んでしまい，３匹は友人にあげました。

問２ｄリョウは毎朝金魚にエサをあげます。彼は父親に，金魚のエサがもうすぐなくなることを伝えました。彼はエサを買うよう頼まれました。

2　【本文の要約】参照。

(1)　直後にツネオが体調を答えているから，エが適当。

(2)　直後に看護師が，今から朝食を食べてはどうかと提案しているから，アが適当。

(3)　再び腹痛を起こすことを心配するツネオに向けての看護師の発言だから，イが適当。

・if you don't ～ too much「～しすぎなければ」

【本文の要約】

看護師：おはようございます。今日は，⑴エおかげんはいかがですか？

ツネオ：あまりよくありません。今朝起きた時，お腹が痛かったんです。今日は何も食べていません。

看護師：熱はないようですね。今でもお腹が痛いですか？

ツネオ：⑵アいいえ，今は痛くありません。

看護師：では今，朝ご飯を食べてはどうですか？

ツネオ：今食べてもいいと思いますか？またお腹が痛くならないか心配です。

看護師：⑶イ食べすぎなければ大丈夫ですよ。

3 【本文の要約】参照。

⑴ (歯科医の診察予定)参照。歯が痛くなったのは月曜日の夕食後で，当日の診療時間は16時までだから，翌日まで待たなければならなかった。イ「火曜日」が適当。

⑵ ア×「筆者は歯科医院が嫌いなので行かなかった」…本文にない内容。　イ「もう痛みがなかったので，筆者は×再び歯科医院に行く必要はなかった」…もう痛みはないが，水曜日に再び診察を受ける予定である。　ウ「筆者は歯科医院に行ったが×学校に間に合った」　エ○「筆者は水曜日に歯科医院に行かなければならない」

【本文の要約】

月曜日，夕飯後に歯が痛くなりました。私はすぐに歯科医院に行きたかったのですが，aイ火曜日まで待たなければいけませんでした。私は朝早く歯科医院に電話しました。午後は休診だったからです。そして9時に来るように言われました。私は歯科医院に行き，治療の後は何の痛みもなくなりました。⑵エそして翌日の 15 時にまた来るように言われました。私は走って学校に行きましたが，2時間遅刻しました。私は担任の先生に会った時になぜ遅刻したのかを説明しました。

4 ⑴ 現在完了進行形の文〈has/have＋been ~ing〉「ずっと～している」に only を挿入した形。イが適当。ここでは現在完了進行形で，主人公の競技歴(経験の期間)を表している。

⑶ 非常用配備が役に立たなかったなどの記述から，打つ手立てがなかったと判断する。nothing 以下は〈省略された関係代名詞＋主語＋動詞〉の語順で後ろから nothing を修飾する形にする。　・there is nothing「何もない」

⑷ 質問「なぜ彼女はたくさんの大会に優勝できたのですか？」…第1段落2～3行目より，ウ「彼女は生まれ持った才能があったから」が適当。

⑸ ア×「大会では，天候は最高だった」…本文にない内容。　イ「彼らが離陸した時には×雷雲があった」
ウ「彼女はコーチに電話し，×おしゃべりを楽しんだ」　エ○「3人のパラグライダーのひとりは亡くなった」

【本文の要約】

ドイツ人パラグライダーがパラグライディングの世界大会に参加するため，オーストラリアを来訪中です。⑷ウ彼女のパラグライダー歴は4年ほどですが，生まれ持った才能のおかげですでに多くの大会で優勝していました。大会の1週間前，彼女はトレーニングの一環でパラグライディングのレースに参加しました。

その日の空は①イほぼ快晴(＝mostly clear)でした。彼女が離陸してしばらくはすべてが順調でした。その時，彼女のずっと前方でいくつかの雷雲が近づいてくるのが見えました。それらの雲は合体して巨大で強力な1つの雷雲になるおそれがあり，②ウ危険(＝dangerous)でした。彼女は考えました。

「あれらの雷雲から逃げなくては」

しかし，すでに③ア手遅れ(＝too late)でした。彼女は新たにできた巨大な雷雲に引きずり込まれ，上へ上へと上昇しました。非常用配備を使って下降を試みるも，役に立ちませんでした。彼女と同じ雷雲の中には他にも二人のパラグライダーがいました。(5)エそのうちのひとりは難を逃れることができましたが，もうひとりの中国から来た男性は逃れることができませんでした。残念ながら彼は生還できませんでした。雲の中の気温はとても低く，小さな氷の粒が彼女のそばを飛び交っていました。そこら中で雷鳴が聞こえました。彼女は無線でコーチに連絡し，

「私は巨大な雷雲の中にいます。Bエできることは何もありません(＝There's nothing I can do)」と言いました。

彼女は疲れていました。空気がどんどん薄くなってきました。

5 (1) 以降のケイジの対応から，おばあさんは道を尋ねたと判断する。 ・can you tell me ~?「～を教えていただけますか？」 ・how to get to ～「～への行き方」

(2)① ・I wonder＋主語＋動詞「なぜ～なのだろう」(疑問に思っていることを伝える表現)

② ・look forward to ～「～を楽しみにする」

③ ・My pleasure.「どういたしまして」(感謝の言葉への返答のひとつ)

(3) 【文章の要約】参照。友人から孫が親切にしてくれたと聞かされた時の祖母の気持ちだから，エが適当。ア「怒った」，イ「勇気づけられた」，ウ「ショックを受けた」は不適当。

【本文の要約】

おばあさん：すみませんが，レストラン・オカミネAイへの行き方を教えていただけませんか？

ケイジ　　：いいですよ。僕の学校の近くにあります。昨夜ちょうど家族でそこで食事をしました。そこまでお連れしましょうか？僕は学校に行く途中なんです。

おばあさん：まあ，ご親切に。でも①エなぜ日曜に学校に行くのかしら(＝I wonder why...)？

ケイジ　　：バレーボールをするんです。僕はバレーボール部に入っているんですよ。

おばあさん：私はそのレストランで旧友に会うの。もう長いこと彼女には会っていないんですよ。

ケイジ　　：楽しい時間になるといいですね。

おばあさん：ありがとう。私は②ア楽しみにしているんですよ(＝I'm looking forward to it)。

ケイジ　　：着きました。ここがレストラン・オカミネです。いいところですよ。どうぞ楽しんでください。

おばあさん：ご親切に助けてくれてどうもありがとう。

ケイジ　　：③ウどういたしまして(＝My pleasure)。お友達といい時間を過ごしてくださいね。

おばあさん：ええ。ありがとう。バレーボールの練習，がんばってね。

【文章の要約】

バレーボールの練習のあと帰宅したケイジは，自分の祖母があのおばあさんと一緒にいるのを見て驚きました。おばあさんの方もケイジを見てとても驚いた様子でした。ケイジは自分の祖母から，そのおばあさんが高校のクラスメートだったと聞きました。ふたりは高校卒業後 40 年ぶりに会ったのだそうです。ケイジの祖母は，友達からケイジが彼女を助けたということを聞いてエ喜びました(＝was pleased)。

星城高等学校

《国　語》

大問一　1．a．エ　b．イ　2．ア　3．ア　4．イ　5．エ　6．エ　7．ウ　8．ア　9．エ

大問二　1．①イ　②ウ（①と②は順不同）　2．a．ウ　b．エ　3．エ　4．エ　5．ア　6．ウ
7．エ　8．ア

《数　学》

1　(1)エ　(2)ウ　(3)イ　(4)エ　(5)ア　(6)イ

2　[1](1)エ　(2)ウ　[2](1)ウ　(2)イ

3　[1](1)3　(2)イ．2　ウ．6　エ．5　[2](1)2　(2)カ．3　キ．1　ク．8

4　[1]ア．4　イ．0　[2]ウ．6　エ．4　[3](1)オ．3　カ．0　(2)キ．2　ク．3
[4](1)2　(2)コ．7　サ．3

《社　会》

1　(1)2　(2)4　(3)1

2　(1)2　(2)4　(3)3　(4)4

3　(1)3　(2)1　(3)3　(4)2

4　(1)4　(2)3　(3)3　(4)2

5　(1)3　(2)1

6　(1)1　(2)4　(3)2

《理　科》

1　(1)ウ　(2)イ　(3)エ　(4)ア，オ　(5)ア，ウ

2　(1)ア，エ　(2)イ　(3)エ　(4)ウ　(5)エ

3　(1)エ　(2)イ　(3)ア　(4)エ　(5)エ

4　(1)ウ　(2)ウ　(3)ウ　(4)エ　(5)ア

《英　語》

1　第一問　1番．a．誤　b．誤　c．正　d．誤　2番．a．誤　b．誤　c．誤　d．正
3番．a．誤　b．正　c．誤　d．誤
第二問　問1．a．正　b．誤　c．誤　d．誤　問2．a．誤　b．誤　c．誤　d．正

2　(1)①ア　②エ　③ア　(2)①ウ　②イ

3　(1)①ア　②エ　③ウ　(2)イ　(3)エ

4　(1)①イ　②ウ　③イ　④ア　(2)エ

2023 解説
令和５年度

星城高等学校

《2023　国語　解説》

一 **問一**　a　傍線部aは「現象」。　ア．物証　イ．表彰式　ウ．完勝　エ．具象画

b　傍線部bは「酷使」。　ア．告白　イ．酷似　ウ．克服　エ．国益

問二　文節は、読んだときに不自然ではない程度に短く区切ったまとまり。「ネ、サ、ヨ」などを入れて読むと分かりやすい。また、文節には必ず一つ自立語が初めにあるため、それを目印に区切るのもよい。傍線部①では、「そんな／質問を」「される／ことが」を間違えやすいので注意する。「そんな」は形容動詞で、自立語なので一文節になる。「される」は、動詞「する」の未然形「さ」＋受け身の助動詞「れる」の連体形。

問三　直前の内容を、続く部分で言い換えているため、「つまり」が入る。

問四　本文では「文」と「武」の内容が具体的に説明された箇所はないため、文章の流れのなかで、その意味を捉える。傍線部②を含む一文に、「体を鍛えることもまた心を強くするといえそう」だが、「必ずしも『文＝武』ではない」とある。よって、「文」は「心の強さ」を、「武」は「体の強さ」を表すと推測される。そして、２つ前の段落に「脳神経の複雑な動きによって心という現象が起こる」とあることから、「心」は、「脳の働き」のことも指すと考えられる。つまり、傍線部②は「脳の働きと体の強さは一致しない」ということを述べているのである。

問五　傍線部③の「彼ら」は「漁師や農家の人のように、主に体を使って仕事をしている人」を指す。
ア．「彼ら」の「都会の人間にはない心の強さ」は、「厳しい自然を相手に」「一生懸命に仕事をしていることからくるのではないか」という内容と合っている。　イ．「彼ら」が「仕事や生活のなかで～問題が起これば～自分の頭で考え、体を動かさなくては解決しない」という内容と合っている。　ウ．「彼ら」は、仕事や生活の中で起きた問題を「ぼんやり見過ごしたり、人任せにしたりすると、命の危険にさらされ」る可能性のあるという内容と合っている。　エ．起きた問題を「ぼんやり見過ごしたり、人任せにしたりすると～生活が丸ごと崩れてしまう」可能性もあるとは述べているが、そこから「立ち直る経験」については、本文にはないため、これが正答である。

問六　傍線部④の具体的な状態は、直後の段落で述べられている。これは、傍線部④の直前にある「(心が鍛えられて強くなるのに)必要なのは、常に自分なりのベストを尽くすこと」だという内容を分かりやすく説明するための具体例である。

問八　「適切でないもの」を選ぶことに注意する。アは、傍線部⑥の直後に「こころの強さというものは～自分のなかでしっかりした手応えとして感じるもの」とあるのに合わないため、これが正答である。また、傍線部⑥の直前に「だからこそ」と理由や根拠を表す表現があるので、この前に書かれた内容が、筆者が傍線部⑥のように考える根拠である。イは傍線部⑥の直前に「心は形もなければ、質量も」ないとあること、ウは傍線部⑥を含む段落に「心の強さをはかる目盛りなど、どこにもありません」「尺度は存在しません」とあること、エは傍線部⑤を含む段落に「『俺は～だから強い』などと思ったら、そこでお終いです」とあることと合っている。

問九　ア．「都会人も漁師や農家の人のように」仕事をする必要があるという内容は本文にない。　イ．本文３行目に「こうすれば心が強くなるなどといった単純なマニュアルはどこにもありません」とあることと合わない。
ウ．本文に「トラブルもまた心を鍛えてくれます」とはあるが、「トラブルが人間を強くする」から「面倒な問題を～大切なことだ」と、この二つを因果関係で結ぶ内容はない。　エ．本文の中ほどに、「疑問や問題にぶつかったら、自分の頭で考え、解決して前に進む。そうやって幾度も幾度も考えたり体験したりすることによって、人は強くなっていくのでは」ないかとあることと合致する。よって、エが適する。

二　**問一**　歴史的仮名づかいの「ゐ《い》」の用いられている、イが適する。また、古文で言葉の先頭にない「はひふへほ」は、「わいうえお」に直すため、ウの「ふと思ひ《い》しままに」の「ひ」が歴史的仮名づかいである。

問二　まずは【現代語訳】を読んで、主語を捉えるとよい。　**a**　傍線部ａは、【現代語訳】２行目の「分け入れそうになかった」にあたる。そのまま【現代語訳】を前にたどると、「われわれ一同は車からおりて」から主語が変わっていない。この「われわれ一同」は、【原文】では「おのおの」である。　**b**　傍線部ｂは、【現代語訳】４～５行目の「これを見る人はあざけりあきれて、『なんという愚か者だろう～よくも安心して眠れるものだ』という」の「いう」にあたる。よって、「見る人」が主語である。これは【原文】でも「見る人」となっているので、エが適する。

問三　「前なる人ども、『まことに～候』と言ひて、みな後《うしろ》を見かえりて、『ここへ入らせ給へ』と(言ひ)て、所を去りて、呼び入れ侍りにき」の、下線部の五つ。２番目の会話文の後の「言ひ」が省略されていることに注意する。

問四　傍線部②に「こそ」という、係り結びをつくる係助詞があることに注目する。文中に「こそ」があるとき、文末は「已然形」で結ぶ。

問五　「入らせ給へ」の「せ」は尊敬の助動詞、「給へ」は尊敬の補助動詞の命令形なので、「お入りなさいませ」と敬語表現を用いて訳してある、アが適する。また、【現代語訳】には、傍線部③のように言って「場所を明けて、招いてくれた」とある。その行動につながる言葉を選ぶ。

問六　傍線部④は【現代語訳】では、第３段落の初めの「私が言ったくらいのことは」にあたる。では、「私」が言った内容はどういうものか。それは【現代語訳】の５～６行目にある「われわれが死ぬことになるのは～その愚かさは、あの法師にまさるとも劣らないのに」という言葉である。この内容をまとめたウが適する。

問七　傍線部⑤の「あらねば」の「ね」は打消の助動詞で、「ば」はこの場合、原因理由を表す助詞なので、「ないのだから」という訳になる。また、「なきにあらず」(無きにあらず)は、現代も「無きにしもあらず」という語句があるように、「ないわけではない」という訳になる。

問八　『竹取物語』は平安時代前期の成立で、最古の作り物語。『枕草子』は平安時代中期の作品。また、『平家物語』『徒然草』は鎌倉時代の作品である。『奥の細道』は江戸時代の作品である。

《2023　数学　解説》

1　(1)　与式$=3+16=19$

(2)　与式$=\frac{2}{5}-\frac{1}{6}=\frac{12}{30}-\frac{5}{30}=\frac{7}{30}$

(3)　与式$=\frac{\sqrt{3}\times\sqrt{5}-\sqrt{3}\times\sqrt{2}}{\sqrt{3}}=\frac{\sqrt{3}(\sqrt{5}-\sqrt{2})}{\sqrt{3}}=\sqrt{5}-\sqrt{2}$

(4)　与式$=x^2+x-6+4=x^2+x-2=(x+2)(x-1)$

(5)　**【解き方】濃度３％の食塩水の重さをxｇ，濃度８％の食塩水の重さをyｇとし，連立方程式を作り解く。**

濃度６％の食塩水の重さについて，$x+y=250$…㋐，含まれる食塩の重さについて，$0.03x+0.08y=250\times0.06$より，$3x+8y=1500$…㋑が成り立つ。

㋐と㋑を連立方程式として解く。㋑－㋐×３でxを消去すると，$8y-3y=1500-750$　$5y=750$　$y=150$

$y=150$を㋐に代入すると，$x+150=250$　$x=100$

よって，濃度３％の食塩水100ｇと濃度８％の食塩水150ｇを混ぜるとよい。

(6)　**【解き方】$y=-x^2$のグラフは下に開いた放物線だから，xの絶対値が小さいほどyの値は大きくなる。**

$2\leqq x\leqq3$でのyの最大値は，$x=2$のときの$y=-2^2=-4$，yの最小値は，$x=3$のときの$y=-3^2=-9$で

ある。よって，yの変域は，$-9 \leqq y \leqq -4$

2 ［1］ **【解き方】さいころを２回続けて投げる問題では，右のような表にまとめて考えるとよい。**

さいころの目の和

		2回目					
		1	2	3	4	5	6
1回目	1	2	3	4	⑤	⑥	⑦
	2	3	4	⑤	⑥	⑦	⑧
	3	4	⑤	⑥	⑦	⑧	⑨
	4	⑤	⑥	⑦	⑧	⑨	⑩
	5	6	7	8	9	10	11
	6	7	8	9	10	11	12

(1) ２回のさいころの目の出方は全部で$6 \times 6 = 36$(通り)ある。目の和が５以上となる出方は表の色付き部分の30通りだから，求める確率は，$\frac{30}{36} = \mathbf{\frac{5}{6}}$

(2) ２回目に投げたときに初めて目の和が５以上となる出方は表の○印の18通りだから，求める確率は，$\frac{18}{36} = \mathbf{\frac{1}{2}}$

［2］(1) この道路の道のりは，兄と弟が進んだ道のりの和に等しい。よって，

$200 \times 30 + 50 \times 30 = \mathbf{7500}$(m)

(2) 兄が弟より１周(7500m)多く進んだときに２人が出会うから，２人がx分後に出会うとすると，

$200x - 50x = 7500$が成り立つ。よって，$150x = 7500$　　$x = \mathbf{50}$

3 ［1］(1) 中央値はデータを小さい順に並べたときに真ん中にくる値だから，$40 \div 2 = 20$より，借りた本の冊数を少ない順に並べたときの20番目と21番目の値の平均である。20番目と21番目の値はともに３冊だから，中央値は**３冊**である。

(2) $(0 \times 1 + 1 \times 2 + 2 \times 12 + 3 \times 20 + 4 \times 5) \div 40 = \mathbf{2.65}$(冊)

［2］(1) **【解き方】２点Ａ，Ｂの座標をａで表し，直線ＡＢの傾きについて方程式を作り解けばよい。**

２点Ａ，Ｂは放物線$y = ax^2$上にあるから，それぞれx座標を代入してy座標を求める。Ａのx座標は-1だから，$y = a \times (-1)^2 = a$より，Ａ$(-1,\ a)$，Ｂのx座標は２だから，$y = a \times 2^2 = 4a$より，Ｂ$(2,\ 4a)$である。

このとき，直線ＡＢの傾きは，$\frac{4a - a}{2 - (-1)}$と表せる。これが２だから，$\frac{4a - a}{2 - (-1)} = 2$が成り立ち，$a = \mathbf{2}$

(2) **【解き方】△ＡＯＢと△ＱＯＢの底辺をともにＯＢとしたとき，高さが等しければ２つの三角形の面積は等しくなる。したがって，Ａを通り，直線ＯＢに平行な直線(直線ℓとする)と放物線$y = 2x^2$の交点がＱである。**

(1)の解説より，Ａ$(-1,\ 2)$，Ｂ$(2,\ 8)$とわかる。直線ＯＢの傾きは$\frac{8-0}{2-0} = 4$だから，

直線ＯＢの式は$y = 4x$となる。直線ℓの傾きも４だから，その式を$y = 4x + m$とする。

直線ℓはＡを通るから，座標を代入すると，$2 = 4 \times (-1) + m$となり，$m = 6$なので，

直線ℓの式は$y = 4x + 6$である。Ｑは直線ℓと放物線$y = 2x^2$の交点だから，その座標について，$4x + 6 = 2x^2$が成り立つ。これを整理すると，$(x-3)(x+1) = 0$となり，

その解は$x = 3,\ -1$である。-1はＡのx座標だから，Ｑのx座標は３であり，

$y = 2 \times 3^2 = 18$より，Ｑ$(\mathbf{3},\ \mathbf{18})$

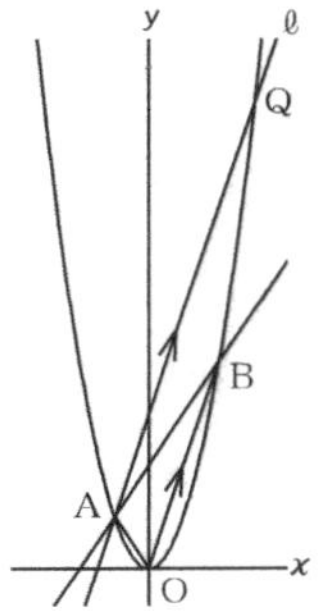

4 ［1］ **【解き方】右の「へこみのある四角形(ブーメラン型)の角度」を利用する。**

$\angle x = 140° - (64° + 36°) = \mathbf{40°}$

へこみのある四角形(ブーメラン型)の角度

右図の太線のようなブーメラン型の図形において，

三角形の外角の性質から，$\angle d = \angle a + \angle b$，

$\angle y = \angle c + \angle d = \angle c + (\angle a + \angle b)$だから，

$\angle y = \angle a + \angle b + \angle c$

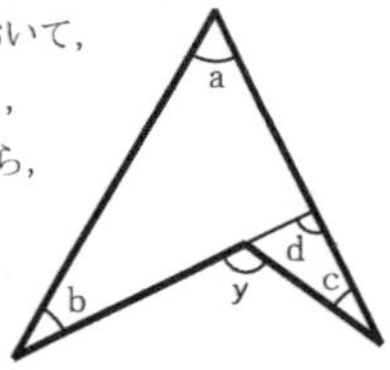

［2］ 直線ＢＯと円Ｏの交点をＥとする(図１)。

同じ弧に対する円周角は等しいから，

$\angle BEC = \angle BAC = 42°$

三角形の外角の性質より，$\angle DCE = \angle BDC - \angle BEC = 68° - 42° = 26°$

ＢＥが直径なので$\angle BCE = 90°$だから，$\angle x = \angle BCE - \angle DCE = 90° - 26° = \mathbf{64°}$

図１

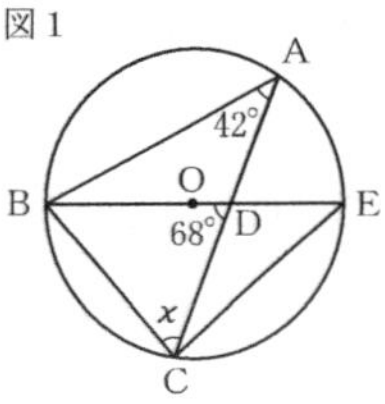

［3］(1) **【解き方】ＡＢが直径だから，$\angle ACB = 90°$**

直角三角形ＡＢＣにおいてＡＣ：ＡＢ＝１：２だから，この三角形は３辺の比が

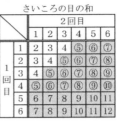

１：２：$\sqrt{3}$の直角三角形なので，∠ＢＡＣ＝60°，∠ＡＢＣ＝30°である。

円の接線は接点を通る半径に垂直だから，∠ＯＤＢ＝90°

∠ＡＣＢ＝∠ＯＤＢだから同位角が等しいので，ＡＣ//ＯＤ

△ＯＡＤは二等辺三角形だから，右図のように等しい角がわかる。

よって，∠ＢＡＤ＝60°×$\frac{1}{2}$＝**30°**

図２

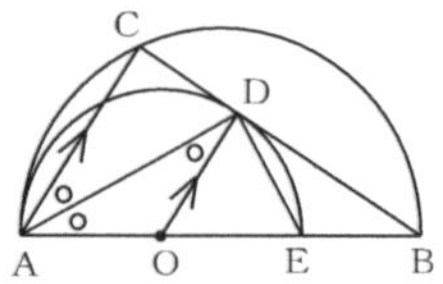

⑵　**【解き方】ＯＡ，ＯＥ，ＥＢの長さを比べる。**

円Ｏの半径だから，ＯＡ＝ＯＥ

∠ＢＯＤ＝∠ＢＡＣ＝60°だから，△ＯＤＥは正三角形なので，∠ＢＤＥ＝90°－60°＝30°

∠ＢＤＥ＝∠ＤＢＥ＝30°だから，△ＥＢＤは二等辺三角形なので，ＢＥ＝ＤＥ＝ＯＥ

よって，ＯＡ＝ＯＥ＝ＢＥだから，円Ｏの半径は，$\frac{1}{3}$ＡＢ＝$\mathbf{\frac{2}{3}}$(cm)

［４］⑴　**【解き方】三平方の定理より，ＰＭ＝$\sqrt{PF^2+FM^2}$だから，ＰＦとＦＭの長さを求めればよい。**

図３

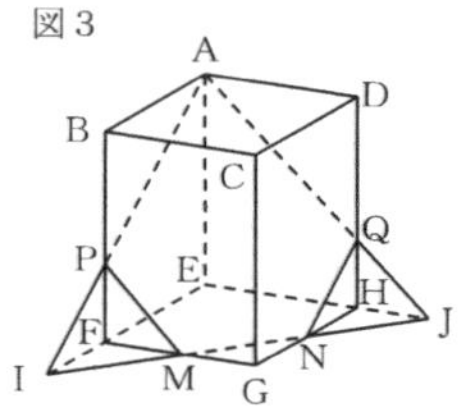

図３のように作図し，記号をおく。△ＭＧＮ∽△ＭＦＩ∽△ＪＨＮで，△ＭＧＮが直角二等辺三角形だから，△ＭＦＩと△ＪＨＮも直角二等辺三角形である。

したがって，ＦＩ＝ＦＭ＝$\frac{1}{2}$ＦＧ＝$\sqrt{2}$(cm)である。

また，ＡＢ//ＥＩより，△ＡＢＰ∽△ＩＦＰだから，

ＰＢ：ＰＦ＝ＢＡ：ＦＩ＝$2\sqrt{2}$：$\sqrt{2}$＝２：１となり，ＰＦ：ＢＦ＝１：(２＋１)＝１：３である。

ＢＦ＝ＡＥ＝$3\sqrt{2}$cmより，ＰＦ＝$\frac{1}{3}$ＢＦ＝$\sqrt{2}$(cm)である。

よって，ＦＭ＝ＰＦだから，△ＰＦＭも直角二等辺三角形なので，ＰＭ＝$\sqrt{2}$ＦＭ＝$\sqrt{2}\times\sqrt{2}$＝**２**(cm)

⑵　**【解き方】△ＡＩＪ－(△ＰＩＭ＋△ＱＮＪ)で求める。**

ＡＪ//ＰＭより，△ＡＩＪ∽△ＰＩＭであり，ＡＩ//ＱＮより，△ＡＩＪ∽△ＱＮＪである。

⑴の解説より，△ＭＦＩ≡△ＰＦＭ≡△ＩＦＰだから，△ＰＩＭは１辺がＰＭ＝２cmの正三角形である。

△ＭＦＩ≡△ＭＧＮ≡△ＪＨＮだから，ＩＭ＝ＮＭ＝ＮＪ＝２cmなので，△ＱＮＪは１辺が２cmの正三角形，△ＡＩＪは１辺が２×３＝６(cm)の正三角形である。

正三角形の１辺の長さと高さの比は２：$\sqrt{3}$だから，△ＡＩＪの高さは$6\times\frac{\sqrt{3}}{2}=3\sqrt{3}$(cm)，△ＰＩＭと△ＱＮＪの高さは$2\times\frac{\sqrt{3}}{2}=\sqrt{3}$(cm)である。

よって，求める面積は，$\frac{1}{2}\times6\times3\sqrt{3}-(\frac{1}{2}\times2\times\sqrt{3})\times2=9\sqrt{3}-2\sqrt{3}=$ **$7\sqrt{3}$**(cm²)

《2023　社会　解説》

１　⑵　ア．「国土の約３分の１が砂漠」「イスラム教発祥の地である二つの聖地(＝メッカ，メディナ)」などからＧのサウジアラビア。イ．「パキスタンから独立」「ベンガル湾沿いに形成されたデルタ地帯」「最貧国」などからＣのバングラデシュ。ウ．「２億人を超える人口」「８割以上がイスラム教徒」「オランダ植民地時代」「天然ゴム」「プランテーション」などから，Ｂのインドネシア。

⑶　ベンガルールはインドのシリコンバレーと呼ばれている。

２　⑴　Ａの青森県ではりんご，Ｅの山形県ではさくらんぼや洋なしの生産が全国１位であることは覚えておきたい。

⑵　東北地方の夏の太平洋側に吹く冷たく湿った風をやませという。

⑶　ア．Ａの青森県のヒバを含めて天然林の日本三大美林とする。イ．Ｂの岩手県の平泉には，平等院ではなく中

尊寺などがある。平等院は京都府にある。エ．Ｄは宮城県であり，釜石市は岩手県にある。カ．Ｆは福島県であり，竿燈まつりはＣの秋田県で行われる。

3　(1)　金剛力士像は鎌倉時代の鎌倉文化を代表する作品である。①は安土桃山時代の桃山文化，②は平安時代の国風文化，④は奈良時代の天平文化。

(2)　鎌倉時代は 12 世紀後半～14 世紀前半あたりである。チンギス＝ハンの孫のフビライ＝ハンによる，蒙古襲来(元寇)が鎌倉時代であったことなどから判断できるようにしたい。②は 16 世紀，③は９世紀，④は 11 世紀。

(3)　バスチーユ牢獄の襲撃は，1789 年のフランス革命の際に起こった。イ(1789 年５月)→ア(1789 年８月)→ウ(1804 年)　フランス革命前後のできごとの流れを理解しておこう。

(4)　Ｂが起こった時代の日本は江戸時代中期である。①は江戸時代後期，③は室町時代，④は安土桃山時代。

4　(2)　③は日清戦争の講和条約である下関条約の内容。

(3)　大逆事件は，明治天皇の暗殺を計画したという容疑で，幸徳秋水ら社会主義者が処罰された事件。①と④は 1925 年，②は 1918 年。

(4)　袁世凱は孫文の後に中華民国の臨時大総統になった人物。

5　(1)　衆議院議員総選挙の比例代表選挙では，全国を 11 ブロックに分割していて，有権者は政党名を書いて投票するが，参議院議員通常選挙の比例代表選挙では，全国を１つとして，有権者は政党名または議員名を書いて投票するので区別して覚えておこう。

(2)　日本国憲法第 50 条に「両議院の議員は，法律の定める場合を除いては，国会の会期中逮捕されず，会期前に逮捕された議員は，その議院の要求があれば，会期中これを釈放しなければならない」とある。

6　(1)　日本銀行の行う景気対策を金融政策といい，一般に公開市場操作が行われる。不景気のときは，市中銀行が保有する国債を買うことで，社会に出回る通貨の量を増やす「買いオペレーション」，好景気のときは，日本銀行が保有する国債を市中銀行に売ることで，社会に出回る通貨の量を減らす「売りオペレーション」が行われる。政府が行う景気対策である財政政策と区別して覚えておこう。

(2)　直接税は所得税・法人税など，間接税は消費税などであり，消費税は所得に関わらず，税率が一律であることから，所得が低い人ほど所得に対する税金の負担率が高くなるので，逆進性の問題があるとされている。

(3)　右表参照。

	直接税	間接税
国税	所得税，法人税，相続税など	消費税，酒税，関税など
地方税	県市民税，固定資産税など	地方消費税，県・市たばこ税など

《2023　理科　解説》

1　(1)　背骨がある動物をセキツイ動物，背骨がない動物を無セキツイ動物という。また，軟体動物と節足動物は無セキツイ動物である。

(2)(3)　表より，Ａはトカゲ(は虫類)，Ｂはカエル(両生類)，Ｃはサケ(魚類)，Ｄはイヌ(哺乳類)，Ｅはハト(鳥類)だとわかる。

(4)　陸上に卵を産むＡ(トカゲ)とＥ(ハト)の卵には，乾燥を防ぐためのからがある。

2　(1)　石灰水を白くにごらせる気体は二酸化炭素である。Ａでは，炭酸水素ナトリウムが炭酸ナトリウムと水と二酸化炭素に分解する。Ｂでは，スチールウール(鉄)が酸素と結びついて酸化鉄になる。Ｃでは，鉄と硫黄が結びついて硫化鉄になる。Ｄでは，酸化銅は酸素を失って(還元して)銅になり，炭素は酸素と結びついて(酸化して)二酸化炭素になる。よって，二酸化炭素が発生する実験はＡとＤである。

(2)　Bでは，鉄が空気中の酸素と結びつく反応が起こるので，結びついた酸素の分だけ質量が増える。

(3)　還元は酸化物から酸素がうばわれる反応である。(1)解説より，還元が起きているのはDであり，発生した二酸化炭素の分だけ質量が減少する。

(4)(5)　水素〔H〕と炭素〔C〕を含む都市ガスやろうそくなどは，燃えると酸素と結びついて，水〔H_2O〕と二酸化炭素〔CO_2〕ができる。実験２でビーカーがくもった原因は，発生した水がビーカーの内側についたからである。

3　(1)(2)　太陽は，東の地平線からのぼり，南の空で最も高くなり，西の地平線に沈むから，Dが南，Bが北，Aが東，Cが西である。

(3)(4)　太陽が１日に１周して見える運動を日周運動という。これは地球の自転による見かけの動きである。地球の自転する速さは一定だから，太陽が１時間で移動する間隔も一定である。

(5)　春分と秋分の日の太陽は，真東からのぼり真西に沈む。夏至の日の太陽は，真東よりも北寄りからのぼり，真西よりも北寄りに沈む。冬至の日の太陽は，真東よりも南寄りからのぼり，真西よりも南寄りに沈む。図２の日の太陽は真東よりも南寄りからのぼり，真西よりも南寄りに沈んでいるから，冬至の日と考えられる。

4　(1)　100×1.4＝140(g)

(2)(3)　〔$\text{圧力(Pa)}=\dfrac{\text{面に垂直に加わる力(N)}}{\text{力が加わる面積(m}^2\text{)}}$〕だから，面に垂直に加わる力(Pの重力)が一定のとき，Pと机の接する面積が大きいほど，机の上面に加わるPによる圧力は小さくなる。よって，最も面積の大きいcを下にしたときに最も圧力が小さくなる。また，このときの圧力の大きさは，$\dfrac{1.4}{0.2}=7.0$(Pa)である。

(4)　図２の斜面について，１つの角が30度の直角三角形の斜辺と高さの比は２：１だから，斜面にそって50cm引き上げたとき，Pは垂直方向に$50\times\dfrac{1}{2}=25$(cm)引き上げられる。仕事の原理より，Pを斜面にそって50cm引き上げる仕事の大きさと，Pを25cm→0.25mの高さまで直接持ち上げる仕事の大きさは同じだから，求める仕事の大きさは，〔仕事(J)＝力の大きさ(N)×力の向きに動いた距離(m)〕より，1.4×0.25＝0.35(J)である。なお，Pを斜面にそって引き上げるときの力の大きさは0.7Nである。

(5)　Pを斜面の上から滑らせるとき，滑る(運動する)方向にPにはたらく重力の斜面に平行な分力(0.7N)が一定の大きさではたらき続けるので，速さは時間に比例して大きくなる。よって，アが正答である。

《2023　英語　解説》

1　**第１問　１番**　質問「どれが正しいですか？」…テツオ「もしもし。テツオですが，トオル君に代わってもらえますか？」→トオルの姉「ごめんなさいね，トオルの姉です。トオルは具合が悪くて寝込んでいるの」→トオル「それは大変ですね。僕から電話があったと伝えてもらえますか？」より，c「トオルは家にいるが話せない」が適当。

２番　質問「ニックはなぜ奈良に行きましたか？」…エリー「ハイ，ニック。週末何か特別なことをした？」→ニック「家族で奈良に行ったよ」→エリー「東大寺に行ったんでしょ？」→ニック「違うよ。奈良に住む叔父を訪ねたよ」→エリー「なぜ？」→ニック「叔父が家を新築したから僕らに見せたかったんだ」より，d「叔父を訪ね，家を見るため」が正しい。

３番　質問「男性は何をしたかったのですか？」…店員「いらっしゃいませ」→男性「こちらにカードはありますか？」→店員「ございますが，どういった種類のカードでしょう？」→男性「誕生日カードです。カナダの友人に送りたいんです」→店員「こちらへどうぞ。売り場にご案内します」より，b「誕生日カードを買いたい」が適当。

第２問　【放送文の要約】参照。

問１　質問「生徒が一番好きなフルーツはどれでしたか？」…a「イチゴ」が正しい。

問２　質問「どれが正しいですか？」…ｄ「生徒は全員フルーツが好きでした」が正しい。

【放送文の要約】

私は英語の授業で，生徒たちに好きなフルーツについて尋ねました。

問２ｄ各生徒が１つのフルーツを選びました。そのクラスには35人いました。

問１ａ彼らが一番好きなのはイチゴでした。問２ｄ20人の生徒がイチゴを食べたがっていました。10人の生徒はメロンを食べたがっていました。３人はリンゴを食べたがっていました。２人がミカンを食べたがっていました。

２　(1)①　Ａ「あなたは北海道に行ったことがありますか？」→Ｂ「いいえ，今回が(　　)訪問です」より，ア「初めての」が適当。　・Have/Has＋ever＋過去分詞?「～したことがありますか？」(“経験”を尋ねる現在完了の疑問文)

②　Ａ「ミーティングはいつ終わりますか？」→Ｂ「(　　)，しかし，私たちは６時前に下校しなければなりません」より，エ「わかりません」が適当。確信がないときにはI'm not sure.を使う。

③　Ａ「パーティーは楽しかった？」→Ｂ「うん，楽しかったよ」→Ａ「(　　)？それを聞いてうれしいよ」より，直前のＢの発言内容を確かめるア「そうなの？」が適当。このDid you?はDid you have a good time?を略した文。

(2)①　「～はとても面白い」は〈主語＋be動詞＋a lot of fun.〉で表す。　・a lot of～「たくさんの～」

②　「食べたい食事」は〈省略された関係代名詞＋I want to try《語句》〉で後ろからfood《名詞》を修飾して表す。なお，want「～したい／～が欲しい」は状態を表す動詞だから，進行形にしない。

３　【本文の要約】参照。

(1)①　・ask＋人 ～「(人)に～と尋ねる」　②　主語が金額だから，more「量がより多い」が適当。

③　・Here you are.「はい，どうぞ」(人にものを手渡す時に言う言葉)

(2)　代名詞などの指示語は直前の名詞や文を指すことが多い。ここでは宿の主人の発言にあるmake your bedをジョーの立場に言い換えた，イmake my bedが適当。

(3)　ア「ジョーは×川の近くで小さなホテルを見つけた」　イ×「ジョーはとても裕福だったので何の問題もなくホテルの支払いをした」…本文にない内容。　ウ×「ジョーは部屋が十分清潔だと思った」…本文にない内容。エ○「ジョーとホテルの主人はmaking the bedに関して見解が異なっていた」…ジョーはベッドメイキングのことだと思ったが，ハンマーとくぎを手渡したことから主人はベッドそのものを作ることを想定していたことがわかる。

【本文の要約】

ジョーは休暇をもらったので，数日の間海辺に行くことにしました。ある朝電車に乗り，１時間後に海辺近くの小さな町に降り立ちました。駅を出てから数分のところに小さなホテルが見えたので，入りました。ジョーは宿の主人に，「１泊いくらですか？」①ァと聞きました(＝asked)。

「15ドルです」と主人は答えました。

「それは，払える金額②ェより多い(＝more than)な」ジョーは悲しげに言いました。

主人は答えました。「わかりました。あなたがmake your bed（ベッドをご自身で作る）のなら10ドルでいいですよ」

ジョーはとてもうれしくなりました。made his own bed（ベッドメーキング）なら毎朝家でしているからです。「いいですね。そうします」とジョーは言いました。

宿の主人は裏にある部屋に入っていき，クローゼットを開け，いくつかのものを取り出し，またジョーのところに戻ってきました。「③ゥさあ，どうぞ(＝Here you are)」と彼は言って，ジョーにハンマーと数本のくぎを渡しました。

４　(1)①　be interested in～「～に興味がある」より，イが適当。

②　be＋過去分詞＋by＋人「(人)によって～される」の受け身の文だから，過去分詞のウが適当。

③ make＋もの／こと＋(状態)「(もの／こと)を(状態)にする」より，イが適当。

・make＋the presentation《もの／こと》＋more interesting《状態》「発表をより面白くする」

④ 間接疑問文中の疑問詞を選ぶ問題。先生が知りたいのは，筆者の発表が「どんな様子だったか」だから，様子を尋ねる疑問詞のア how が適当。

⑵ ア「親友とサイクリングに×行った」 イ「×バスで図書館へ行った」 ウ「中学校の担任の先生に×会って話をした」 エ○「発表の準備をした」…図書館へ行ったり，村井先生に助けてもらったりして発表の準備をした。

【本文の要約】

今日は晴れて暖かい日曜日です。僕は親友のヨシオとサイクリングに行こうとしていました。こんな日に自転車に乗るのは最高です。しかし朝早くヨシオが僕に電話をかけてきて，頭が痛くて寝ていなければいけないからサイクリングに行けないと言いました。僕は，「一人でサイクリングに出かけてもつまらないな」と思いました。その時，明日，自分が伝えたい話題についてクラスで発表しなければいけないことを思い出しました。

僕は自分が住んでいる街の歴史①イに興味があります(＝am interested in)。僕は発表の準備をするために市立図書館に行きました。図書館は自宅から遠いので普段はバスに乗りますが，今日は自転車で行きました。僕は図書館で司書にこの街に関する本がどこにあるか聞きました。彼女は親切にもその場所に僕を案内してくれました。そこには街についての本がたくさんあり，何冊か読んでみると自分が街のことをあまり知らなかったのだということがわかりました。

一番読んで面白かったのは，村井先生によって②ウ書かれた(＝was written)本でした。村井先生は，僕が中学３年生の時の担任でした。僕は，帰宅後卒業アルバムの中から先生の電話番号を見つけ，先生に電話しました。僕が自己紹介をすると，先生は僕を思い出してくれました。僕は明日クラスで発表しなければいけないことについて話しました。すると先生は，③イ発表がより面白くなる(＝make the presentation more interesting)よう，僕を手伝ってくれました。また，先生は④アそれがどうだったか(＝how it was)教えてほしいとのことでした。

⑵エこれで発表の準備は整いました。明日はクラスで発表します。クラスメート全員が楽しんでくれるといいなと思っています。

星城高等学校

《国　語》

一　問一．ａ．警告　ｂ．採択　ｃ．そち　問二．４　問三．海のなかの海藻　問四．（オゾンが増えるにつれ、）紫外線が上空でシャットアウトされるようになった　問五．塩素原子は　問六．ア　問七．ア　問八．はじめ…陸上には　終わり…かねない。　問九．エ　問十．イ

二　問一．エ　問二．くちおおいをして　問三．ウ　問四．ａ．男　ｂ．のぞく男　問五．姫君〔別解〕女房　問六．はじめ…兄の主、う　終わり…がれなむず　問七．イ

《数　学》

1　(1) 6　(2) $4\sqrt{5}$　(3) x^2+6x+9　(4) $\frac{1}{2}$　(5) $4\sqrt{2}$　(6) 2

2　(1)①エ　②28，29，30　(2)① $\frac{1}{9}$　② $\frac{3}{4}$

3　(1) $y=-2x+10$　(2) $y=x$

4　(1) $\frac{1}{2}$　(2) $\frac{4}{3}\pi$

5　55

6　(1)30　(2) 2

7　(1) $\sqrt{5}$　(2) $\frac{8\sqrt{5}}{5}$

8　$2-\sqrt{3}$，$\frac{5}{4}$，2

《英　語》

1　第１問　１番．ａ．正　ｂ．誤　ｃ．誤　ｄ．誤　２番．ａ．誤　ｂ．誤　ｃ．誤　ｄ．正
３番．ａ．誤　ｂ．誤　ｃ．誤　ｄ．正
第２問　問１．ａ．誤　ｂ．誤　ｃ．誤　ｄ．正　問２．ａ．誤　ｂ．誤　ｃ．誤　ｄ．正

2　(1)①ア　②イ　③ウ　(2)①make　②saying

3　ａ．エ　ｂ．オ　ｃ．ア　ｄ．イ

4　(1)Ａ．イ　Ｂ．ウ　Ｃ．ア　(2)エ　(3)use　(4)エ

《理　科》

1　(1)イ　(2)ア　(3)Ｂ，ア／Ｄ，イ　(4)①エ　②イ

2　(1)Ｄ，エ　(2)ア　(3)ウ　(4)オ

3　(1)Ｘ．ウ　Ｙ．オ　(2)ウ，エ　(3)ウ，エ　(4)ウ　(5)56

4　(1)オ　(2)100　(3)ウ　(4) 5　(5)0.8

《社　会》

1　⑴B　⑵ウ　⑶イ　⑷ユーロ

2　⑴カ　⑵ア，オ　⑶記号…エ　語句…中小企業　⑷地方中枢都市

3　⑴カ　⑵ウ　⑶南蛮貿易　⑷ウ

4　⑴ア　⑵田中正造　⑶オ　⑷イ

5　⑴B，ス　⑵D，コ　⑶C，オ　⑷A，ソ

2022 解説 星城高等学校

令和４年度

←解答例は前のページにありますので，そちらをご覧ください。

《2022　国語　解説》

一

問二　傍線部①を文節に分けると、「生命活動を／維持する／ことが／できないのだ」となる。「こと」は名詞で、自立語であるため、「維持する／ことが」と２つの文節に分かれることに注意する。

問四　傍線部③が指示するのは、直前の一文である。これを条件である「こと」につながる形で抜き出す。

問五　傍線部④の直前の「この」が指示する、直前の「塩素原子は～オゾンを破壊する」の一文が解答部分である。

問六　「適当でないもの」を選ぶことに注意する。オゾンホールが小さくならない原因が書かれているのは、傍線部⑤の３～６行後。アは、３行後の「大気中のフロン濃度は減少傾向になっている」と合わないため、適する。

イは、３行後に「密輸」とあることと合う。ウは、３～４行後の「冷蔵庫やクーラーやスプレーからの無秩序な放出もあり」と、エは５行後の「塩素原子は触媒として働くため、簡単に減少しない」と、それぞれ合っている。

問七　アは接続詞で、他はすべて副詞である。

問八　この設問では「オゾン層の破壊」が進行して行き着く「究極の姿」を問われている。すると、最後の段落に「もし、オゾンが完全に破壊されてしまうと」とあるので、この後に書かれているのが、「オゾン層の破壊」における「究極の姿」である。

問九　「故事成語」とは、中国の故事(昔あったことがらや物語)をもとにしてできた語である。「朝三暮四《ちょうさんぼし》」は宋の狙公《そこう》が、猿にトチの実を与えるのに、「朝に三つ暮れに四つやる」と言ったら、少ないと猿が怒ったので、「朝に四つ暮れに三つやる」と言ったら、猿が喜んだという故事による。ここから、目の前の違いにこだわって、結果が同じになることに気がつかないことを言う。「故事成語」には、他に「蛇足《だそく》」や「五十歩百歩《ごじっぽひゃっぽ》」などがある。

問十　ア．紫外線はオゾンに含まれるものではない。　イ．第５段落の内容と合っているため、適する。

ウ．本文に「北極上空にも、オゾンホールが観測されている」とあるが、「大きなもの」であるとは書かれていない。　エ．本文最後の一文に、「科学・技術の安易な使用を慎まねばならない」とあることと矛盾する。

二

問一　月の異名は次の通り。一月「睦月《むつき》」、二月「如月《きさらぎ》」、三月「弥生《やよい》」、四月「卯月《うづき》」、五月「皐月《さつき》」、六月「水無《みな》月《づき》」、七月「文月《ふづき》」、八月「葉月《はづき》」、九月「長月《ながつき》」、十月「神無月《かんなづき》」、十一月「霜月《しもつき》」、十二月「師走《しわす》」。

問二　古文で言葉の先頭にない「はひふへほ」は、「わいうえお」に直す。

問三　【現代語訳】で、ウは「が」と訳されているので、主語を表す格助詞「の」。アとエは「の」と訳されているので、連体修飾語を表す格助詞「の」。また、イも「腹の方」と訳せるため、連体修飾語を表す格助詞「の」。

問四 a　この文は「男《をのこ》」から始まっていて、傍線部ａでも主語は変わっていない。　**b**　姫君が、「矢篠《やの》の荒《あら》造《づく》りしたる(荒削りの矢竹)」を簡単に砕く様子を「あさまし(びっくりすることだ)」と見ていたのは、のぞき見していた家来(「のぞく男」)である。傍線部ｂの前では主語が省略されているが、直後に「これ(姫)を質《しち》に取りたる男も」とあるから、姫をとらえている男ではない、別の人物がいるのだと推測ができる。

問五　「これを質(人質)に取りたる男」とあるから、人質にとられてしまった「姫君」が答え。この「姫君」は【原文】中では「女房《にょうぼう》」とも言い表されている。解答はどちらで答えても良い。

問六　【現代語訳】では、直後から始まる「兄君が」から「ひねりつぶされてしまうぞ」までが、のぞき見していた家来が思った内容なので、これが【原文】中ではどの部分にあるかを読み取る。

問七　古語の「よも」は、下に打ち消し推量の「じ」を伴って、「まさか、いくらなんでも」という意味である。

《2022　数学　解説》

1　(2)　与式 $=5\sqrt{5}+5-5-\sqrt{5}=4\sqrt{5}$

(3)　与式 $=x^2+2\times x\times 3+3^2=x^2+6x+9$

(4)　与式の両辺を6倍すると，$2(x+1)=3$　　$2x+2=3$　　$2x=1$　　$x=\frac{1}{2}$

(5)　与式 $=(x+y)(x-y)=(\sqrt{2}+1+\sqrt{2}-1)\{\sqrt{2}+1-(\sqrt{2}-1)\}=2\sqrt{2}(\sqrt{2}+1-\sqrt{2}+1)=$
$2\sqrt{2}\times 2=4\sqrt{2}$

(6)　**【解き方】(変化の割合) $=\frac{(y\text{の増加量})}{(x\text{の増加量})}$ で求められる。**

$y=ax^2$ について，$x=1$ のとき $y=a\times 1^2=a$，$x=4$ のとき $y=a\times 4^2=16a$ となるから，変化の割合について，$\frac{16a-a}{4-1}=10$　　$15a=30$　　$a=2$

2　(1)①　x 人の生徒に3冊ずつ配ると，全部で $3\times x=3x$ (冊)配ることになるので，残りは $(100-3x)$ 冊となる。
これが10冊以上なのだから，$100-3x\geqq 10$ となる。

②　$3x$ 冊は $100-10=90$ (冊)以下なので，x は $90\div 3=30$ 以下である。
x 人に4冊ずつ配ると $4x$ 冊必要であり，これが $100+10=110$ (冊)以上になるのだから，x は $110\div 4=27.5$ 以上である。よって，$27.5\leqq x\leqq 30$ だから，考えられる生徒の人数は，28人，29人，30人である。

(2)　**【解き方】表にまとめて考える。**

①　大小2つのさいころを同時に投げるときの目の出方は全部で，$6\times 6=36$ (通り)
そのうち，目の積が6となるのは，右表の○印の4通りだから，求める確率は，$\frac{4}{36}=\frac{1}{9}$

		小					
		1	2	3	4	5	6
大	1	☆		☆		☆	○
	2			○			
	3	☆	○	☆		☆	
	4						
	5	☆		☆		☆	
	6	○					

②　**【解き方】1－(目の積が奇数になる確率)で求める。**

目の積が奇数となるのは，目の数が2つとも奇数になるときだから，右表の☆印の9通りある。よって，求める確率は，$1-\frac{9}{36}=\frac{3}{4}$

3　(1)　直線ABは傾きが $\frac{(\text{Aの}y\text{座標})-(\text{Bの}y\text{座標})}{(\text{Aの}x\text{座標})-(\text{Bの}x\text{座標})}=\frac{0-10}{5-0}=-2$，切片がB(0，10)だから，式は，$y=-2x+10$

(2)　**【解き方】右のように記号をおき，Xの座標→Yの座標→，直線ℓの式，の順で求める。**

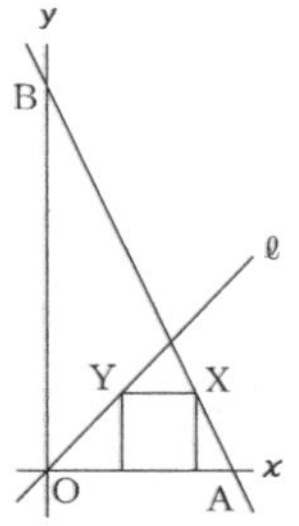

Xは直線 $y=-2x+10$ 上の点で，y 座標が $y=2$ だから，$2=-2x+10$ より，$x=4$
となるので，X(4，2)
XY＝2だから，(Yの x 座標)＝(Xの x 座標)－XY＝4－2＝2となるので，Y(2，2)
直線ℓは原点を通り，傾きが $\frac{2}{2}=1$ の直線だから，式は，$y=x$ である。

4　(1)　放物線 $y=ax^2$ はA(2，2)を通るから，$2=a\times 2^2$　　$4a=2$　　$a=\frac{1}{2}$

(2)　**【解き方】Aから y 軸に対して垂直な線をひき，y 軸との交点をHとすると，回転してできる立体は右図のようになる。**

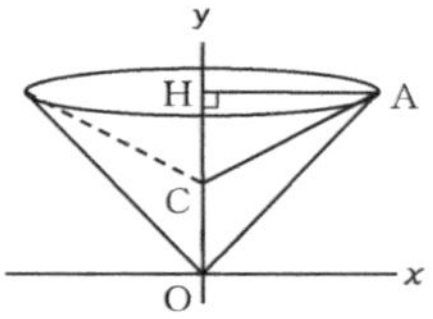

底面の半径がAH＝(AとHの x 座標の差)＝2cm，高さがOHの円すいの体積から，
底面の半径がAH，高さがHCの円すいの体積をひけばよい。
Bは放物線 $y=\frac{1}{2}x^2$ 上の点で，x 座標が $x=-1$ だから，y 座標は，$y=\frac{1}{2}\times(-1)^2=\frac{1}{2}$
直線ABの式を $y=mx+n$ とすると，A(2，2)を通るので，$2=2m+n$，B$(-1，\frac{1}{2})$ を通るので，
$\frac{1}{2}=-m+n$ が成り立つ。これらを連立方程式として解くと，$m=\frac{1}{2}$，$n=1$ となるので，直線ABの式は
$y=\frac{1}{2}x+1$ となる。よって，C(0，1)，OC＝1cmだから，求める体積は，
$\frac{1}{3}\times AH^2\pi\times OH-\frac{1}{3}\times AH^2\pi\times HC=\frac{1}{3}\times AH^2\pi\times(OH-HC)=\frac{1}{3}\times AH^2\pi\times OC=\frac{1}{3}\times 2^2\pi\times 1=\frac{4}{3}\pi$ (cm³)

5　**【解き方】右のように作図し，同じ大きさの角に同じ記号をつける。**

$\angle x$＝○＋●なので，○＋●の大きさを考える。

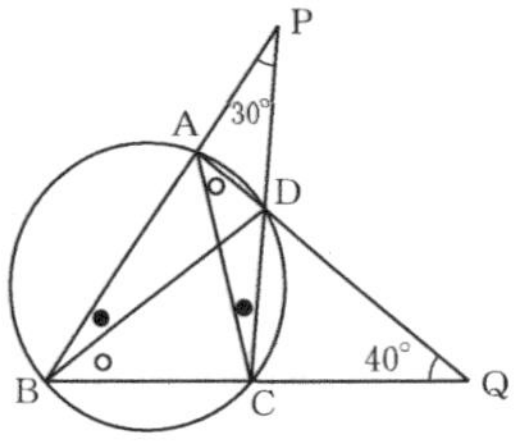

△ＡＰＣ，△ＣＱＡについて，外角の性質より，$\angle$ＣＡＢ＝30°＋●，$\angle$ＡＣＢ＝40°＋○

△ＡＢＣの内角の和より，○＋●＋30°＋●＋40°＋○＝180°

2（○＋●）＝110°　　○＋●＝55°　　よって，$\angle x$＝55°

6　(1)　ＯＢ，ＯＣをひくと，ＯＢ＝ＯＣ＝ＢＣ＝２cmだから，△ＯＢＣは正三角形である。

よって，$\angle$ＢＯＣ＝60°　　円周角の定理より，$\angle \mathrm{BAC}=\frac{1}{2}\angle \mathrm{BOC}=\frac{1}{2}\times 60°=30°$

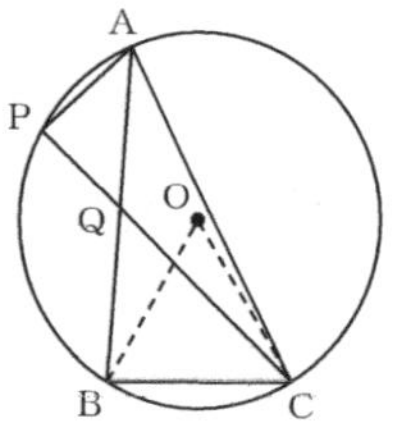

(2)　ＰＡ＝ＰＱのとき，△ＰＡＱは二等辺三角形だから，$\angle$ＰＡＱ＝$\angle$ＰＱＡ

円周角の定理より，$\angle$ＰＡＱ＝$\angle$ＱＣＢ　　対頂角は等しいので，$\angle$ＰＱＡ＝$\angle$ＣＱＢ

よって，$\angle$ＱＣＢ＝$\angle$ＣＱＢより，△ＢＣＱは二等辺三角形だから，ＱＢ＝ＢＣ＝２cm

7　(1)　折って重なる辺なので，ＥＦ＝ＥＣ

△ＡＢＣについて，三平方の定理より，$\mathrm{AC}=\sqrt{\mathrm{AB}^2+\mathrm{BC}^2}=\sqrt{2^2+4^2}=\sqrt{20}=2\sqrt{5}$（cm）

長方形の対角線はそれぞれの中点で交わるから，$\mathrm{EC}=\frac{1}{2}\mathrm{AC}=\sqrt{5}$（cm）　　よって，$\mathrm{EF}=\mathrm{EC}=\sqrt{5}$ cm

(2)　**【解き方】右のように記号をおく。△ＢＣＨ≡△ＢＦＨだから，ＣＨ＝ＦＨ，**

$\angle$ＢＨＣ＝$\angle$ＢＨＦ＝90°である。△ＢＣＤの面積に注目して，ＣＨの長さを求める。

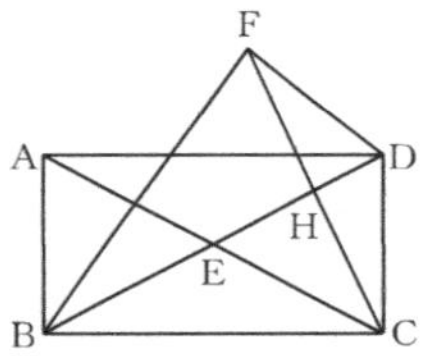

$\triangle \mathrm{BCD}=\frac{1}{2}\times \mathrm{BC}\times \mathrm{CD}=\frac{1}{2}\times 4\times 2=4$（cm²）

$\mathrm{BD}=\mathrm{AC}=2\sqrt{5}$ cmだから，△ＢＣＤの面積について，$\frac{1}{2}\times \mathrm{BD}\times \mathrm{CH}=4$

$\frac{1}{2}\times 2\sqrt{5}\times \mathrm{CH}=4$　　$\mathrm{CH}=\frac{4}{\sqrt{5}}=\frac{4\sqrt{5}}{5}$（cm）　　よって，$\mathrm{CF}=2\mathrm{CH}=\frac{8\sqrt{5}}{5}$（cm）

8　**【解き方】右のように作図する。三平方の定理を利用して，DG^2，GP^2，PD^2の値をそれぞれ求める。三角形ＤＰＧが二等辺三角形となるのは，ＰＤ＝ＤＧ，ＧＰ＝ＰＤ，ＤＧ＝ＧＰの場合があるので，$\mathrm{PD}^2=\mathrm{DG}^2$，$\mathrm{GP}^2=\mathrm{PD}^2$，$\mathrm{DG}^2=\mathrm{GP}^2$になるときの$x$の値をそれぞれ求める。**

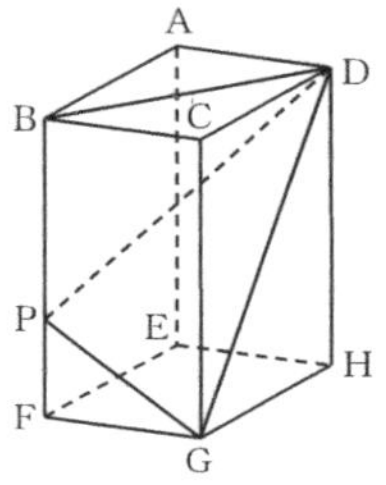

$\mathrm{DG}^2=\mathrm{GH}^2+\mathrm{HD}^2=1^2+2^2=5$　　$\mathrm{GP}^2=\mathrm{FG}^2+\mathrm{PF}^2=1^2+x^2=x^2+1$

$\mathrm{BD}^2=\mathrm{CB}^2+\mathrm{CD}^2=1^2+1^2=2$，$\mathrm{BP}=\mathrm{BF}-\mathrm{PF}=2-x$（cm）だから，

$\mathrm{PD}^2=\mathrm{BD}^2+\mathrm{BP}^2=2+(2-x)^2=x^2-4x+6$

$\mathrm{PD}^2=\mathrm{DG}^2$のとき，$x^2-4x+6=5$　　$x^2-4x+1=0$

２次方程式の解の公式より，$x=\frac{-(-4)\pm\sqrt{(-4)^2-4\times 1\times 1}}{2\times 1}=\frac{4\pm\sqrt{12}}{2}=\frac{4\pm 2\sqrt{3}}{2}=2\pm\sqrt{3}$

$0\leqq x\leqq 2$より，$x=2-\sqrt{3}$

$\mathrm{GP}^2=\mathrm{PD}^2$のとき，$x^2+1=x^2-4x+6$　　$4x=5$　　$x=\frac{5}{4}$　　これは$0\leqq x\leqq 2$を満たす。

$\mathrm{DG}^2=\mathrm{GP}^2$のとき，$5=x^2+1$　　$x^2=4$　　$x=\pm 2$　　$0\leqq x\leqq 2$より，$x=2$

以上より，考えられるxの値は，$2-\sqrt{3}$，$\frac{5}{4}$，２である。

《2022　英語　解説》

1　**第１問　１番**　質問「カツミはどこにいますか？」…母「大丈夫，カツミ？とても眠そうよ」→カツミ「うん，お母さん。寝たのは 24 時を過ぎていたし，今朝はとても早く起きなければならなかったからね。朝食の前にまだやらなければならないことがあるんだ」→母「いつ朝食に降りてこられそう？」→カツミ「もうすぐだよ。お母さん，今朝は僕の代わりに花に水をあげてくれる？」より，ａ「彼は自分の部屋にいます」が正しい。

２番　質問「ジェーンとマイクはどこに行きますか？」…ジェーン「何しているの，マイク？」→マイク「やあ，ジェーン。テスト勉強だよ」→ジェーン「でも，昨日は私がバッグを買うのを手伝ってくれると言ったわ」→マイク「手伝うよ。でも 30 分待ってくれる？僕の準備が整うまで公園を歩いてきたらどうかな，ジェーン？桜が見頃なんだ。30 分後に戻ってきてよ」より，d「彼らは店に行きます」が正しい。

３番　質問「このあと，何が起こるでしょうか？」…ケン「今日はすごく暑いね，メグ。あの店で何か冷たいものを買おう」→メグ「いいわね。でも，今お金を持っていないわ」→ケン「前回は僕が持ってなくて君が払ってくれたね。今回は僕におごらせてよ」→メグ「ありがとう，ケン。じゃあ，行きましょう」より，d「メグとケンの両者が冷たい飲み物を買うでしょう」が正しい。

第２問　【放送文の要約】参照。

問１　質問「タツオの祖母はなぜ彼に訪ねて来てほしかったのですか？」…d「彼に何かをあげたかった」が正しい。

問２　質問「どれが正しいですか？」…長い間欲しかったものをもらったから，d「タツオは祖母にもらったプレゼントに満足だった」が正しい。

【放送文の要約】

タツオに祖母から電話があった。タツオの祖父は去年亡くなっており，祖母はひとり暮らしだった。問１d<u>彼女はタツオに訪ねて来てほしかった。彼女は何かあげたいものがあるから，と言ったが，それが何なのかは言わなかった</u>。日曜日，タツオは祖母を訪ねた。彼女はタツオに会えてとても喜んだ。問２d<u>彼女はタツオが長い間欲しかったものをあげた</u>。それはカメラだった。タツオは，祖母はどうやって自分の欲しいものを知ったのか，わからなかった。

２　(1)①　A「あなたのお父さんは教師ですか？」→B「(　　)父はこの学校で音楽を教えています」より，ア「はい，そうです」が適当。Is ~?の質問には〈Yes, ~ is.〉または〈No, ~ isn't.〉で答える。

②　A「コーヒーをもう少しいかがですか？」→B「(　　)十分いただきました」より，イ「いいえ，けっこうです」が適当。相手の申し出を断るときは No, thank you.を使う。

③　A「もしもし。ヒロシです。ヘレンさんはいらっしゃいますか？」→B「ごめんなさい。彼女は外出しています」→A「(　　)」より，ウ「伝言を残してもいいですか？」が適当。

(2)①　上の文意「この知らせを聞いたらヒロキは喜ぶだろう」より，下の文は「この知らせはヒロキを喜ばせるだろう」という文にする。「(人)を(状態)にする」＝make＋人＋状態

②　上の文意「先生は何も言わずに教室から出ていきました」より，「何も言わずに」の部分を，without を使った表現にする。without は前置詞だから，直後に動詞を続ける場合は動名詞にする。「何も言わずに」＝without saying

３　【本文の要約】参照。すべて受け身〈be 動詞＋過去分詞〉「～される」の形である。

a　・be known for ～「～で知られてる／～で有名な」　　b　・be made into ～「～につくりかえられる／～になる」

c　・be interested in ～「～に興味がある」　　d　・be sent to ～「～に送られる」

【本文の要約】

日本は多くのマンガ a エで知られています(＝is <u>known for</u>)。いくつかのマンガはとても人気があるため，その作者も人気があります。「ゲゲゲの鬼太郎」の著者である水木しげるもそういった人のひとりです。彼の生涯は，いくつかのテレビシリーズ b オにもなりました(＝was even <u>made</u> into)。

水木氏は 1922 年に生まれ，鳥取で育ちました。彼は子どもの頃，規則に従うのを嫌い，ものごとを自分のペースで行いました。彼は，勉強は好きではありませんでしたが美術が得意で，妖怪や幽霊 c アに興味がありました(＝was <u>interested in</u>)。彼は基本的に自分のしたいことしかしませんでした。でも，それらのことには一生懸命取り組みました。

水木氏は 21 歳の時，日本軍に入隊しました。彼はそこでも規則に従わなかったので，先輩の兵士は何度も彼の顔を殴りました。まもなく彼はパプアニューギニアにある，ある危険な島dイに送られました(＝was sent to)。そこではほとんどの兵士が亡くなりました。

4 (1)A　・there＋be 動詞＋～(＋場所)「(場所に)～がある」

B　〈it is … to ～〉「～するのは…だ」の形。なお，形式主語の it は to 以下を指す。

C　use A for B「A を B のために使う」を受け身〈be 動詞＋過去分詞〉の形にしたものだから，〈B＋be 動詞＋used for A〉「B は A のために使われる」の語順になる。アのwere《be 動詞》 used《過去分詞》が適当。

(2)　第 1 段落 1 文目後半の we told stories より，エが適当。

(3)　The oldest way was to use stamps.：・the＋最上級＋○○《名詞》「最も…な○○《名詞》」　・to ～《動詞の原形》「～すること」(to 不定詞の名詞的用法)

(4)　ア　グーテンベルクは活版印刷機を作った最初の人だが，印刷を思いついた最初の人とは書かれていない。

イ　近代的な印刷は中国ではなく韓国で始まった。　ウ　話して伝えることには限界があるので最良とはいえず，そのため印刷技術が誕生した。　エ○　第 6 段落の最終文，第 7 段落の 1 文目の内容と一致。

【本文の要約】

書物が存在する前は，私たちは物語を語って伝えていました。物語は子どもたちや孫たちに知識を伝える方法でした。物語の語り手(ストーリーテラー)は，暮らしの中で大事な役割でした。私たちは今日でも①エこれ(＝語って伝える)をしています。

昔の人たちは，物語や演技を通して情報を共有していました。植物，狩猟，天気，季節，歴史など多くのことについて話しました。

ある時点で私たちは，自分たちが物語や知識を記録する必要があることに気づきました。人々は素晴らしい記憶力を持っていますが，覚えるべきことが多すぎる場合もあります。

物事を記録する方法が必要でした。書き留める必要がありました。すべてのことを覚えておくことは不可能です！

最初は絵を描くか掌紋を使って情報を記録しました。

しかしこの知識は広く共有できませんでした。なぜならその情報はたった 1 か所にとどまったからです。(4)エ物事を複写して共有する方法が必要でした。

(4)エその最も古い方法がスタンプでした。柔らかい物質に印や線をつけて自分たちの欲しい形にしました。その後，それを液体に漬け，他のものの上に押しつけたのでした。

スタンプは芸術のため，伝言を書くため，ものに名前を記すために使われました。このようなスタンプは布に模様をつけることができ，絵やデザインをつけることもできました。書籍を印刷するために，いくつかの本当に大きなスタンプを作った人もいました。

その後，中国人が中国語を印刷するために多くの小さな版木を作りました。1 文字につき版木を 1 つ作ることによって，繰り返し同じ版木を使うことができました。

1234 年，韓国人が，印刷用の多くの小さな金属の版を作り始めました。これが現代印刷の始まりでした。

最初の活版印刷機は 1450 年頃にドイツのヨハネス・グーテンベルグによって作られました。

《2022　理科　解説》

1　(1)　図１の緑色の粒がある細長い細胞を孔辺細胞という。緑色の粒は，光合成を行う葉緑体である。表皮の細胞の中で，葉緑体をもつ細胞は孔辺細胞だけである。

(2)　２つの孔辺細胞にはさまれたあなは気孔である。気孔は二酸化炭素や酸素の出入り口であり，水蒸気の出口である。

(3)　Ａは液胞，Ｂは核，Ｃは葉緑体，Ｄは細胞膜，Ｅは細胞壁である。ＡとＣとＥは植物の細胞のみに存在し，ＢとＤは植物と動物の細胞の両方に存在する。

(4)①　植物は動物と同じように１日中呼吸をしているが，光が当たると呼吸だけでなく光合成も行う。呼吸では酸素を吸収し二酸化炭素を放出し，光合成では二酸化炭素を吸収し酸素を放出する。十分に強い光が当たっているときは，呼吸よりも光合成の方が盛んに行われ，二酸化炭素の放出量よりも酸素の放出量の方が多くなる。

②　暗黒の中では，植物は呼吸のみを行うので，酸素を吸収し二酸化炭素を放出する。

2　(1)(3)　図１は，水に溶けやすく空気よりも密度が小さい気体を集めるのに適した上方置換法である。Ａ～Ｅの中で，水に溶けやすく空気よりも密度が小さい気体はＤだけである。調べた気体の中で，このような性質がある気体はアンモニアだけである。また，密度が最も小さいＢが水素，アンモニア以外でにおいがあるＥが塩素であり，ＡとＣのうち，水に少しとけるＡが二酸化炭素だから，残ったＣは酸素である。

(2)　(1)解説より，Ａは二酸化炭素である。イは酸素，ウは水素，エはアンモニア，オはちっ素の性質である。

(4)　(1)解説より，Ｃは酸素である。光合成の材料となる気体は二酸化炭素であり，酸素は光合成でつくられる気体である。

3　(1)　最初に到着する(伝わる速さが速い)Ｐ波による小さな揺れＸが初期微動，あとから到着する(伝わる速さが遅い)Ｓ波による大きな揺れＹが主要動である。

(2)　ア×…地下の地震が発生した場所は震源である。震央は震源の真上の地表の地点である。　イ×…地震の揺れの大きさは震度で表す。マグニチュードは地震そのものの規模を表す。　オ×…伝わる速さの遅いＳ波による揺れが主要動，伝わる速さの速いＰ波による揺れが初期微動である。

(3)　震源からの距離が遠いほど，Ｐ波とＳ波の到着時刻の差である初期微動継続時間は長くなる。図より，Ａ地点の初期微動継続時間は約７秒だから，初期微動継続時間が20秒のＢ地点の方が震源から遠いところにあると分かる。

(4)　Ｓ波の速さは$\frac{70}{20}$＝3.5(km/ｓ)である。なお，Ｐ波の速さが７km/ｓであることから，Ｓ波はそれよりも遅いと考えて，ウを選ぶこともできる。

(5)　Ｄ地点にＰ波が届くまでの時間は８秒だから，震源からの距離は７×８＝56(km)である。Ｓ波に着目して，3.5×16＝56(km)と求めてもよい。また，震源からの距離が70kmのＣ地点での初期微動継続時間が10秒であることから，初期微動継続時間が８秒のＤ地点の震源からの距離を70×$\frac{8}{10}$＝56(km)と求めることもできる。

4　(1)　定滑車は力の向きを変えるだけだから，50kgの物体を２ｍ引き上げるには，ロープを50kg→500Ｎの力で２ｍ引き下げる必要がある。よって，〔仕事(Ｊ)＝力(N)×力の向きに動かした距離(m)〕より，500×２＝1000(Ｊ)となる。

(2)　〔仕事率(W)＝$\frac{\text{仕事(J)}}{\text{時間(s)}}$〕より，$\frac{1000}{10}$＝100(W)となる。

(3)　動滑車を使うと，定滑車を使ったときに比べて，ロープを引く力は半分になるが，ロープを引く距離は２倍になる。このため，動滑車を使っても，仕事の大きさは物体を直接持ち上げたときと変わらない。これを仕事の原理という。

(4)　(3)解説より，図２の仕事の大きさは図１と同じ1000Ｊである。よって，仕事率が200Wであれば，かかる時間は$\frac{1000}{200}$＝５(秒)である。

(5)　(3)より，物体を２ｍ引き上げるには，２×２＝４(ｍ)ロープを引かなければならない。よって，人がロープを引く速さは$\frac{4}{5}$＝0.8(m/秒)である。

《2022　社会　解説》

1　Aはイギリス，Bはスペイン，Cはフランス，Dはドイツ。

(1)　北緯40度線は，ヨーロッパではスペインのマドリード，イタリアのローマあたりを通るから，Bを選ぶ。

(2)　ウが正しい。オリーブはスペイン，チーズはアメリカ，ライ麦はドイツ・ポーランドの生産量が多い。綿花・セメント・ぶどう・豚肉・トマト・石炭・ビールは中国，天然ゴムはタイ，大豆・さとうきびはブラジル，羊毛はオーストラリア，綿糸はインドの生産量が多い。

(3)　ヨーロッパ最大の農業国はフランス，ヨーロッパ最大の工業国はドイツだから，イが正しい。小麦の栽培が盛んなフランスは「ＥＵの穀倉」と呼ばれており，ドイツは先進工業国であるため一人当たりのＧＤＰが高い。

(4)　ＥＵ加盟国でも，デンマークなどはユーロを導入していない。共通通貨ユーロを使う地域をユーロ圏という。

2　Aは愛知県，Bは鳥取県，Cは香川県，Dは秋田県，Eは千葉県，Fは鹿児島県，Gは大阪府。

(1)　カ．①は１年を通して降水量が少なく年平均気温が高いことから，瀬戸内の気候のC(高松)と判断する。②は冬の降水量が多いことから，日本海側の気候のB(鳥取)と判断する。③は夏の降水量が多いことから，太平洋側の気候のA(名古屋)と判断する。

(2)　アとオが正しい。　イ．天童将棋駒は山形県の伝統工芸品である。　ウ．「京浜工業地帯」でなく「京葉工業地域」である。京浜工業地帯は東京・横浜である。　エ．キャベツは群馬県，白菜は長野県，きゅうりは宮崎県が全国一の生産量である。なお，千葉県はねぎの生産量が全国一である。　カ．「カルデラ」ではなく「シラス」である。カルデラは熊本県の阿蘇山にある。

(3)　(エ)が誤り。東大阪市には古くから中小工場が多い。

3　(1)　Ⅰは安土桃山時代のｅ，Ⅱは奈良時代のａだから，カが正しい。ｂは平安時代，ｃは鎌倉時代，ｄは室町時代，ｆは江戸時代前半，ｇは江戸時代以降である。

(2)　ウの平安時代が正しい。アは鎌倉時代，イは安土桃山時代，エは室町時代，オは奈良時代。

(3)　スペイン人やポルトガル人を南蛮人と呼んだことから，南蛮貿易と言う。また，安土桃山時代に豊臣秀吉は，宣教師の追放を命じるバテレン追放令を出したが，南蛮貿易を奨励していたため，徹底されなかった。

(4)　ウは，「８代将軍徳川吉宗の享保の改革」ではなく「老中水野忠邦の天保の改革」の内容だから誤り。

4　(1)　アは日清戦争後の下関条約(1895年)の内容だから誤り。

(2)　衆議院議員であった田中正造は，帝国議会で足尾銅山鉱毒事件を取り上げて明治政府の責任を追及し，議員を辞職した後も，鉱毒問題の解決に努めた。

(3)　オ．(う)ソビエト社会主義共和国連邦の成立(1922年)→(あ)国民政府の成立(1927年)→(い)世界恐慌(1929年)

(4)　イが正しい。警察予備隊は，保安隊→自衛隊と発展していった。アは1973年，ウは1955年，エは1965年。

5　(1)　(B)が誤りでスを選ぶ。検察審査会は，被疑者に対して不起訴処分が適当であるかどうかを国民が審査する。

(2)　(D)が誤りでコを選ぶ。国債は，税収の不足を補うために国が発行する債券である。

(3)　(C)が誤りでオを選ぶ。財政政策は政府が行う。また，日本銀行の金融政策は，現在では，公開市場操作による通貨量の調整が主に用いられている。

(4)　(A)が誤りでソを選ぶ。年功序列は労働者の勤続年数や年齢で賃金を上げていくしくみである。かつては年功序列や終身雇用の制度が一般的であったが，近年では能力主義や成果主義の風潮が高まっている。

星城高等学校

《国　語》

一　問一．Ⅰ．機能　Ⅱ．けんちょ　Ⅲ．イ　問二．もし　問三．どうしたら記憶力を高められるかといった類
問四．C　問五．エ　問六．ア　問七．ア　問八．客観的　問九．最初…ある部屋で　終わり…もらった。
問十．イ　問十一．気分一致効果　問十二．ウ

二　問一．ウ　問二．ア　問三．ウ　問四．イ　問五．ウ　問六．イ　問七．ウ　問八．そしる

《数　学》

1　(1) $\frac{1}{3}$　(2) $\sqrt{6}$　(3) x^2-4　(4) $(x-1)(y+1)$　(5) $\frac{4}{5}$　(6) $y=-\frac{3}{2}x+7$　(7) 2

2　(1)① -4　② 6　(2) -2　(3) $m=27$　$n=6$　(4)① $\frac{3}{5}$　② $\frac{7}{10}$

3　(1) $y=\frac{1}{2}x+1$　(2) $\frac{3}{2}$

4　3：5

5　(1)23　(2)52

6　(1) $2\sqrt{10}$　(2) $\frac{4}{49}$

7　(1) $2\sqrt{2}$　(2) $\frac{16\sqrt{2}}{3}$

《英　語》

1　第1問　1番．a．誤　b．誤　c．正　d．誤　2番．a．誤　b．誤　c．正　d．誤
3番．a．誤　b．誤　c．誤　d．正
第2問　問1．a．正　b．誤　c．誤　d．誤　問2．a．誤　b．正　c．誤　d．誤

2　(1)①エ　②ウ　③ア　(2)①seen　②and

3　(1)イ　(2)ウ　(3)ア　(4)イ　(5)I didn't have time to feel　(6)エ　(7)イ

4　(1)for　(2)a．エ　b．イ　c．ア　d．エ

《理　科》

1　(1)イ　(2)ウ　(3)ア　(4)エ　(5)イ　(6)ア

2　(1)ウ　(2)360　(3)25　(4)384　(5)オ

3　(1)ウ　(2)イ　(3)イ，エ　(4)へいそく前線　(5)オ　(6)ウ

4　(1)ウ　(2)ウ　(3)オ　(4)ウ　(5)イ

《社　会》

1　⑴多民族　⑵イ　⑶ア　⑷オ　⑸カ

2　⑴記号…G　府県名…和歌山(県)　⑵エ，ク　⑶4　⑷町家／京町家／町屋 のうち1つ

3　⑴イ　⑵能〔別解〕能楽　⑶オ　⑷オ

4　⑴カ　⑵A．イ　B．エ　⑶ウ　⑷学童疎開

5　⑴エ　⑵A．イ　B．ウ　⑶ア

6　⑴ウ　⑵キ

←解答例は前のページにありますので，そちらをご覧ください。

《2021　国語　解説》

一　**問三**　指示語の指す内容を読み取るときには、その指示語だけでなく、指示語の前後の部分も手がかりにする。直後に「本が売れ筋となっている」とあるので、どのような「本が売れ筋となっている」のかを考える。

問四　前の内容と後の内容が相反するものになっている場合に、逆接の接続詞(しかし、だが、けれど等)を用いる。Ｃは、前後が相反するのではなく、前の内容に後の内容が付け加えられている。そのため、Ｃには逆接の接続詞が入らない。

問五　間違っているものを選ぶことに注意する。傍線部③に続く部分に「過去を懐かしんだり、」とあることから、エの説明は間違っている。よって、これが正解。　ア．傍線部③に続く部分に「過去を懐かしんだり」「懐かしい思いに浸ったり」とあるので、合っている。　イ．傍線部④の２行前に「過去の栄光は、誇らしい気分にさせてくれ」とあるので、合っている。　エ．傍線部③に続く部分に「未来を夢みたりできる」とあるので、合っている。

問九　「実験の内容」を答えることに注意する。つまり、「実験の結果」は含まない。傍線部⑦を含む一文の直後にある段落から「実験の内容」が始まる。そして、傍線部Ⅱの前の行に「その結果」から始まる一文があり、その直前までが「実験の内容」である。

問十　「合致しないもの」を選ぶことに注意する。アは最後から４つ目の段落、ウは後ろから２つめの段落、エは最後の段落にある内容と合っている。イにあるような内容は、本文では述べられていない。よって、これが正解。

問十一　Ｅ の具体的な内容を続く段落で述べている。つまり、自分の気分に馴染む出来事が記憶に刻まれやすいという内容が Ｅ に入る。傍線部⑦の前の行にあるように、この効果を「気分一致効果」という。

問十二　ア．記憶の重要な役割である「私たちの生活に潤いを与えてくれる」ことにふれていないため、適さない。イ．「今の自分の現実が納得のいかないものである場合」はこのように言えるが、傍線部④の２行前にあるように、「過去の栄光は、誇らしい気分にさせてくれ、自分に自信をもたせてくれる面がある」ことから、イのようには一概には言えない。よって、適さない。　ウ．傍線部⑧の前の段落にある内容と合致するため、これが適する。
エ．記銘《きめい》時と想起時の「どちらか一方に強く働く傾向がみられる」という内容は本文にない。

二　**問一**　傍線部①を直訳すると、「嘘をつくことがないわけではない」となる。二重に否定する場合、強い肯定の意味を表す。よって、ウが適する。

問二　古文では助詞の省略が多い。特に、主語を示す助詞が省かれることが多い。助詞を補わずに、傍線部②を直訳すると、「自分素直ではないが」となることから、「自分」と「素直ではないが」の間、つまり「己」と「素直」の間に「は」を補えばよい。よって、アが適する。

問三　傍線部③は【現代語訳】の４行目にある「この人」にあたる。２行目に「大ばか者」とあり、これが「この人」の指す人物である。この「大ばか者」が【原文】のどの語にあたるかを読み取る。

問四　「驥《き》を学ぶは驥のたぐひ」と「舜《しゅん》を学ぶは舜の徒なり」は、「○を学ぶは○の××」のように形式が類似している。このように類似した形式や語を並べて強調する表現技法を「対句法」という。よって、イが適する。アは語の順序を入れ替えて強調する表現技法、ウはたとえ、エは人でないものを人であるようにたとえる技法である。

問五　傍線部⑤を直訳してみる。「偽る」は「嘘をつく」という意味なので、「偽りても」は「嘘をついても」と訳すことができる。また、「賢を学ぶ」は【原文】の４行目にもあり、【現代語訳】では「賢人のまねをする」となっ

ている。これらをまとめると、傍線部⑤の直訳は「嘘をついても賢人のまねをしようとすることを賢人と言ってよい」となる。よって、ウが適する。

問七　三大随筆は、成立した時代、作者も合わせて覚えておこう。『枕草子』は平安時代の成立で、作者は清少納言である。『方丈記』は鎌倉時代の成立で、作者は鴨長明である。また、『徒然草』は鎌倉時代の成立で、作者は兼好法師(吉田兼好)である。

問八　「誹謗《ひぼう》中傷」とは「他人を悪く言うこと」という意味である。

《2021　数学　解説》

1　(1)　与式$=6\div 9-\dfrac{1}{3}=\dfrac{2}{3}-\dfrac{1}{3}=\dfrac{1}{3}$

(2)　与式$=\sqrt{2}(2\sqrt{3}-\sqrt{3})=\sqrt{2}\times\sqrt{3}=\sqrt{6}$

(3)　与式$=x^2-2^2=x^2-4$

(4)　与式$=x(y+1)-(y+1)=(x-1)(y+1)$

(5)　$a^2+2ab+b^2=(a+b)^2$に，$a=\dfrac{1}{\sqrt{5}}+2$，$b=\dfrac{1}{\sqrt{5}}-2$を代入すると，

$(\dfrac{1}{\sqrt{5}}+2+\dfrac{1}{\sqrt{5}}-2)^2=(\dfrac{2}{\sqrt{5}})^2=\dfrac{4}{5}$

(6)　**【解き方】1次関数$y=ax+b$のグラフの傾き(aの値)は，$\dfrac{(yの増加量)}{(xの増加量)}$で求められる。**

この関数の式は，$y=\dfrac{-3}{2}x+b=-\dfrac{3}{2}x+b$とおける。これに$x=2$，$y=4$を代入すると，

$4=-\dfrac{3}{2}\times 2+b$より$b=7$となるから，求める式は，$y=-\dfrac{3}{2}x+7$

(7)　$V_1=\dfrac{1}{3}\times r^2\pi\times h=\dfrac{1}{3}\pi hr^2$，$V_2=\dfrac{1}{3}\times(2r)^2\pi\times\dfrac{1}{2}h=\dfrac{2}{3}\pi hr^2$だから，

$V_1:V_2=\dfrac{1}{3}\pi hr^2:\dfrac{2}{3}\pi hr^2=1:2$である。よって，$V_2$は$V_1$の2倍になる。

2　(1)　与式に$x=-2$を代入すると，$4-2a-12=0$　　$-2a=8$　　$a=-4$

与式に$a=-4$を代入すると，$x^2-4x-12=0$　　$(x-6)(x+2)=0$　　$x=6$，-2

よって，他の解は，$x=6$

(2)　**【解き方】$y=ax^2$において，xの値がmからnまで増加するときの変化の割合は，$a(m+n)$である。**

$a(-1+3)=-4$だから，$2a=-4$　　$a=-2$

(3)　mをnで割ると商が4で余りが3なのだから，$m=4n+3$…①

mを7で割ると商が3で余りがnなのだから，$m=7\times 3+n=n+21$…②

①，②からmを消去すると，$4n+3=n+21$　　$3n=18$　　$n=6$

②に$n=6$を代入すると，$m=6+21=27$

(4)　**【解き方】男子3人をA，B，C，女子2人をa，bとして区別し，すべての組み合わせを樹形図にまとめる。**

①　すべての組み合わせは右図のように10通りある。そのうち男子1人，女子1人の組み合わせは，○印の6通りだから，求める確率は，$\dfrac{6}{10}=\dfrac{3}{5}$

②　**【解き方】1－(1人も女子が選ばれない確率)で求める。**

1人も女子が選ばれないのは樹形図の◎印の3通りだから，そうなる確率は，$\dfrac{3}{10}$

よって，少なくとも1人は女子が選ばれる確率は，$1-\dfrac{3}{10}=\dfrac{7}{10}$

3　(1)　**【解き方】直線ABの式を$y=ax+b$とし，A，Bの座標をそれぞれ代入して，a，bの連立方程式を立てる。**

$y=\dfrac{1}{2}x^2$にAのx座標の$x=2$を代入すると，$y=\dfrac{1}{2}\times 2^2=2$となるから，A(2，2)である。

$y=\frac{1}{2}x^2$にBのx座標の$x=-1$を代入すると，$y=\frac{1}{2}\times(-1)^2=\frac{1}{2}$となるから，B$\left(-1,\ \frac{1}{2}\right)$である。

$y=ax+b$にAの座標を代入すると，$2=2a+b$，Bの座標を代入すると，$\frac{1}{2}=-a+b$

これらを連立方程式として解くと，$a=\frac{1}{2}$，$b=1$となるから，直線ABの式は，$y=\frac{1}{2}x+1$

⑵ **【解き方】AB//OPだから，△PABと△OABは底辺をともにABとしたときの高さが等しいので，面積が等しい。したがって，△OABの面積を求める。右の「座標平面上の三角形の面積の求め方」を利用する。**

直線ABとy軸との交点をCとする。Cは直線ABの切片だから，C(0，1)，OC＝1cmとわかる。

△OAB$=\frac{1}{2}\times$OC×(AとBのx座標の差)＝

$\frac{1}{2}\times1\times\{2-(-1)\}=\frac{3}{2}$(cm²)だから，△PAB$=\frac{3}{2}$cm²

座標平面上の三角形の面積の求め方

下図において，△OQR＝△OQS＋△ORS＝△OMS＋△ONS＝△MNSだから，△OQRの面積は以下の式で求められる。

△OQR$=\frac{1}{2}\times$OS×(QとRのx座標の差)

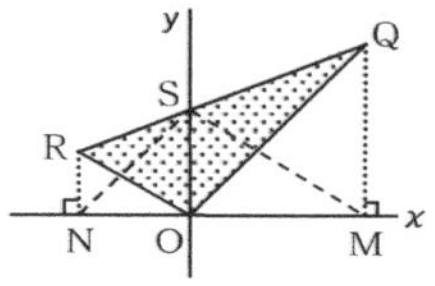

4 **【解き方】AQ：CQと，AP：CPを別々に求めてから，AQとAPがそれぞれACの何倍の長さかを求める。**

AD//BCより，△AFQ∽△CBQだから，

AQ：CQ＝AF：CB＝AF：DA＝1：(1＋2)＝1：3

これより，AQ：AC＝1：(1＋3)＝1：4だから，AQ$=\frac{1}{4}$AC…㋐

AB//DCより，△ABP∽△CEPだから，AP：CP＝AB：CE＝2：1

これより，AP：AC＝2：(2＋1)＝2：3だから，AP$=\frac{2}{3}$AC…㋑

㋐，㋑より，AQ：AP$=\frac{1}{4}$AC：$\frac{2}{3}$AC＝3：8だから，AQ：QP＝3：(8－3)＝3：5

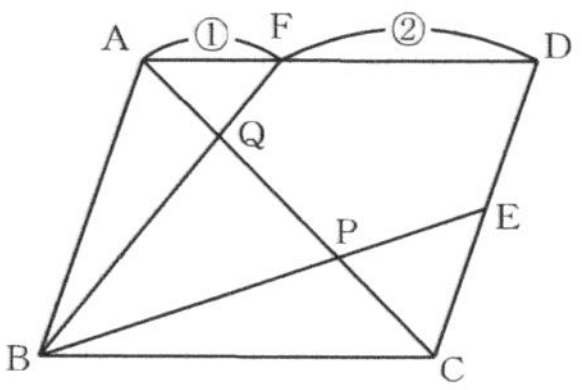

5 ⑴ **【解き方】右図のようにOとCを結ぶ。円の接線は接点を通る半径に垂直だから，∠OCB＝90°となる。**

三角形の1つの外角は，これととなり合わない2つの内角の和に等しいから，

△OBCにおいて，∠AOC＝44°＋90°＝134°

△OACはOA＝OCの二等辺三角形だから，∠x＝(180°－134°)÷2＝23°

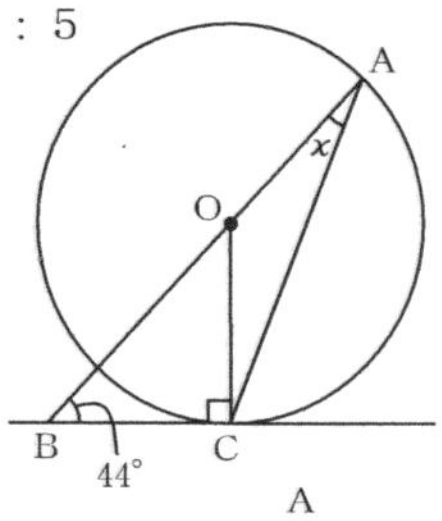

⑵ 三角形の1つの外角は，これととなり合わない2つの内角の和に等しいから，

△ADCにおいて，∠BDC＝48°＋43°＝91°

△BDFの内角の和より，∠x＝180°－91°－37°＝52°

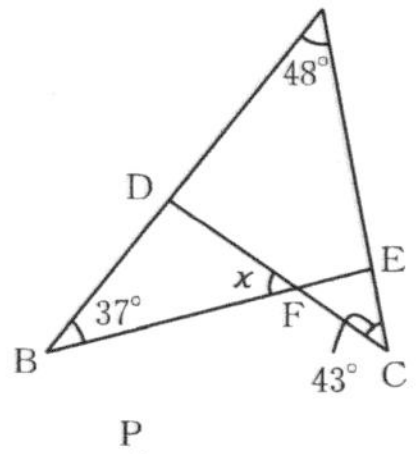

6 ⑴ **【解き方】ABが直径だから，∠ADB＝90°なので，△ABDは直角三角形である。**

$AD^2+BD^2=AB^2$だから，$3^2+BD^2=7^2$　　$BD^2=40$　　$BD=\pm2\sqrt{10}$

BD＞0より，BD$=2\sqrt{10}$(cm)

⑵ **【解き方】相似な図形の面積比は相似比の2乗に等しいことを利用する。**

△PDCと△PBAにおいて，∠Pが共通で∠PCD＝∠PABだから，

△PDC∽△PBAである。相似比がDC：BA＝2：7だから，面積比は

$2^2：7^2$＝4：49なので，△PDCの面積は△PBAの面積の$\frac{4}{49}$倍である。

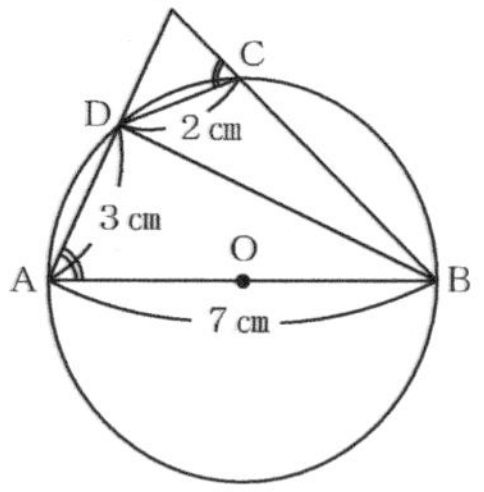

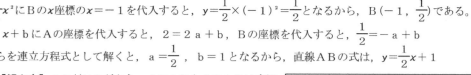

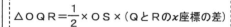

7　(1)　**【解き方】直角三角形ＰＦＧにおいて三平方の定理(大問６の上に示されている直角三角形の辺の関係)を利用したいので，ＰＧとＰＦの長さを求める。ＰＧは，直角三角形ＰＧＣを利用して求める。**

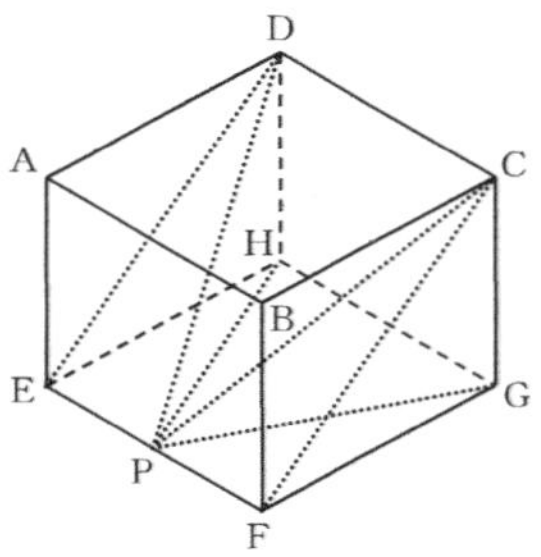

△ＣＤＰが正三角形だから，ＰＣ＝ＤＣ＝４㎝

∠ＰＧＣ＝90°だから，△ＰＧＣは直角三角形なので，

$PG^2+CG^2=PC^2$より，$PG^2+2^2=4^2$　　$PG^2=12$

また，△ＣＰＦと△ＤＰＥにおいて，∠ＣＦＰ＝∠ＤＥＰ＝90°，ＣＰ＝ＤＰ，

ＣＦ＝ＤＥだから，直角三角形の斜辺と他の１辺がそれぞれ等しいので，△ＣＰＦ≡△ＤＰＥ

したがって，ＰはＥＦの中点だから，$PF=\frac{1}{2}EF=\frac{1}{2}\times 4=2$(㎝)

直角三角形ＰＦＧにおいて，$PF^2+FG^2=PG^2$より，$2^2+FG^2=12$　　$FG^2=8$　　$FG=\pm 2\sqrt{2}$

$FG>0$より，$FG=2\sqrt{2}$㎝

(2)　**【解き方】四角すいＰＣＤＨＧの底面を長方形ＣＤＨＧとしたときの高さは，ＦＧ＝$2\sqrt{2}$㎝である。**

長方形ＣＤＨＧの面積が２×４＝８(㎠)だから，四角すいＰＣＤＨＧの体積は，$\frac{1}{3}\times 8\times 2\sqrt{2}=\frac{16\sqrt{2}}{3}$(㎤)

《2021　英語　解説》

1　**第１問　１番**　質問「ケイコは次に何と言うでしょうか？」…ニックの「あの男性は誰か知っている？」に対する返事だから，ｃ「彼はクロダさんで，アーティストです」が正しい。ａ「彼は本を読んでいます」，ｂ「彼は公園を歩きたくありません」，ｄ「彼はすることがたくさんあります」は誤り。

２番　質問「彼らはどこにいますか？」…メグの最初の発言「私たちはもう 30 分も電車が来るのを待っている」から，ｃ「駅です」が正しい。ａ「病院です」，ｂ「パン屋です」，ｄ「空港です」は誤り。

３番　質問「マークはいつ，ジェーンのところに滞在しますか？」…マークの最後の発言「両親に尋ねさせて（＝両親に聞いてみるよ)」より，まだ予定がはっきりしていないから，ｄ「彼にはわからない」が正しい。

第２問　【放送文の要約】参照。

問１　質問「ケンは釣りをするのにどこへ行きましたか？」…ａ「彼の家の近くの川です」が正しい。

問２　質問「彼は何匹の魚を釣りましたか？」…ｂ「10 匹の魚です」が正しい。

【放送文の要約】

ケンは朝５時に起きました。窓の外を見ると良い天気だったので，彼は嬉しくなりました。問１ａ彼は自宅の近くにある川へ釣りに行きました。彼はその前日に，釣りに必要なものを用意していました。彼はコウジに一緒に行かないかと聞きましたが，コウジは行けないと言いました。

川まで歩いて 15 分かかりました。彼はそこに到着するまでに，３人と出会いました。正午前に，彼は帰宅するために川を出発しました。問２ｂ彼は 10 匹の魚を釣りました。彼は嬉しくなりました。

2　(1)①　質問「あなたは１か月にどのくらい図書館へ行きますか？」→回数を答えているエ「そうですね，３回または４回です」が適当。ア「はい，よくします」，イ「いいえ，するつもりはありません」，ウ「３時間半です」は不適当。　・How often ~?「(頻度を尋ねて）どのくらい？」

②　質問「あなたは暇なときに何をしますか？」…ウ「私はテニスやバスケットボールのようなスポーツをします」が適当。ア「私はこれをいただきます。いくらですか？」，イ「私はミカンが好きではありません。バナナの方が好きです」，エ「何もありません。私は大丈夫です。お願いですから，何もしないでください」は不適当。

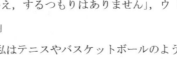

③　質問「私はいつもよりちょっと早く帰宅できますか？」…ア「いいですよ，でも具合でも悪いのですか？」が適当。イ「いいですよ，でも１回だけですよ」…Can I ～?「～してもいいですか？」と相手が許可を求めているのに，Yes, you're, …と返事はしない。ウ「いいえ，あなたはすぐに起きなければなりません」，エ「いいえ，まだです。あなたは向こうでそれをすることができます」は不適当。

⑵①　上の文意は「私たちはこの美術館で多くの美しい絵を見ることができます」。下の文は Many beautiful pictures が主語より，受動態〈be 動詞＋過去分詞〉「～される」にする。see の過去分詞 seen が適当。

②　上の文意は「この鍵を使えば，そのドアを開けられます」。下の文が「この鍵を使いなさい。（　）そのドアを開けられます」より，and が適当。　・〈命令文，and＋ポジティブな内容〉「～しなさい。そうすれば～」

なお，〈命令文，or＋ネガティブな内容〉は「～しなさい。さもなくば～」も覚えておこう。

3　【本文の要約】参照。

⑵　that のような代名詞は，直前にある語句や文を指す。ここでは，前の２文の内容を指していることから，ウが適当。

⑶　・little by little「少しずつ／徐々に」

⑷　第２段落４行目 He became the love of my life, and we got married.より，The love はイの husband「夫」を指す。

⑸　time に着目すると，I didn't have to feel time では意味が通らない。したがって I didn't have time to feel が正しい。不定詞を含む to feel sad が後ろから，前にある time《名詞》を修飾する文。　・have time to ～「～する時間がある」

⑹　１文前の，夫が日記に書き残した言葉より，エが適切。

⑺　直後の１文より，イが適切。

【本文の要約】

私の夢は，マラソンの世界大会で優勝することです。高校で，私は全国大会で３位になり，特別なトレーニング計画への参加（者）に選ばれました。私は毎日走り，マラソンのことだけを考えていました。私はとても速く（走れるように）なったので，世界大会に行けると確信していました。しかし，それは［Aイ間違って(=wrong)］いました。私たちのチームが出発する直前に，私は脚のケガをしてしまったのです。それが私のマラソン選手としてのキャリアの終わりでした。その後，私は空っぽの箱のように，心の中が空になってしまいました。私は起き上がるエネルギーさえありませんでした。

私を救ってくれたのはコーチでした。彼は私が新しい人生を始める準備が整うまで待ってくれました。彼は私に何かするように，などと決して言わずに，いつもそばにいてくれました。数か月後，私は自分がもはや空っぽの箱ではないことに気づきました。［Bア少しずつ(=Little by little)］，コーチは私がもう１度自分を見つける手助けをしてくれました。彼は私の生涯の恋人になり，私たちは結婚しました。彼はまだランナーたちを指導していましたが，私の前で走ることについて話すことはありませんでした。おそらく私の気分を悪くしたくなかったからでしょう。

数年後，もう１人の人物が私の人生にやって来ました。それは夫そっくりの赤ちゃんでした。私はとても幸せでした。しかし突然，私の幸せは終わってしまったのです。

私の生涯の恋人が亡くなったのです。彼はある日仕事に出かけ，そして２度と帰ってはきませんでした。私は怯えていました。私は最愛の人を失いました。「もし私の赤ちゃんまで失ったらどうしたらいいの？その時は，私はまた，あの空っぽの箱になってしまうわ」と思ったのです。「私は子どもを幸せにするためにあらゆることをしなければならないわ」その後，私は懸命に働きました。あまりに一生懸命働いたので，子どもの父親が死んでしまったことを悲しんでいる時間などありませんでした。

５年が経ちました。ある日，新しい都市に引っ越す準備をしていた私は，最愛の人の日記を見つけました。それは押入れにありました。その日記で，彼は「僕はぜひもう１度，彼女が走るところを見たい…」と書いていました。私は号泣しました。どうして彼は生前にこれを言ってくれなかったのでしょう？彼の日記を読んだ後，私は決心しました。私は再び走ろうと思ったのです。それで地元のマラソンに向けて準備し始めました。私は彼に，私はもう大丈夫であることを見せたかったのです。

4(1)A　・wait for ～「～を待つ」　B　・take ～ for a walk「～を散歩に連れて行く」

(2)(a)　・How about ～?「～はどうですか？」　(b)　・What do you think of ～?「～はどう思いますか？」

(c)　take care of ～「～の世話をする」より，take の過去形，アの took が適当。

(d)　話の流れから，lose「失う」の過去形，エの lost が適当。

【本文の要約】

ヒデキ：ケイト，君はペットを飼っている？

ケイト：ええ，ネコを飼っているわ。名前はミキよ。大好きなの。私が帰宅するのを聞くと，ドアのところまで来て，私を待っているのよ。とてもかわいいの。あなたは？

ヒデキ：ああ，僕もペットを飼っているけど，ネコじゃなくてイヌなんだけど。名前はリュウ。とても人懐っこいんだ。僕はいつも朝早くにリュウを散歩に連れて行くんだよ。

ケイト：ああ，あなたはイヌが好きなのね。ネコはどう思っているの？

ヒデキ：えっと，ネコはあまり好きじゃないんだ。本音を言えば，嫌いなんだよ。小さい時，母が僕に金魚を２匹，買ってくれたんだ。僕はそれを金魚鉢に入れて，しっかり世話をしていたんだ。毎朝，エサをやって，だんだん大きくなるのを見て喜んでいたのさ。ある日家に帰ると，１匹のネコが僕の部屋から逃げて行くのを見たんだ。金魚鉢を見た時，何もないことに気づいてショックを受けたんだよ。それがネコを嫌う理由だよ。

ケイト：あなたはネコのせいで大事にしていた金魚を失ってしまったのね。それを聞いて，とても気の毒に思うわ。

―《2021　理科　解説》―

1　(1)　イ〇…ゼニゴケのようなコケ植物は，種子ではなく胞子でふえる。

(2)　ウ〇…コケ植物と同様に種子ではなく胞子でふえる植物はシダ植物である。シダ植物には維管束があり，根，茎，葉の区別があるが，コケ植物には維管束がなく，根，茎，葉の区別がない。

(3)　ア〇…種子植物は，胚珠がむき出しの裸子植物と，胚珠が子房で包まれている被子植物に分けられる。さらに，被子植物は子葉が１枚の単子葉類と，子葉が２枚の双子葉類に分けられる。トウモロコシは単子葉類である。

(4)(5)　双子葉類は，葉脈は網状脈で，根は主根と側根からなり，茎の維管束は輪状に並ぶ(図２のA)。これに対し，単子葉類は，葉脈は平行脈で，根はひげ根であり，茎の維管束は散在している(図２のB)。

(6)　ア〇…イとエは双子葉類，ウはシダ植物，オは裸子植物である。

2　(1)　ウ〇…Aに対し，並列つなぎになっているXが電圧計，直列つなぎになっているYが電流計である。

(2)　電流の大きさは電圧の大きさに比例する。表１より，電圧が6.0Vのときに流れる電流は240mAだから，電圧が9.0Vのときに流れる電流の大きさは，$240\times\frac{9.0}{6.0}=360$(mA)である。

(3)　〔$\text{抵抗}(\Omega)=\frac{\text{電圧}(\mathrm{V})}{\text{電流}(\mathrm{A})}$〕，240mA→0.24Aより，$\frac{6.0}{0.24}=25(\Omega)$である。

(4)　〔電力(W)＝電圧(V)×電流(A)〕，160mA→0.16Aより，電力は4.0×0.16＝0.64(W)であり，〔電力量(J)＝電力(W)×時間(s)〕，10分→600秒より，電力量は0.64×600＝384(J)である。

(5)　オ○…表２より，Ｂの抵抗の大きさは，$\frac{2.0(\mathrm{V})}{0.04(\mathrm{A})}=50(\Omega)$である。抵抗器を直列につなぐと，各抵抗器の抵抗の大きさの和が全体の抵抗の大きさになるから，$25+50=75(\Omega)$である。

3　(1)　ウ○…北半球の中緯度帯では，南から暖気が，北から寒気が低気圧の中心に向かって吹きこむことで，暖気と寒気の境目に前線ができる。このように前線をともなう低気圧を温帯低気圧という。なお，熱帯低気圧や寒冷低気圧は前線をともなわない。また，停滞低気圧や温暖低気圧とよばれる低気圧はない。

(2)　イ○…低気圧の西側に伸びるのが寒冷前線，東側に伸びるのが温暖前線である。ＡとＣには寒気，Ｂには暖気があり，寒気は暖気よりも重いため，寒冷前線付近では寒気が暖気の下にもぐりこんで，暖気を持ち上げるように進む。これに対し，温暖前線付近では暖気が寒気の上にはい上がるように進む。

(3)　イ，エ○…時間がたつと，低気圧は偏西風の影響を受けて，西から東へ(イの方向へ)移動する。したがって，Ｂでは寒冷前線が通過し，寒気におおわれるため，気温が下がる。また，寒冷前線付近では積乱雲が発達しやすく，短時間に激しい雨が降りやすい。

(4)　寒冷前線の方が温暖前線よりも速く移動するため，寒冷前線が温暖前線に追いついてへいそく前線ができる。へいそく前線ができると，低気圧が消えることが多い。

(6)　ウ○…夏が近づくと，日本の北にある冷たく湿ったオホーツク海気団と南にあるあたたかく湿った小笠原気団の勢力がほぼ同じになって，停滞前線ができる。このころの停滞前線をとくに梅雨前線という。この後，小笠原気団の勢力が強まると，梅雨が明ける。

4　(1)～(3)(5)　塩化水素を水に溶かすと，水素イオンと塩化物イオンに分かれる〔$HCl \rightarrow H^{+}+Cl^{-}$〕。このように，水に溶かすとイオンに分かれる物質を電解質という。電解質の水溶液にはイオンが含まれるため，電流が流れる。図のように，異なる種類の金属板と電解質の水溶液から電気エネルギーをとり出す装置を化学電池という。亜鉛と銅では，よりイオンになりやすい亜鉛が電子を２個失って，亜鉛イオンとなって塩酸中に溶け出す〔$Zn \rightarrow Zn^{2+}+2e^{-}$〕。亜鉛が失った電子は導線を通ってＢの向きに移動すると，銅板上で塩酸中の水素イオンが電子を１個受けとって水素原子となり，それが２個結びついて水素分子となる〔$2H^{+}+2e^{-} \rightarrow H_2$〕。電子は－極から＋極に移動するから，ここでは亜鉛板が－極，銅板が＋極になっている。なお，電流の向きは＋極から－極だから，Ａの向きである。

(4)　ウ○…Ａでは＋極と－極の位置が変わるので，モーターの回転の向きが反対になる。Ｂでは非電解質であるエタノールの水溶液に変えたので，化学電池にはならず，モーターは回転しない。Ｃでは２枚の金属板が同じ種類の金属になり，イオンのなりやすさに差がないので，化学電池にはならず，モーターは回転しない。

《2021　社会　解説》

1　①はオーストラリア，②はマレーシア，③はインドネシア，④はベトナム。

(2)　イ．イギリスの植民地だったオーストラリアでは，かつて白人を優遇する白豪主義がとられていたが，アジアとの結びつきが強くなった1970年代にこの政策が廃止され，現在は多文化主義がとられている。

(3)　クアラルンプールは熱帯雨林気候だから，年間を通して気温が高く降水量も多いアと判断する。イは砂漠気候，ウは温暖湿潤気候，エは高山気候である。

(4)　オが正しい。③のインドネシアはＥ，④のベトナムはＢを選ぶ。Ａはフィリピン，Ｃはタイ，Ｄはマレーシア，Ｆはオーストラリア，Ｇはニュージーランド。

(5)　カが正しい。Ⅰのタイやベトナムからは，養殖えび(バナメイエビ)の輸入量が多い。Ⅲのインドネシアは天然ゴ

ムのプランテーションが盛んである。よって，残ったⅡはダイヤモンドとなる。インドには，ダイヤモンド取引を独占するシンジケートがあるので，世界中からダイヤモンドが集められる。

2　Ａは福井県，Ｂは滋賀県，Ｃは三重県，Ｄは奈良県，Ｅは京都府，Ｆは大阪府，Ｇは和歌山県，Ｈは兵庫県。

⑴　温暖な気候の県で生産されていることから，みかんの生産量が多い和歌山県を導き，Ｇを選ぶ。

⑵　エとクが正しい。　ア．めがねフレームは，小浜市ではなく鯖江市の伝統的工芸品である。　イ．最澄は比叡山延暦寺で天台宗を開いた。金剛峯寺は和歌山県高野山にあり，空海が真言宗を開いたことで知られる。

ウ．熊野筆は，三重県ではなく広島県の伝統的工芸品である。　オ．信楽焼は，京都府ではなく滋賀県の伝統的工芸品である。　カ．「上屋敷」ではなく「蔵屋敷」である。　キ．「親潮(千島海流)」ではなく「黒潮(日本海流)」である。

⑶　(地図上の長さ)＝(実際の距離)÷(縮尺の分母)。よって実際の距離が２km＝200000 cmの場合の地図上の長さは，25000 分の１の地図が 200000÷25000＝８(cm)，50000 分の１の地図が 200000÷50000＝４(cm)になり，４cm長い。

3　⑴　奈良時代のイを選ぶ。アとオは平安時代，ウは鎌倉時代，エとカは飛鳥時代。

⑵　観阿弥・世阿弥が大成させた能，猿楽から発展した狂言などをあわせて能楽と呼ぶ。

⑶　オ．Ｃ．朝鮮との国交回復(1605 年)→Ａ．大坂夏の陣・豊臣氏滅亡(1615 年)→Ｂ．オランダ商館の出島移転(1641 年)

⑷　オが正しい。葛飾北斎は 19 世紀前半の化政文化を代表する浮世絵師だから，Ｂの天保の改革とＣの大塩平八郎の乱(1837 年)を選ぶ。Ａの大政奉還は 19 世紀後半(1867 年)，Ｄの享保の改革は 18 世紀，Ｅの安政の大獄は 19 世紀中頃(1858 年)。

4　⑴　カを選ぶ。ヨーロッパ連合(ＥＵ)発足は 1993 年，アメリカ独立宣言発表は 1776 年，アヘン戦争開始は 1840 年，イタリア王国成立は 1861 年，イギリスで蒸気鉄道が開通したのは 1825 年。

⑵　1894 年に外務大臣陸奥宗光がイギリスとの間で治外法権(領事裁判権)の撤廃に成功し，1911 年に外務大臣小村寿太郎がアメリカとの間で関税自主権の完全回復に成功した。

⑶　ウが誤り。トルコ(オスマン帝国)は，「連合国側」ではなく「同盟国側」について第一次世界大戦へ参戦した。

⑷　疎開には，親戚知人を頼って疎開する「縁故疎開」と，縁故に頼れない児童を対象にして学校が行う「学童疎開」とがあった。

5　⑴　エが誤り。天皇は政治についての権限を持たないので，法律や政令に連署することはできない。

⑵(Ｂ)　ウ．日本国憲法の基本原理の１つである国民主権の観点から，その改正の最終審議には国民投票が行われる。

⑶　ア．「生存権」が誤り。表現の自由や信教の自由は精神活動の自由として保障されている。

6　⑴　ウが正しい。地方交付税交付金は使いみちが限定されていない。　ア．累進課税制度がとられている所得税は直接税である。　イ．税金を納める義務のある人を「納税者」，実際に負担する人を「担税者」と言う。

エ．「地方債」ではなく「国債」である。地方債は，地方公共団体が財政における不足分を補うために発行する公債(借金)である。　オ．相続税と法人税は国税，固定資産税は地方税の市町村税である。　カ．政府の財政政策では，好景気のときには増税を行い，公共投資を削減する。反対に，不景気のときには減税を行い，公共投資を増加する。

⑵　キが正しい。Ａ．１ドル＝105 円とＢ．１ドル＝115 円では，１ドル＝105 円のときの方が円の価値が高いことになる。よって，ＡからＢに変化すると円安，ＢからＡに変化すると円高となる。

星城高等学校

《国　語》

一　問一．a．いちじる　b．ウ　c．克服　問二．3　問三．A．エ　B．ア　問四．いままでは
問五．リズム感や　問六．エ　問七．無口な子、おとなしい子　問八．イ　問九．後天的　問十．ア
問十一．エ

二　問一．ようよう　問二．a．イ　b．ウ　問三．7　問四．遊ぶ　問五．ア　問六．若君…物恥ぢ
姫君…さがなく

《数　学》

1　(1) $2\sqrt{3}$　(2) $-ab$　(3) $\frac{5}{2}$　(4) $2x(2x-3)$　(5) $2\pm\sqrt{10}$　(6) 3　(7) 21，35

2　(1) 37　(2)①頂点…B　確率…$\frac{1}{3}$　② $\frac{7}{36}$　(3) 2　(4) $\frac{7}{3}$　(5) 4500

3　(1) 24　(2) $y=\frac{7}{5}x+\frac{24}{5}$

4　(1) 33　(2) 6

5　(1) 30　(2) 4π

6　(1) $\frac{48}{5}\pi$　(2) $\frac{84}{5}\pi$

7　$\frac{27}{20}$

《英　語》

1　第1問　1番．a．正　b．誤　c．誤　d．誤　2番．a．誤　b．誤　c．誤　d．正
3番．a．誤　b．誤　c．正　d．誤
第2問　問1．a．誤　b．誤　c．正　d．誤　問2．a．誤　b．誤　c．正　d．誤

2　(1)①イ　②エ　③エ　(2)①as／as　②Shall／we

3　(1)エ　(2)イ　(3)passed through many different places like　(4)ウ　(5)イ　(6)エ

4　(1)ア　(2)called　(3)エ　(4)イ　(5)ask／to　(6)take

《理　科》

1　(1)エ　(2)①ア　②エ　(3)①A　②E　③G　④I　⑤J　(4)①B　②C　③I

2　(1)オ　(2)11.8　(3)ウ　(4)オ　(5)3.5

3　①ア　②ク　③ス

4　(1)イ　(2)ウ　(3)オ／新月

5　(1)エ　(2)オ　(3)320　(4)9.6

6　(1)オ　(2)カ

《社　会》

1　⑴D，F　⑵エ　⑶ウ　⑷適地適作

2　⑴コ　⑵岩宿　⑶東経 135　⑷イ

3　⑴①オ　②ア　⑵①近松門左衛門　②カ

4　⑴キ　⑵1945 年 8 月 15 日　⑶ b　⑷ウ

5　⑴生存　⑵公共の福祉　⑶オ　⑷ウ，エ

6　⑴エ　⑵公債

星城高等学校

←解答例は前ページにありますので，そちらをご覧ください。

《2020　国語　解説》

一 問一ｂ　保証とは、間違いがない、大丈夫であると認め、責任を持つこと。よって、ウが適する。

問二　「センセーショナルな(形容動詞の連体形)／文言《もんごん》(名詞)／を(格助詞)／並べ(動詞の連用形)／たがる(希望の助動詞の終止形)」。「／」は単語の区切りで、下線部が自立語。

問三Ａ　前の段落では、マスコミが現代の若者のコミュニケーション能力の低下を問題にしたがっていることが、後には、実際にはそれを裏付けるような学問的な統計は出ていないことが書かれている。現代の若者のコミュニケーション能力の低下に関して、前後でほぼ反対のことが書かれているから、エの逆接の接続詞「しかし」が適する。

Ｂ　ほとんど学問的な裏付けがないにも関わらず、マスコミが若者のコミュニケーション能力の低下を言いたがることなどに強い疑問を持ち、その理由を改まって問うているから、アの「いったい」が適する。

問四　それまで述べてきた内容を、「いままでは問題にならなかったレベルの(口べたな・コミュニケーションが下手な)生徒が問題になる」と述べ、直後で「これが『コミュニケーション問題の顕在化』だ」と言っている。

問五　傍線部③に続く部分も、それに関連した発言であり、ダンスもまた重要なコミュニケーションの手段であることや、したり顔で言うオヤジ評論家のような日本の中高年は、その能力が劣っていることなどを説明している。これらをふまえると、「リズム感や音感は～」の一文で、いまの子どもたちや若者たちの方がコミュニケーション能力が高いことを具体的に説明しているといえる。

問七　傍線部⑤は、コミュニケーション教育に関する筆者の講習会に来ていた現役の先生からの質問に対する筆者の考えである。この質問は、「コミュニケーション問題の顕在化」「いままでは問題にならなかったレベルの生徒が問題になる」ことの例としてあげられている。したがって、対象となる生徒は、「いままでは、いわば見過ごされてきた層」、つまり、必ずクラスに一人か二人いる「無口な子、おとなしい子」である。

問八　直後の３段落の内容に着目する。「そう考えていけば、『理科の苦手な子』『音楽の苦手な子』と同じレベルで『コミュニケーションの苦手な子』という捉え方もできるはずだ。そして『苦手科目の克服』ということなら、どんな子どもでも普通に取り組んでいる課題であって、それほど深刻に考える必要はない」「だとすれば、コミュニケーション教育もまた、その程度のものだとは考えられないか。コミュニケーション教育は、ペラペラと口のうまい子どもを作る教育ではない。口べたな子でも、現代社会で生きていくための最低限の能力を身につけさせるための教育だ」などから、イが適する。

問十一　ア．傍線部③の部分に、「若者全体のコミュニケーション能力は、どちらかと言えば向上している」とあるので、適さない。　イ．【　Ｂ　】の１～２行後に、「私は、現今の『コミュニケーション問題』は、先に掲げた『意欲の低下』という問題以外に、大きく二つのポイントから見ていくべきだと考えている」とあるので、適さない。　ウ．最後から２番目の段落に、「口べたな子どもが、人格に問題があるわけでもない。だから、そういう子どもは、あと少しだけ、はっきりとものが言えるようにしてあげればいい」とあり、ウの選択肢の表現は強すぎるので、適さない。　エ．傍線部⑦を含む段落の内容、特に「これはのちのち詳しく触れるが、日本では、コミュニケーション能力を先天的で決定的な個人の資質、あるいは本人の努力など人格に関わる深刻なものと捉える傾向があり、それが問題を無用に複雑化していると私は感じている」と合致する。

二　**問一**　古文の「ア段＋う」は、「オ段＋う」に直す。

問二 a　「若君は～父《ちち》の殿《との》をも疎《うと》く恥《は》づかしくのみ思《おぼ》して(＝若君の方は～それどころか父の殿に対しても、親しめないで恥ずかしいとお思いになるばかりで)」とつながっているので、イが適する。　**b**　若君の方を描いた部分の最後の方、「いとめづらかなることに思《おぼ》し嘆《なげ》くに」の現代語訳に、「そんなご様子を、殿は『まったく聞いたこともない、妙なことだ』とお思いになり、嘆いていらっしゃた」とあるので、ウが適する。

問三　「ただ(副詞)／いと(副詞)／恥づかし(形容詞)／と(格助詞)／のみ(副助詞)／思し(動詞)／て(接続助詞)」と分けられる。

問四　口語の「ない」に当たる、打ち消しの助動詞「ず」を付けて活用させてみると「遊ばず」とア段になるので、四段活用の動詞。終止形は「遊ぶ」である。

問五　傍線部④は、現代語訳では「おとめすることもお出来になれない」になっている。「え」はあとに打ち消しまたは反語の表現をともなって、不可能の意味を表す。傍線部④の最後の「ね」は打ち消しの助動詞「ず」の已然形である。よって、アが適する。

問六　それぞれの人物を描いた部分の最初のところで端的に性格を述べ、その後に対照的なエピソードをならべていくという構成になっている。

《2020　数学　解説》

1　(1)　与式$=5\sqrt{3}-3\sqrt{3}=2\sqrt{3}$

(2)　与式$=4a^2b^4\div(-a^3b^3)\times\frac{1}{4}a^2=-\frac{4a^2b^4\times a^2}{a^3b^3\times4}=-ab$

(3)　与式の両辺を15倍して，$5(2x+1)=3\times4x$　　$10x+5=12x$　　$-2x=-5$　　$x=\frac{5}{2}$

(4)　$2x-1=X$とすると，与式$=X^2-X-2=(X+1)(X-2)$

ここで，Xをもとに戻すと，$(2x-1+1)(2x-1-2)=2x(2x-3)$

(5)　与式より，$x^2-2x+1=2x+7$　　$x^2-4x-6=0$

2次方程式の解の公式より，$x=\frac{-(-4)\pm\sqrt{(-4)^2-4\times1\times(-6)}}{2\times1}=\frac{4\pm\sqrt{40}}{2}=\frac{4\pm2\sqrt{10}}{2}=2\pm\sqrt{10}$

(6)　与式$=(a+2)^2$　　ここで，$a=\sqrt{3}-2$を代入すると，$(\sqrt{3}-2+2)^2=(\sqrt{3})^2=3$

(7)　最大公約数が7である2つの数は，aとbを互いに素な自然数($a<b$)として，7a，7bと表せる。和が56なので，$7a+7b=56$より，$a+b=8$となる。また，7aと7bは2けたなので，$2\leqq a$，$2\leqq b$である。これらの条件を満たすaとbは，$a=3$，$b=5$だけだから，2つの自然数は，$7\times3=21$，$7\times5=35$である。

2　(1)　もとの2けたの正の整数を$10x+y$とすると，入れかえてできる2けたの整数は，$10y+x$となる。

入れかえてできる数はもとの数より36大きいので，$10y+x=10x+y+36$　　$9x-9y=-36$　　$x-y=-4$…①

入れかえてできる数ともとの数との和は110なので，$10y+x+10x+y=110$　　$11x+11y=110$　　$x+y=10$…②

①＋②でyを消去すると，$x+x=-4+10$　　$2x=6$　　$x=3$

②に$x=3$を代入すると，$3+y=10$　　$y=7$　　よって，もとの整数は，$10\times3+7=37$である。

(2)①　さいころを1回振ったときの目の数が，1のときはB，2のときはC，3のときはD，4のときはE，5のときはA，6のときはBに硬貨がくる。よって，硬貨がくる確率が最も高いのは頂点Bにくる場合であり，そのときの確率は，$\frac{2}{6}=\frac{1}{3}$である。

②　さいころを２回振ったとき，目の出方は全部で$6\times6=36$(通り)ある。目の数の和は２以上 12 以下であり，硬貨が頂点Dにくるのは，さいころの出た目の数の和が，３，８となるときなので，右表の○印の７通りある。よって，求める確率は，$\frac{7}{36}$である。

２個のさいころの目の和

		2回目					
		1	2	3	4	5	6
1回目	1	2	③	4	5	6	7
	2	③	4	5	6	7	⑧
	3	4	5	6	7	⑧	9
	4	5	6	7	⑧	9	10
	5	6	7	⑧	9	10	11
	6	7	⑧	9	10	11	12

⑶　関数$y=\frac{a}{x}$のグラフは双曲線なので，xの変域が$-4\leqq x\leqq-1$のときのyの最大値が$-\frac{1}{2}$であることから，グラフは右図のように右下がりの曲線になることがわかる。右下がりのグラフは，xの値が小さくなるほどyの値は大きくなるから，$x=-4$のときにyが最大値$y=-\frac{1}{2}$となるので，$-\frac{1}{2}=-\frac{a}{4}$　　$a=2$

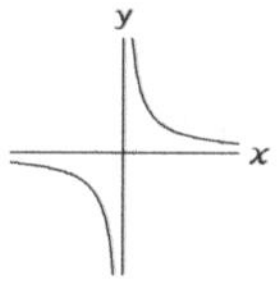

⑷　Cは直線ＡＢ上の点なので，直線ＡＢの式を求め，Cの座標を代入してａの値を求める。直線ＡＢの式を$y=mx+n$とすると，Ａ(－３，７)を通るので，$7=-3m+n$，Ｂ(６，１)を通るので，$1=6m+n$が成り立つ。これらを連立方程式として解くと，$m=-\frac{2}{3}$，$n=5$となるから，直線ＡＢの式は，$y=-\frac{2}{3}x+5$となる。したがって，$a=-\frac{2}{3}\times4+5$　　$a=\frac{7}{3}$

⑸　求める道のりをａｍとする。分速 60m で歩くと$\frac{a}{60}$分，分速 180m で歩くと$\frac{a}{180}$分かかるので，$\frac{a}{60}=\frac{a}{180}+50$　　$3a=a+9000$　　$2a=9000$　　$a=4500$　　よって，求める道のりは，4500m である。

3　⑴　直線ＡＢとy軸との交点をＣとすると，右の「座標平面上の三角形の面積の求め方」より，$\triangle OAB=\frac{1}{2}\times OC\times$(ＡとＢの$x$座標の差)で求めることができる。Ａ，Ｂはともに$y=\frac{1}{2}x^2$上の点であり，Ａの$x$座標が$x=6$，Ｂの$x$座標が$x=-2$なので，Ａの$y$座標は$y=\frac{1}{2}\times6^2=18$，Ｂの$y$座標は$y=\frac{1}{2}\times(-2)^2=2$である。よって，直線ＡＢの式を$y=ax+b$とすると，Ａ(６，18)を通るので，$18=6a+b$，Ｂ(－２，２)を通るので，$2=-2a+b$が成り立つ。これらを連立方程式として解くと，$a=2$，$b=6$となるから，直線ＡＢの式は，$y=2x+6$となる。Ｃは直線$y=2x+6$の切片だから，Ｃ(０，６)，ＯＣ＝６となる。したがって，$\triangle OAB=\frac{1}{2}\times6\times\{6-(-2)\}=24$である。

座標平面上の三角形の面積の求め方

下図において，$\triangle OPQ=\triangle OPR+\triangle OQR=\triangle OMR+\triangle ONR=\triangle MNR$だから，$\triangle OPQ$の面積は以下の式で求められる。

$\triangle OPQ=\frac{1}{2}\times OR\times$(ＰとＱの$x$座標の差)

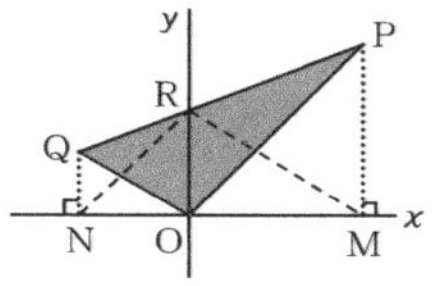

⑵　Ｂを通る直線が△ＯＡＢの面積を２等分するとき，その直線はＯＡの中点を通る。ＯＡの中点をＭとすると，Ｍの座標は，$\left(\frac{(\text{OとAの}x\text{座標の和})}{2},\ \frac{(\text{OとAの}y\text{座標の和})}{2}\right)=\left(\frac{0+6}{2},\ \frac{0+18}{2}\right)=(3,\ 9)$である。求める直線の式はＢ(－２，２)，Ｍ(３，９)を通るので，⑴の解説と同様に考えると，$y=\frac{7}{5}x+\frac{24}{5}$とわかる。

4　⑴　△ＡＢＣはＡＢ＝ＡＣの二等辺三角形なので，$\angle ABC=\angle ACB=(180-48)\div2=66$(°)である。$\angle DCE=180-66=114$(°)であり，△ＣＤＥはＣＤ＝ＣＥの二等辺三角形なので，$\angle x=(180-114)\div2=33$(°)

⑵　△ＣＡＢはＣＡ＝ＣＢの二等辺三角形であり，ＭはＡＢ中点だから，ＣＭ⊥ＡＢであり，円の中心は弦の垂直二等分線上にあるから，３点Ｃ，Ｍ，Ｏは一直線上にある。$\angle x=\angle ANM-\angle ANO$で求める。△ＯＡＣはＯＡ＝ＯＣの二等辺三角形であり，ＮはＡＣの中点なので，ＡＣ⊥ＯＮとなる。よって，∠ＡＮＯ＝90°であり，△ＯＡＮの内角の和は 180° なので，$\angle NAO=180-(90+42)=48$(°)である。∠ＮＣＯ＝∠ＮＡＯ＝48° なので，$\angle ACB=2\angle NCO=96$(°)である。Ｍ，ＮはそれぞれＡＢ，ＡＣの中点だから，中点連結定理より，ＭＮ//ＢＣである。よって，平行線の同位角は等しいから，∠ＡＮＭ＝∠ＡＣＢ＝96° である。したがって，$\angle x=96-90=6$(°)である。

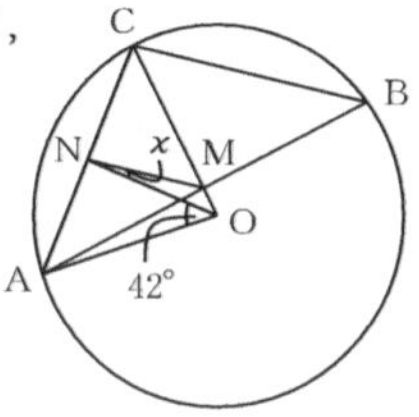

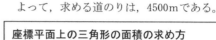

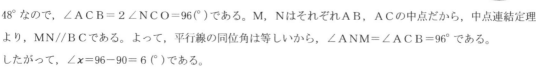

5　(1)　△ＡＯＰについて，Ｐは円ＯとＡＣとの接点だから，∠ＯＰＡ＝90°である。ＯＰ＝ＯＱ＝ＡＱより，ＯＰ＝４cm，ＯＡ＝４＋４＝８(cm)だから，ＯＰ：ＯＡ＝１：２なので，△ＡＯＰは３辺の長さの比が，１：２：$\sqrt{3}$の直角三角形である。したがって，∠ＣＡＢ＝30°となる。

(2)　斜線部分の面積は，半径が４×３＝12(cm)，中心角が∠ＣＡＢ＝30°のおうぎ形の面積から，半径が４cmの半円の面積をひけばよいので，$12^2\pi\times\frac{30}{360}-4^2\pi\div 2=12\pi-8\pi=4\pi$ (cm²)である。

6　(1)　１回転してできる立体は，右図のように㋐底面の半径がＨＣ，高さがＡＨの円すいと，㋑底面の半径がＨＣ，高さがＢＨの円すいをあわせた立体となるので，体積は，

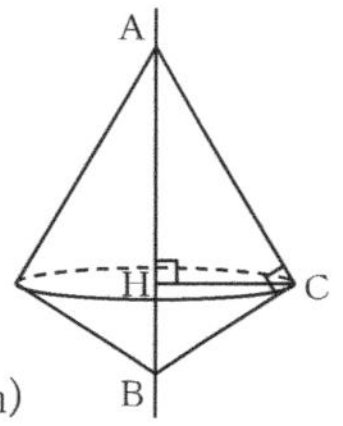

$\frac{1}{3}\times CH^2\pi\times AH+\frac{1}{3}\times CH^2\pi\times BH=\frac{1}{3}\times CH^2\pi\times(AH+BH)=\frac{1}{3}\times CH^2\pi\times AB$

で求められる。△ＡＢＣ∽△ＡＣＨであり，△ＡＢＣは，ＢＣ：ＡＣ：ＡＢ＝３：４：５の直角三角形だから，ＣＨ：ＡＨ：ＡＣ＝３：４：５になるので，$CH=\frac{3}{5}AC=\frac{3}{5}\times 4=\frac{12}{5}$ (cm)

よって，求める体積は，$\frac{1}{3}\times(\frac{12}{5})^2\pi\times 5=\frac{48}{5}\pi$ (cm³)である。

(2)　(1)の解説より，㋐と㋑の側面積の和を求めればよい。円すいの側面積は，(底面の半径)×(母線の長さ)×πで求められる。㋐と㋑の母線の長さはそれぞれ，ＡＣ＝４cm，ＢＣ＝３cmなので，求める表面積は，

$\frac{12}{5}\times 4\times\pi+\frac{12}{5}\times 3\times\pi=\frac{12}{5}\pi\times(4+3)=\frac{84}{5}\pi$ (cm²)である。

7　(四角形ＰＭＣＮの面積)＝△ＢＣＮ－△ＢＰＭである。△ＢＣＮ≡△ＡＢＭだから，∠ＢＮＣ＝∠ＡＭＢである。よって，△ＢＣＮと△ＢＰＭについて，∠ＢＮＣ＝∠ＢＭＰ，∠ＮＢＣ＝∠ＭＢＰなので，△ＢＣＮ∽△ＢＰＭである。△ＢＣＮについて，三平方の定理より，$BN=\sqrt{BC^2+CN^2}=\sqrt{3^2+1^2}=\sqrt{10}$ (cm)なので，△ＢＣＮと△ＢＰＭの相似比は，ＢＮ：ＢＭ＝$\sqrt{10}$：１，面積比は$(\sqrt{10})^2:1^2=10:1$である。

したがって，四角形ＰＭＣＮと△ＢＣＮの面積比は，(10－１)：10＝９：10なので，四角形ＰＭＣＮの面積は，△ＢＣＮの面積の$\frac{9}{10}$倍だから，$\frac{1}{2}\times BC\times CN\times\frac{9}{10}=\frac{1}{2}\times 3\times 1\times\frac{9}{10}=\frac{27}{20}$ (cm²)である。

《2020　英語　解説》

1　【放送文の要約】参照。

第１問　１番　質問「トモキは次に何と言うでしょうか？」…クラーク先生の「なぜ遅刻したのか，理由を話してみなさい」に対する返事だから，a「途中でレポートを置いてきたことに気づいて，家に戻らなければならなかったんです」が正しい。b「父が僕にすてきなジャケットを買ってくれました」，c「彼を訪ねる計画を立てているところです」，d「音楽に興味があります」は誤り。　・pay ~ a visit「～を訪ねる」

２番　質問「女性は次に何と言うでしょうか？」…男性の「ありがとう」に対する返事だから，d「どういたしまして」が正しい。a「とても寒いですね？」，b「私は２分前に到着しました」，c「私は今とても忙しい」は誤り。

３番　質問「ヒロコはいくら支払いましたか？…ヒロコは「1500 円のＴシャツと 1000 円の帽子」を買ったから，c「2500 円」が正しい。

第２問　問１　質問「タツヤは何のスポーツが好きですか？」…c「サッカー」が正しい。

問２　質問「彼らは将来，何になりたいですか？」…c「学校の先生」が正しい。

【放送文の要約】

ヨシオは今 15 歳です。彼の親友はタツヤです。彼らはスポーツが好きです。ヨシオは野球が好きで，問１cタツヤはサッカーが好きです。ヨシオは野球部で，放課後野球をします。タツヤは学校のどこの部にも入っていません。彼は放課後，塾に行きます。

土曜日に彼らは，よく公園に行き，一緒にジョギングを楽しみます。ジョギングの後は，芝生でおしゃべりをします。彼らはよく将来について話します。彼らの両親は彼らが医者になることを望んでいますが，問２c彼らは２人とも学校の先生になりたいと思っています。

2　(1)①　質問「次の土曜日は何か計画がありますか？」→未来のことを尋ねているから，be going to ～「～するつもりです」で答えているイ「はい，京都に住んでいるおじを訪ねるつもりです」が適当。ア「私は友達とショッピングに行きました」，ウ「私はそれを聞いて嬉しいです」，エ「素晴らしい。それはすてきだね」は不適当。

②　質問「その事故は，いつ，どこで起こりましたか？」…エ「私は知りません」が適当。ア「それは明日この市で起こるでしょう（未来)」，イ「それは私たちがする前に起こりました」，ウ「父と私はその旅行を楽しみました」は不適当。

③　質問「あなたはどうやってその機械を止めますか？」…エ「スイッチをオフにします」が適当。ア「私たちがあとでそれを止めます」，イ「どうか，ひたすら懸命にやってください」，ウ「私は何も想像できません」は不適当。

(2)①　上の文意「タカシと私は同じ年の同じ月に生まれた」より，下の文はI am as old as Takashi.「私とタカシは同い年です」になる。　・as … as ～「～と同じくらい…」

②　上の文意「外に行きましょう」より，下の文はShall we go outside?「(一緒に）外へ行きませんか？」になる。Let's ～.「～しましょう」とShall we ～?「(一緒に）～しませんか？」は，相手を誘うときの表現。

3　【本文の要約】参照。

(2)　直前の文には現在の様々な移動方法が，直後の文には何千年も前にはシルクロードしかなかったことが述べられていることから，イが適当。

(3)　主語のTheyに続く動詞はpassedだけ。likeは「～のような」という意味の前置詞だから後にdeserts, rivers…などが続く。　・pass through ～「～を通り過ぎる」

(4)　質問「シルクロードを旅するのに最も過酷な方法は何ですか？」…第３段落最後の文から，ウ「徒歩で行くこと」が適当。　・on foot「徒歩で」

(5)　第５段落では，シルクロードによって考え・思想が伝播されたことについて述べられているから，イが正しい。

(6)　当時の西安が中国の首都であり，シルクロードの起点でもあったことを読み取る。ア「それで大勢の人々が観光でそこを訪れました」，イ「それはミステリーに満ちていました」，ウ「その都市には学ぶことが相当ありました」は内容と合わないから不適当。

【本文の要約】

今日《こんにち》，私たちは手軽に世界を旅行します。自動車，電車，飛行機は，私たちを都市から都市へ迅速に［A エ連れていき(=take)］ます。何千年も前は，［①それ（イ 人々の移動方法)］は違いました。ヨーロッパからアジアへ旅をする道は１つしかありませんでした。それはシルクロードと呼ばれました。

実は，シルクロードは多くの道から成り立っていました。それらは砂漠や河川，山脈や森林といった多くの様々な場所を通っていました。シルクロードの歴史は紀元前100年ほどまで遡《さかのぼ》ります。

シルクロードの旅は過酷なものでした。シルクロードの旅はラクダを使うのが１番の方法でした。馬を使う人も多くいました。それ以外の人々，つまり最も不幸な旅人たちは，歩いて行かなければなりませんでした。

シルクロードの旅人のほとんどは商品を運んでいました。彼らは様々なものを運んでいましたが，最も有名なものはシルク（絹）でした。シルクはしなやかで衣服を作るのに使われる素材です。

シルクロードは，考え・思想の伝播にも重要な役割を果たしました。仏教のような哲学や，数学が，国から国へ伝わ

りました。これは最も骨の折れないものでした。考え・思想は伝えるのが簡単ですからね！誰にでもできるのですから！

多くの人々は，中国でシルクロードの旅を始めました。シルクロードで最も東にあるのが西安でした。これは当時の中国の首都でした。④エまたほとんどの旅人にとって出発地点でした。西安は大都市ならではの快適さがすべて整っていました。食べ物も水もありました。旅人が次の地域への旅に向けて準備するには格好の場所だったのです。

4 (1) 日本語では「印象はどうでしたか？」と言うため，イの How was を選びたくなるが，英語では What was your impression? になるので注意。

(2) 過去分詞(called)で後ろから，前にある名詞 tearoom を修飾する。

(3) 代名詞はその前にある語句や文を指す。ここでは直前の I wanted to have tea there を指すから，エが適当。

(4) ・Why not ～?「～したら？」…相手に提案するときの表現。　・Do you mean it?「(冗談ではなく）本当に？」

(5) ・ask＋人＋to ～「(人)に～するように頼む」　・pick＋人＋up ～「(人)を車で迎えに行く」

(6) ・take a picture of ～「～の写真を撮る」

【本文の要約】

カズコ：ニック，ホームステイ先の家族と犬山城に行ったそうね。印象はどうだった？

ニック：うん，素晴らしかったよ！犬山城は日本で１番古い城だと聞いたんだ。1537 年の築城以来，元の姿を留めているし，それに国宝だしね。僕たちは木の階段を昇って，天守閣に行ったんだ。その眺めは素晴らしかったよ。城を後にしてから 10 分ほど歩いて，美しい庭園に行ったよ。そこの「如庵《じょあん》」と呼ばれる茶室を訪れたんだ。それも国宝だと，ガイドが言っていたよ。そこでお茶を飲みたかったけれど，それは無理だと言われてしまったんだ。お茶を飲むためにはそばにある近代的な建物に行かなくてはならなかったんだよ。

カズコ：あなたは茶道に興味があるの？

ニック：ああ，とても。実は，日本に来る前から，茶道に興味があったんだ。

カズコ：そうなの？じゃあ，茶道を経験してみない？

ニック：カズコ，本当？僕は長い間，茶道を経験してみたかったんだ。どこでできるの？どこかいい所を知っているの？

カズコ：私のお母さんが茶道を教えているのよ。庭に茶室もあるわ。国宝ではないけどね。明日の午後は時間がある？母の生徒さんが来るの。よかったら来ない？

ニック：本当にありがとう。ぜひ行くよ。

カズコ：私がお母さんに，午後２時に市役所の前にあなたを車で迎えに行くよう，たのんでみましょう。

ニック：君は本当に親切だ。何か持ち物はあるの？

カズコ：持ち物はないけれど，カメラを持ってくるといいかも。生徒さんの何人かは着物を着てくると思うわ。あなたは彼女たちの写真をとれるし，彼女たちも喜ぶと思うわ。

《2020　理科　解説》

1 (1) エ○…ヨウ素液はデンプンに反応して青紫色になる。また，ベネジクト液を(デンプンが分解されてできた)ブドウ糖がいくつか結びついたものに加えて加熱すると，赤かっ色の沈殿が生じる。だ液にはデンプンを分解するはたらきがあるので，だ液を加えたＡとＣではデンプンが分解され，だ液を加えていないＢとＤではデンプンが残ったままである。よって，ヨウ素液を加えたＡとＢのうち，デンプンが残っているＢだけが青紫色に変化し，ベネジ

クト液を加えて加熱したCとDのうち，デンプンが分解されたCだけで赤かっ色の沈殿が生じる。

(2)　AとBの違いはだ液の有無で，ヨウ素液の反応を見ただけだから，だ液によってデンプンが分解されたことはわかるが，それがどのような物質になったかまではわからない。これに加え，ベネジクト液を使用したCとDを比較することで，デンプンが，ブドウ糖がいくつか結びついたものになったことがわかる。

(3)(4)　デンプンはだ液やすい液中のアミラーゼ，小腸の壁の消化酵素のはたらきを受けて，ブドウ糖にまで分解される。ブドウ糖は小腸の柔毛で吸収されると毛細血管に入り，肝臓に送られる。

2　(2)　とかすことのできる物質の最大の質量は水の質量に比例する。20℃のときのミョウバンの溶解度は5.9ｇだから，20℃の水200ｇには最大$5.9\times\frac{200}{100}=11.8$(ｇ)とける。

(3)　ウ○…②で200ｇがすべてとけた後，(2)より，③では11.8ｇまでしかとけなくなるので，120－11.8＝108.2→約108ｇの結晶が出てくる。

(4)　オ○…〔質量パーセント濃度(%)＝$\frac{溶質の質量(g)}{溶質の質量(g)+溶媒の質量(g)}\times100$〕で求める。溶質はとけている物質，溶媒はとかしている液体のことである。ろ過して得られた水溶液は，ミョウバン11.8ｇが水200ｇにとけたものだから，質量パーセント濃度は$\frac{11.8}{11.8+200}\times100=5.57\cdots$→約5.6%である。

(5)　水が100ｇのときで考えると，36.4－35.7＝0.7(ｇ)の結晶ができるから，水の質量が100ｇの５倍の500ｇで同様の操作を行えば，できる結晶の質量は0.7ｇの５倍の3.5ｇになる。

3　③地球は１年(12か月)に約360度公転するから，１か月に約$\frac{360}{12}=30$(度)公転する。同じ時刻に見える星の位置が，１か月に約30度ずつ西へ動くのは，地球の公転による見かけの動きである。

4　(1)　イ○…図１のように，右半分が光る半月を上弦の月という。なお，光っている部分の傾きから，図１は上弦の月が南の空にあるときに撮影されたものだとわかる。

(2)　ウ○…図２で，太陽と同じ方向にあるオが新月で，太陽と反対方向にあるアが満月である。新月が右側から次第に満ちていき，満月になるので，右半分が光る上弦の月になる位置は，オからアに移動するときのちょうど中間にあるウである。なお，エは三日月，キは下弦の月である。

(3)　オ○…日食は，太陽，月(新月)，地球の順に一直線に並び，太陽の全体または一部が月によって隠される現象である。なお，太陽，地球，月(満月)の順に一直線に並び，月が地球の影に入ることで月の全体または一部が欠けて見える現象が月食である。

5　(1)　エ○…直列回路ではどこでも等しい大きさの電流が流れる。表より，電圧が2.0Ｖのときに電流計が示す値が80mA→0.08Ａだから，ｂに流れる電流も0.08Ａである。

(2)　オ○…(1)解説より，電圧が2.0Ｖのときにはａにも0.08Ａの電流が流れるから，〔抵抗(Ω)＝$\frac{電圧(V)}{電流(A)}$〕より，ａの抵抗は$\frac{2.0}{0.08}=25$(Ω)である。

(3)　〔電流(A)＝$\frac{電圧(V)}{抵抗(\Omega)}$〕より，$\frac{8.0}{25}=0.32$(A)→320mAが正答である。

(4)　(3)のとき，ｂに流れる電流も0.32Ａである。よって，〔電圧(V)＝抵抗(Ω)×電流(A)〕より，ｂに加えられた電圧は30×0.32＝9.6(V)である。

6　(1)　オ○…図の電流の向きに着目して，図Ｉの右手をあてはめると，コイルの手前側がＮ極になるから，磁界の向きは→Ｚの向きである。

図Ｉ

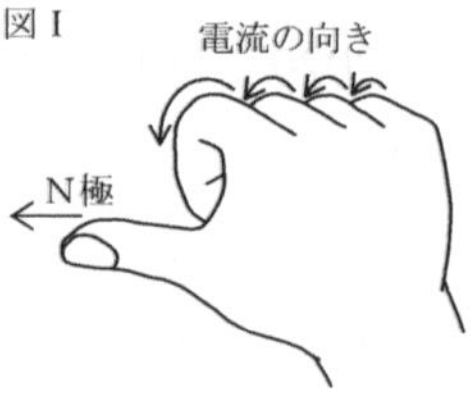

(2)　カ○…コイルが台に対して垂直になっている部分のまわりにできる磁界の向きを，図Ｉの右手の親指を電流の向き，残りの４本指を磁界の向きに置き換えて考える。Ａ側では上から見て時計回りの向きに磁界ができるので，Ａは④のように振れ，Ｂ側では上

から見て反時計回りの向きに磁界ができるので，Ｂは②のように振れる。

《2020　社会　解説》

1　(1)　Ｄ(ドイツ)とＦ(オーストリア)が正しい。ライン川とドナウ川の流れる位置は，右図参照。

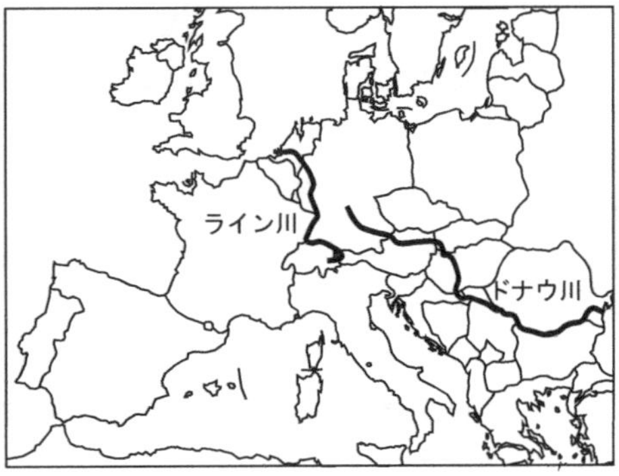

(2)　エが正しい。白夜や極夜(冬に１日中陽が昇らない状態)は，北極圏や南極圏で起きるから，北極圏が一部に入るノルウェーを選ぶ。

(3)　ウが正しい。①は２位と３位のアルゼンチン・ブラジルからトウモロコシと判断する。②は２位のインドから綿花と判断する。

(4)　アメリカでは，環境や気候にあった農産物を，大型機械を使って大量に生産する企業的な農業が行われている。

2　(1)　コが正しい。①日本の標準時子午線は，兵庫県明石市を通る東経 135 度の経線である。②富岡製糸場から群馬県を導く。③「自動車関連企業が多く存在＝豊田市」「きく…全国１位＝渥美半島の電照菊」から愛知県を導く。

(2)　岩宿遺跡は，相沢忠洋が発見し，日本に旧石器時代があったことが証明された。

(3)　(1)の解説を参照。

(4)　イが正しい。清酒の兵庫県，みそ(八丁味噌)の愛知県がポイント。

3　(1)**設問Ⅰ**　広隆寺は，飛鳥時代前半に建てられたから，オが正しい。アは鎌倉時代，イは室町時代，ウは飛鳥時代後半，エは平安時代についての記述である。　**設問Ⅱ**　飛鳥時代前半は７世紀前半だから，アが正しい。イは４世紀～６世紀，ウは４世紀，エは 11 世紀，オは 15 世紀のことである。

(2)**設問Ⅰ**　近松門左衛門は，人形浄瑠璃や歌舞伎の作者として知られる。　**設問Ⅱ**　カが誤り。株仲間の解散は，天保の改革で水野忠邦が行った内容である。

4　(1)　キが正しい。1911 年のことであった。領事裁判権の撤廃は 1894 年に陸奥宗光によって実現した。

(2)　玉音放送は，ポツダム宣言翌日の 1945 年８月 15 日(終戦記念日)に行われた。

(3)　(b)が正しい。1911 年の辛亥革命についての内容である。

(4)　ウが正しい。②(1925 年)→①(1931 年)→③(1936 年)

5　(1)　生存権は，日本国憲法第 25 条に規定されている。

(2)　公共の福祉とは，社会全体の利益のこと。経済活動の自由が制限される例として，医師や看護師の免許制(職業選択の自由の制限)，道路や空港を建設するために十分な補償を払ったうえでの土地の収用(財産権の保障)などがある。

(3)　オが正しい。ワイマール憲法で 1919 年に制定されたために，社会権は 20 世紀的人権(基本権)と呼ばれる。

(4)　ウとエが誤り。生活保護は，労働者だけでなく国民全体に適用される社会保障である。労働者の技能研修についての規定は，労働三法に規定されていない。

6　(1)　エが誤り。関税は，納税者と担税者が異なる間接税である。

(2)　国債は国の借金，地方債は地方公共団体の借金，合わせて公債とよぶ。国債費とは違う用語となるので注意すること。国債費は，国債の返済や利子の支払いに必要な費用のことである。

■ ご使用にあたってのお願い・ご注意

（1）問題文等の非掲載

著作権上の都合により，問題文や図表などの一部を掲載できない場合があります。

誠に申し訳ございませんが，ご了承くださいますようお願いいたします。

（2）過去問における時事性

過去問題集は，学習指導要領の改訂や社会状況の変化，新たな発見などにより，現在とは異なる表記や解説になっている場合があります。過去問の特性上，出題当時のままで出版していますので，あらかじめご了承ください。

（3）配点

学校等から配点が公表されている場合は，記載しています。公表されていない場合は，記載していません。

独自の予想配点は，出題者の意図と異なる場合があり，お客様が学習するうえで誤った判断をしてしまう恐れがあるため記載していません。

（4）無断複製等の禁止

購入された個人のお客様が，ご家庭でご自身またはご家族の学習のためにコピーをすることは可能ですが，それ以外の目的でコピー，スキャン，転載（ブログ，ＳＮＳなどでの公開を含みます）などをすることは法律により禁止されています。学校や学習塾などで，児童生徒のためにコピーをして使用することも法律により禁止されています。

ご不明な点や，違法な疑いのある行為を確認された場合は，弊社までご連絡ください。

（5）けがに注意

この問題集は針を外して使用します。針を外すときは，けがをしないように注意してください。また，表紙カバーや問題用紙の端で手指を傷つけないように十分注意してください。

（6）正誤

制作には万全を期しておりますが，万が一誤りなどがございましたら，弊社までご連絡ください。

なお，誤りが判明した場合は，弊社ウェブサイトの「ご購入者様のページ」に掲載しておりますので，そちらもご確認ください。

■ お問い合わせ

解答例，解説，印刷，製本など，問題集発行におけるすべての責任は弊社にあります。

ご不明な点がございましたら，弊社ウェブサイトの「お問い合わせ」フォームよりご連絡ください。迅速に対応いたしますが，営業日の都合で回答に数日を要する場合があります。

ご入力いただいたメールアドレス宛に自動返信メールをお送りしています。自動返信メールが届かない場合は，「よくある質問」の「メールの問い合わせに対し返信がありません。」の項目をご確認ください。

また弊社営業日（平日）は，午前９時から午後５時まで，電話でのお問い合わせも受け付けています。

2025 春

株式会社教英出版

〒422-8054　静岡県静岡市駿河区南安倍３丁目 12-28

TEL　054-288-2131　　FAX　054-288-2133

URL　https://kyoei-syuppan.net/

MAIL siteform@kyoei-syuppan.net

学校別問題集

北海道

①札幌北斗高等学校
②北星学園大学附属高等学校
③東海大学付属札幌高等学校
④立命館慶祥高等学校
⑤北海高等学校
⑥北見藤高等学校
⑦札幌光星高等学校
⑧函館ラ・サール高等学校
⑨札幌大谷高等学校
⑩北海道科学大学高等学校
⑪遺愛女子高等学校
⑫札幌龍谷学園高等学校
⑬札幌日本大学高等学校
⑭札幌第一高等学校
⑮旭川実業高等学校
⑯北海学園札幌高等学校

青森県

①八戸工業大学第二高等学校

宮城県

①聖和学園高等学校(A日程)
②聖和学園高等学校(B日程)
③東北学院高等学校(A日程)
④東北学院高等学校(B日程)
⑤仙台大学附属明成高等学校
⑥仙台城南高等学校
⑦東北学院榴ケ岡高等学校
⑧古川学園高等学校
⑨仙台育英学園高等学校(A日程)
⑩仙台育英学園高等学校(B日程)
⑪聖ウルスラ学院英智高等学校
⑫宮城学院高等学校
⑬東北生活文化大学高等学校
⑭東北高等学校
⑮常盤木学園高等学校
⑯仙台白百合学園高等学校
⑰尚絅学院高等学校(A日程)
⑱尚絅学院高等学校(B日程)

山形県

①日本大学山形高等学校
②惺山高等学校
③東北文教大学山形城北高等学校
④東海大学山形高等学校
⑤山形学院高等学校

福島県

①日本大学東北高等学校

新潟県

①中越高等学校
②新潟第一高等学校
③東京学館新潟高等学校
④日本文理高等学校
⑤新潟青陵高等学校
⑥帝京長岡高等学校
⑦北越高等学校
⑧新潟明訓高等学校

富山県

①高岡第一高等学校
②富山第一高等学校

石川県

①金沢高等学校
②金沢学院大学附属高等学校
③遊学館高等学校
④星稜高等学校
⑤鵬学園高等学校

山梨県

①駿台甲府高等学校
②山梨学院高等学校(特進)
③山梨学院高等学校(進学)
④山梨英和高等学校

岐阜県

①鶯谷高等学校
②富田高等学校
③岐阜東高等学校
④岐阜聖徳学園高等学校
⑤大垣日本大学高等学校
⑥美濃加茂高等学校
⑦済美高等学校

静岡県

①御殿場西高等学校
②知徳高等学校
③日本大学三島高等学校
④沼津中央高等学校
⑤飛龍高等学校
⑥桐陽高等学校
⑦加藤学園高等学校
⑧加藤学園暁秀高等学校
⑨誠恵高等学校
⑩星陵高等学校
⑪静岡県富士見高等学校
⑫清水国際高等学校
⑬静岡サレジオ高等学校
⑭東海大学付属静岡翔洋高等学校
⑮静岡大成高等学校
⑯静岡英和女学院高等学校
⑰城南静岡高等学校
⑱静岡女子高等学校
⑲常葉大学附属常葉高等学校
常葉大学附属橘高等学校
常葉大学附属菊川高等学校
⑳静岡北高等学校
㉑静岡学園高等学校
㉒焼津高等学校
㉓藤枝明誠高等学校
㉔静清高等学校
㉕磐田東高等学校
㉖浜松学院高等学校
㉗浜松修学舎高等学校
㉘浜松開誠館高等学校
㉙浜松学芸高等学校
㉚浜松聖星高等学校
㉛浜松日体高等学校
㉜聖隷クリストファー高等学校
㉝浜松啓陽高等学校
㉞オイスカ浜松国際高等学校

愛知県

①[国立]愛知教育大学附属高等学校
②愛知高等学校
③名古屋経済大学市邨高等学校
④名古屋経済大学高蔵高等学校
⑤名古屋大谷高等学校
⑥享栄高等学校
⑦椙山女学園高等学校
⑧大同大学大同高等学校
⑨日本福祉大学付属高等学校
⑩中京大学附属中京高等学校
⑪至学館高等学校
⑫東海高等学校
⑬名古屋たちばな高等学校
⑭東邦高等学校
⑮名古屋高等学校
⑯名古屋工業高等学校
⑰名古屋葵大学高等学校
(名古屋女子大学高等学校)
⑱中部大学第一高等学校
⑲桜花学園高等学校
⑳愛知工業大学名電高等学校
㉑愛知みずほ大学瑞穂高等学校
㉒名城大学附属高等学校
㉓修文学院高等学校
㉔愛知啓成高等学校
㉕聖カピタニオ女子高等学校
㉖滝高等学校
㉗中部大学春日丘高等学校
㉘清林館高等学校
㉙愛知黎明高等学校
㉚岡崎城西高等学校
㉛人間環境大学附属岡崎高等学校
㉜桜丘高等学校

㉝光ヶ丘女子高等学校
㉞藤ノ花女子高等学校
㉟栄徳高等学校
㊱同朋高等学校
㊲星城高等学校
㊳安城学園高等学校
㊴愛知産業大学三河高等学校
㊵大成高等学校
㊶豊田大谷高等学校
㊷東海学園高等学校
㊸名古屋国際高等学校
㊹啓明学館高等学校
㊺聖霊高等学校
㊻誠信高等学校
㊼誉高等学校
㊽杜若高等学校
㊾菊華高等学校
㊿豊川高等学校

三重県

①暁高等学校(3年制)
②暁高等学校(6年制)
③海星高等学校
④四日市メリノール学院高等学校
⑤鈴鹿高等学校
⑥高田高等学校
⑦三重高等学校
⑧皇學館高等学校
⑨伊勢学園高等学校
⑩津田学園高等学校

滋賀県

①近江高等学校

大阪府

①上宮高等学校
②大阪高等学校
③興國高等学校
④清風高等学校
⑤早稲田大阪高等学校
(早稲田摂陵高等学校)
⑥大商学園高等学校
⑦浪速高等学校
⑧大阪夕陽丘学園高等学校
⑨大阪成蹊女子高等学校
⑩四天王寺高等学校
⑪梅花高等学校
⑫追手門学院高等学校
⑬大阪学院大学高等学校
⑭大阪学芸高等学校
⑮常翔学園高等学校
⑯大阪桐蔭高等学校
⑰関西大倉高等学校
⑱近畿大学附属高等学校
⑲金光大阪高等学校
⑳星翔高等学校
㉑阪南大学高等学校
㉒箕面自由学園高等学校
㉓桃山学院高等学校
㉔関西大学北陽高等学校

兵庫県

①雲雀丘学園高等学校
②園田学園高等学校
③関西学院高等部
④灘高等学校
⑤神戸龍谷高等学校
⑥神戸第一高等学校
⑦神港学園高等学校
⑧神戸学院大学附属高等学校
⑨神戸弘陵学園高等学校
⑩彩星工科高等学校
⑪神戸野田高等学校
⑫滝川高等学校
⑬須磨学園高等学校
⑭神戸星城高等学校
⑮啓明学院高等学校
⑯神戸国際大学附属高等学校
⑰滝川第二高等学校
⑱三田松聖高等学校
⑲姫路女学院高等学校
⑳東洋大学附属姫路高等学校
㉑日ノ本学園高等学校
㉒市川高等学校
㉓近畿大学附属豊岡高等学校
㉔夙川高等学校
㉕仁川学院高等学校
㉖育英高等学校

奈良県

①西大和学園高等学校

岡山県

①[県立]岡山朝日高等学校
②清心女子高等学校
③就実高等学校
(特別進学コース〈ハイグレード・アドバンス〉)
④就実高等学校
(特別進学チャレンジコース・総合進学コース)
⑤岡山白陵高等学校
⑥山陽学園高等学校
⑦関西高等学校
⑧おかやま山陽高等学校
⑨岡山商科大学附属高等学校
⑩倉敷高等学校
⑪岡山学芸館高等学校(1期1日目)
⑫岡山学芸館高等学校(1期2日目)
⑬倉敷翠松高等学校
⑭岡山理科大学附属高等学校
⑮創志学園高等学校
⑯明誠学院高等学校
⑰岡山龍谷高等学校

広島県

①[国立]広島大学附属高等学校
②[国立]広島大学附属福山高等学校
③修道高等学校
④崇徳高等学校
⑤広島修道大学ひろしま協創高等学校
⑥比治山女子高等学校
⑦呉港高等学校
⑧清水ヶ丘高等学校
⑨盈進高等学校
⑩尾道高等学校
⑪如水館高等学校
⑫広島新庄高等学校
⑬広島文教大学附属高等学校
⑭銀河学院高等学校
⑮安田女子高等学校
⑯山陽高等学校
⑰広島工業大学高等学校
⑱広陵高等学校
⑲近畿大学附属広島高等学校福山校
⑳武田高等学校
㉑広島県瀬戸内高等学校(特別進学)
㉒広島県瀬戸内高等学校(一般)
㉓広島国際学院高等学校
㉔近畿大学附属広島高等学校東広島校
㉕広島桜が丘高等学校

山口県

①高水高等学校
②野田学園高等学校
③宇部フロンティア大学付属香川高等学校
(普通科〈特進・進学コース〉)
④宇部フロンティア大学付属香川高等学校
(生活デザイン・食物調理・保育科)
⑤宇部鴻城高等学校

徳島県

①徳島文理高等学校

香川県

①香川誠陵高等学校
②大手前高松高等学校

愛媛県

①愛光高等学校
②済美高等学校
③FC今治高等学校
④新田高等学校
⑤聖カタリナ学園高等学校

教英出版
〒422-8054
静岡県静岡市駿河区南安倍3丁目12－28
TEL 054-288-2131
FAX 054-288-2133
詳しくは教英出版で検索
教英出版 検索
URL https://kyoei-syuppan.net/

令和六年度　一般入学試験

第一時限　国語

九時五十五分から十時三十五分まで

星城高等学校

「解答を始めてください」という指示があるまで、次の注意をよく読んでください。

注　意

一．解答用紙（マークシート）は、問題冊子にはさんであります。

二．「解答を始めてください」という指示で、すぐ解答用紙（マークシート）の右上にある、氏名・受験番号を記入し、受験番号と一致したマーク欄を塗りつぶしてください。

三．問題は1～8ページまであります。8ページの次からは白紙になっています。問題の各ページを確かめ、不備のある場合は手をあげて知らせてください。

四．解答上の注意は左記の通りです。

（ア）答えは全て解答用紙のマーク欄を塗りつぶしてください。

（イ）HB以上の濃さの黒鉛筆（シャープペンシルも可）を使用してください。

（ウ）マーク欄は、解答用紙の記入例を参考にして塗りつぶしてください。

（エ）訂正する場合は、消しゴムできれいに消し、消しくずを残さないようにしてください。

（オ）解答用紙は、汚したり、折り曲げたりしないでください。

五．「解答をやめてください」という指示で、書くことをやめてください。

一　次の文章を読んで、あとの問いに答えなさい。

最先端の研究をしている科学者は、それぞれ自分が正しいと考える仮説を正当化するために、実験をしたり計算をしたりしています。つまり、科学者に「客観的で正しい答え」を聞いても、何十年も前に合意が形成されて研究が終了したことについては教えてくれますが、①まさしく今現在問題になっていることについては、「自分が正しいと考える答え」しか教えてくれないのです。ある意味では、「科学は人それぞれ」なのです。

そこで、たくさんの科学者の中から、②自分の意見と一致する立場をとっている科学者だけを集めることが可能になります。東日本大震災で福島第一原発が爆発事故を起こす前までは、日本政府は「原子力推進派」の学者の意見ばかりを聞いていました（最近また、そういう時代に逆戻りしつつあるような気がしますが）。アメリカでも、トランプ大統領（在任二〇一七～二〇二一）は地球温暖化に懐疑的な学者ばかりを集めて「地球温暖化はウソだ」と主張し、経済活動を優先するために二酸化炭素の排出の規制をａカン和しました。

権力を持つ人たちは、③もっと直接的に科学者をコントロールすることもできます。現代社会において科学研究の主要な財源は国家予算です。［Ａ］、政府の立場と一致する主張をしている科学者には研究予算を支給し、そうでない科学者には支給しないようにすれば、政府の立場を補強するような研究ばかりが行われることになりかねません。

このように考えてくると、科学者であっても、現時点で問題になっているような事柄について、「④客観的で正しい答え」を教えてくれるものではなさそうです。ではどうしたらよいのでしょうか。自分の頭で考える？　どうやって？

この本では、「正しさ」とは何か、それはどのようにして作られていくものなのかを考えます。そうした考察を踏まえて、多様な他者と理解し合うためにはどうすればよいのかについて考えます。ここであらかじめ結論だけ述べておけば、私は、「正しさは人それぞれ」でも「真実は一つ」でもなく、人間の生物学的特性を前提としながら、人間と世界の関係や人間同士の間の関係の中で、いわば共同作業によって「正しさ」というものが作られていくのだと考えています。それゆえ、多様な他者と理解し合うということは、かれらとともに「正しさ」を作っていくということです。

これは、「正しさは人それぞれ」とか「みんなちがってみんないい」といったお決まりの簡便な一言を吐けば済んでしまうようなｂ安イな道ではありません。これらの言葉は、言ってみれば相手と関わらないで済ますための最後通牒《つうちょう》です。みなさんが意見を異にする人と話し

合った結果、「結局、わかりあえないな」と思ったときに、このように言うでしょう。「まあ、人それぞれだからね」。対話はここで終了です。ともに「正しさ」を作っていくということは、そこで終了せずに踏みとどまり、とことん相手と付き合うという c メン倒な作業です。相手の言い分を受け入れて自分の考えを変えなければならないこともあるでしょう。それでプライドが傷つくかもしれません。しかし、傷つくことを嫌がっていては、新たな「正しさ」を知って成長していくことはできません。

最近、「正しさは人それぞれ」と並んで、「どんなことでも感じ方しだい」とか「心を傷つけてはいけない」といった⑤感情尊重の風潮も広まっています。しかし、学び成長するとは、今の自分を否定して、今の自分でないものになるということです。これはたいへんに苦しい、ときに心の傷つく作業です。あえていえば、成長するためには傷ついてナンボです。若いみなさんには、傷つくことを恐れずに成長の道を進んでほしいと思います（などと言うのは説教くさくて気が引けますが）。

（山口裕之『「みんな違ってみんないい」のか？』ちくまプリマー新書より）

問一 二重線部a、b、cのカタカナ部分には、漢字一字が入る。同一の漢字を使うものを次のアからエまでの中からそれぞれ一つずつ選び、カナ符号で答えなさい。

a
ア 保険のカン誘をする。
イ 自分史をカン行する。
ウ カン急自在に投げ分ける。
エ その車には欠カンがあった。

b
ア 難イ度が高い問題だ。
イ 敵に脅イを感じる。
ウ 相手の誠イをくみとる。
エ 経イを説明する。

c
ア 無罪放メンとなる。
イ メン花を栽培する。
ウ 昼食はメン類にする。
エ 書メンにしたためる。

問二 傍線部①「まさしく」の品詞は何か、次のアからエまでの中から適当なものを一つ選び、カナ符号で答えなさい。

ア 副詞　イ 接続詞　ウ 連体詞　エ 形容詞

問三 傍線部②「自分の意見と一致する立場をとっている科学者だけを集めることが可能」とあるが、その理由として最も適当なものを次のアからエまでの中から選び、カナ符号で答えなさい。

ア 「科学は人それぞれ」だが、研究している内容については同じものだから。

イ 自分が正しいと考えている仮説を正当化するためにする実験や計算は、どの科学者も同じだから。

ウ 自分が正しいと考えている仮説は、科学者ならばたいてい同じだから。

エ 自分が正しいと考える仮説はそれぞれにあるが、同じような仮説を立てている科学者は他にもいるから。

問四 傍線部③「もっと直接的に科学者をコントロールする」とはどのようなことか、次のアからエまでの中から最も適当なものを選び、カナ符号で答えなさい。

ア 政府の立場と一致する主張をしている科学者に研究予算を支給する。

イ 国家予算を財源に、科学者に最先端の研究をしてもらう。

ウ 政府が、科学者に幅広く研究が進められるよう研究予算を支給する。

エ 外国人科学者の研究に対しては研究予算を削減し、日本人科学者には増やす。

問五 [A] に入る接続詞を次のアからエまでの中から一つ選び、カナ符号で答えなさい。

ア つまり　イ そこで　ウ また　エ しかし

問六 傍線部④「客観的で正しい答え」についての説明として最も適当なものを次のアからエまでの中から選び、カナ符号で答えなさい。

ア 誰もが納得するような真実としての答え。

イ 多様な他者と理解し合い、共同作業によって作られていく答え。

ウ 意見を異にする人と、とことん議論し合って、相手を説得しきった結果、得られた答え。

エ 相手の言い分の間違ったところを訂正しながら得られた答え。

問七　傍線部⑤「感情尊重の風潮」とあるが、次のアからエまでの中から適当でないものを一つ選び、カナ符号で答えなさい。

ア　心を傷つけてはいけない
イ　プライドの傷つくことを恐れてはいけない
ウ　どんなことでも感じ方しだい
エ　正しさは人それぞれ

問八　次のアからエまでの中から本文の内容と合致するものとして最も適当なものを選び、カナ符号で答えなさい。

ア　学び成長するとは、今の自分を否定して、今の自分でないものになるということなので、傷つくことを嫌がってはいけない。
イ　ともに「正しさ」を作っていくことは、「まあ、人それぞれだからね」と言われたら、その人の考え方を改めさせることである。
ウ　科学者は、自分が政府の立場と一致している主張ばかりをしていないか、常に内省していることが必要である。
エ　多様な他者と理解し合うためには、最後まで妥協しないで、自分の主張を貫く強い意志をもたなくてはいけない。

二　次の文章（【原文】と【現代語訳】）を読んで、あとの問いに答えなさい。

【原文】

①下部《しもべ》に酒飲ます
る事は、心すべきことなり。

宇治に住み侍《はべ》りけるをのこ、京に、具覚房《ぐかくばう》とて、なまめきたる遁世《とんせい》の僧を、こじうとなりければ、常に申しむつびけり。ある時、②迎へに馬を遣はしたりければ、「遙かなるほどなり。口づきのをのこに、まづ一度せさせよ」とて、酒を出したれば、さし受けさし受け、よよとa飲みぬ。太刀うち佩《は》きて、③かひがひしげなれば、頼もしく覚えて、召し具して行くほどに、木幡《こはた》のほどにて、奈良法師の兵士あまた具してあひたるに、④この男ア立ち向ひて、「日暮れにたる山中に、あやしきぞ。イ止り候へ」とウ言ひて、太刀をエ引き抜きければ、人も皆太刀抜き、矢はげなどしけるを、具覚房、手を摺《す》りて、「現《うつ》し心なく酔ひたる者に候。まげて許し給はらん」と言ひければ、おのおの嘲りて過ぎぬ。

このをとこ具覚房にあひて、「御房《ごばう》は口惜しき事し給ひつるものかな。おのれ酔ひたる事侍らず。高名《かうみやう》仕《つかまつ》らんとするを、抜ける太刀空しくなし給ひつること」と⑤怒りて、ひた斬りに斬り落しつ。さて、「山だちあり」とののしりければ、里人おこりて出であへば、「我こそ山だちよ」と言ひて、走りかかりつつ斬り廻りけるを、あまたして手負ほせ、打ち伏せて縛りけり。馬は血つきて、宇治大路の家にb走り入りたり。あさましくて、をのこどもあまた走らかしたれば、具覚房は、くちなし原にによひ伏したるを、求め出でて舁《か》きもて来つ。からき命生きたれど、腰斬り損ぜられて、かたはに成りにけり。

【現代語訳】

（　　　※　　　）

ある男が宇治に住んでいた。彼は、都に住む具覚房という名の上品な遁世者と、小じゅうとだったので常に親しくつきあっていた。あるとき、具覚房を迎えるのに、男が馬をつかわしたところ、「長い道中のことだ。馬の口取りに、とりあえず一杯飲ませてやれ」と具覚房が言った。そこで、酒を出したところ、口取りの男は杯を何度も受け、勢いよく飲んだ。男は太刀を腰につけて、いかにも勇ましそうなので、頼もしく思いながら召し連れて行った。すると、木幡のあたりで、奈良法師が僧兵を大ぜい連れているのに出会った。口取りの男は一行に立

ち向かって、「日が暮れてしまった山の中なのに、怪しいぞ。お止まりなさい」と言って太刀を抜いたところ、僧兵もみな、太刀を抜き、矢をつがえなどした。具覚房は手をすり合わせて、「この男は正気を失うほど酔っている者です。まげてお許しください」と言ったので、一行はあざ笑いながら立ち去った。

この男は具覚房に向かって、「お坊さんは、なんとも残念なことをなさったものだ。わたしは酔ってなどおりません。せっかく手柄を立てようとしたのに、抜いた刀をむだにしてしまわれた」と怒って、具覚房をめった斬りにして馬から落としてしまった。そのうえで「山賊がいた」と大声を上げたので、木幡の里人たちが大挙してそこにかけつけたところ、男は「このおれが山賊だ」と言って、走りかかっては太刀を振り回したので、みなで傷を負わせ、打ち倒して縛り上げた。馬は乗り手の血をつけて宇治大路に面した飼主の家に走り込んだ。主はびっくりして、下男たちを大ぜい走らせたところ、具覚房がくちなしの群生する野原にうめき声を立てて横たわっているのを、さがし出し、家までかついで来た。具覚房は危うく命はとりとめたが、腰を傷つけられて不具者になってしまった。

（徒然草全訳注　三木紀人　講談社学術文庫より）

※は、問題の関係で空欄としている。

問一　傍線部①「下部に酒飲ますする事は、心すべきことなり」の現代語訳として最も適当なものを次のアからエまでの中から選び、カナ符号で答えなさい。

ア　下僕に酒を飲ませるのは、心を込めてするべきことである。
イ　下僕に酒を飲ませたら、心を許したのと同じである。
ウ　下僕に酒を飲ませるのは、用心すべきことである。
エ　下僕に酒を飲ませたら、覚悟をするべきである。

問二　波線部ａ「飲みぬ」、ｂ「走り入りたり」の主語を次のアからエまでの中からそれぞれ一つずつ選び、カナ符号で答えなさい。

ａ　ア　宇治に住み侍りけるをのこ　イ　具覚房　ウ　こじうと　エ　口づきのをのこ

ｂ　ア　具覚房　イ　里人　ウ　馬　エ　このをとこ

問三　二重傍線部「けれ」の活用形を次のアからエまでの中から一つ選び、カナ符号で答えなさい。

ア　未然形　イ　連用形　ウ　連体形　エ　已然形

問四　傍線部②「迎へに馬を遣はしたりければ」、③「かひがひしげなれば、頼もしく覚えて」には、歴史的仮名遣いの表記が何か所あるか。次のアからエまでの中からそれぞれ一つずつ選び、カナ符号で答えなさい。ただし、同じ記号を使用しても良い。

ア　1　イ　2　ウ　3　エ　4

問五　傍線部④「この男」と、主語・述語の関係になっていない動詞はどれか。破線部アからエまでの中から一つ選び、カナ符号で答えなさい。

ア　立ち向ひ　イ　止り　ウ　言ひ　エ　引き抜き

問六　傍線部⑤「怒りて」とあるが、怒った理由として適当でないものを次のアからエまでの中から一つ選び、カナ符号で答えなさい。

ア　人も皆太刀抜き、矢はげなどしける

イ　「現し心なく酔ひたる者に候。まげて許し給はらん」と言ひけれ

ウ　おのれ酔ひたる事侍らず

エ　高名仕らんとするを、抜ける太刀空しくなし給ひつること

問七　具覚房を助けるために、「宇治に住み侍りけるをのこ」のしたこととして最も適当なものを次のアからエまでの中から選び、カナ符号で答えなさい。

ア　あまたして手負ほせ、打ち伏せて縛りけり。

イ　血つきて、宇治大路の家に走り入りたり。

ウ　あさましくて、をのこどもあまた走らかしたれ

エ　具覚房は、くちなし原によひ伏したるを、求め出でて舁きもて来つ。

問八　この話の作者は誰か。次のアからエまでの中から一つ選び、カナ符号で答えなさい。

ア　清少納言　　イ　鴨長明　　ウ　藤原定家　　エ　兼好法師

令和６年度　一般入学試験

第２時限　数学　10時55分から11時35分まで

「解答を始めてください」という指示があるまで、次の注意をよく読んでください。

注　意

1．解答用紙(マークシート)は、問題冊子にはさんであります。

2．「解答を始めてください」という指示で、すぐ解答用紙(マークシート)の右上にある、氏名・受験番号を記入し、受験番号と一致したマーク欄を塗りつぶしてください。

3．問題は１ ～ ５ページまであります。５ページの次からは白紙になっています。問題の各ページを確かめ、不備のある場合は手をあげて知らせてください。

4．余白や白紙のページは、計算などに使っても構いません。

5．解答上の注意は以下の通りです。

（ア）答えは全て解答用紙のマーク欄を塗りつぶしてください。

（イ）HB 以上の濃さの黒鉛筆(シャープペンシルも可)を使用してください。

（ウ）マーク欄は、解答用紙の記入例を参考にして塗りつぶしてください。

（エ）訂正する場合は、消しゴムできれいに消し、消しくずを残さないようにしてください。

（オ）解答用紙は、汚したり、折り曲げたりしないでください。

（カ）分数は、それ以上約分できない形で解答してください。

（キ）数値を答える形式の解答例

問題の文中の アイ などには、数字が入ります。ア、イ、…の一つ一つには、０から９までの数字のいずれか一つがあてはまるので、解答用紙のア、イ、…で示された数字のマーク欄を塗りつぶしてください。

(例)　アイ に「21」と答えたいとき

ア	⓪	①	●	③	④	⑤	⑥	⑦	⑧	⑨
イ	⓪	●	②	③	④	⑤	⑥	⑦	⑧	⑨

(例)　$\frac{アイ}{ウエ}$ に「$\frac{13}{25}$」と答えたいとき

ア	⓪	●	②	③	④	⑤	⑥	⑦	⑧	⑨
イ	⓪	①	②	●	④	⑤	⑥	⑦	⑧	⑨
ウ	⓪	①	●	③	④	⑤	⑥	⑦	⑧	⑨
エ	⓪	①	②	③	④	●	⑥	⑦	⑧	⑨

6．「解答をやめてください」という指示で、書くことをやめてください。

1 次の問いについて，カナ符号で答えなさい。

(1) $2\times5-4\div2^2$ を計算すると [①] となる。

ア 1　　イ 6　　ウ 9　　エ $\frac{3}{2}$

(2) $\frac{\sqrt{18}}{\sqrt{3}}+\frac{2\sqrt{3}}{\sqrt{2}}+\sqrt{24}$ を計算すると [②] となる。

ア $2\sqrt{3}$　　イ $4\sqrt{3}$　　ウ $4\sqrt{6}$　　エ $6\sqrt{6}$

(3) $a=2+\frac{4}{\sqrt{3}}$，$b=2-\frac{2}{\sqrt{3}}$ のとき，$a^2-2ab+b^2$ の値は [③] となる。

ア 2　　イ 6　　ウ 8　　エ 12

(4) 濃度が 10 %の食塩水が 100 g ある。ここに水を加えたら，食塩水の濃度は 8 %になった。加えた水の量は，[④] g である。

ア 15　　イ 20　　ウ 25　　エ 40

(5) 0から3までの数字が書いてある4枚のカード[0][1][2][3]がある。この中から，3枚取り出して3けたの整数を作る。3けたの整数は全部で [⑤] 通りできる。

ア 18　　イ 21　　ウ 24　　エ 27

(6) 下の箱ひげ図は，A組41人の国語のテストの点数を表したものです。

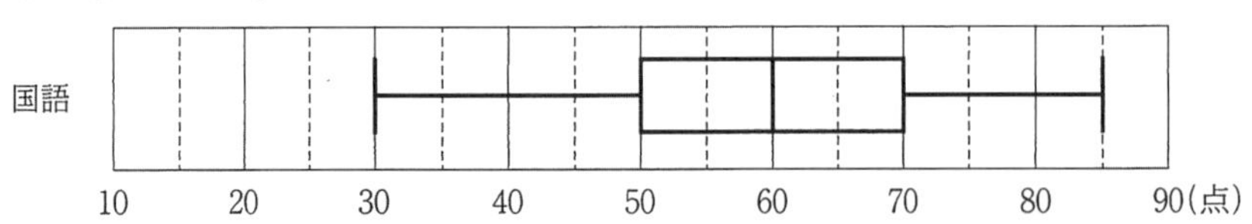

この箱ひげ図から分かることについて，正しく述べたものが，下記のAからDまでの中に2つある。その2つは [⑥] である。(アからカまでの中から選ぶ)

A 平均点は60点である。

B 四分位範囲は20点である。

C 50点未満の人が必ず10人いる。

D 60点以上の人が全体の半数より多くいる。

ア AとB　　イ AとC　　ウ AとD

エ BとC　　オ BとD　　カ CとD

2 次の問いについて，カナ符号で答えなさい。

〔1〕 100 円，50 円，10 円，5 円の硬貨が 1 枚ずつある。この 4 枚を同時に投げるとき，

(1) 4 枚のうち，少なくとも 1 枚は表となる確率は$\dfrac{\boxed{①}}{\boxed{②}}$である。

ア ① 3 ② 4　　イ ① 1 ② 4
ウ ① 15 ② 16　　エ ① 1 ② 16

(2) 表が出た硬貨の合計金額が110 円以上になる確率は$\dfrac{\boxed{③}}{\boxed{④}}$である。

ア ③ 3 ④ 16　　イ ③ 5 ④ 8
ウ ③ 5 ④ 16　　エ ③ 3 ④ 8

〔2〕 2 辺の長さが 4 cm，8 cm の長方形の画用紙から斜線部を切り取り，ふたつきの箱を作る。箱の高さ AE の長さを x cm とする。

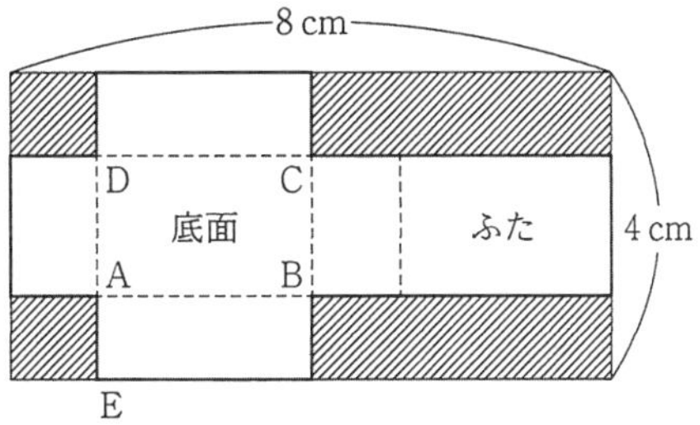

(1) $x=1$ のとき，箱の体積は $\boxed{⑤}$ cm^3である。

ア 4　　イ 6
ウ 8　　エ 12

(2) 箱の底面 ABCD の面積が 10 cm^2 になるとき，x の値は $3-\sqrt{\boxed{⑥}}$ である。

ア 2　　イ 3
ウ 6　　エ 10

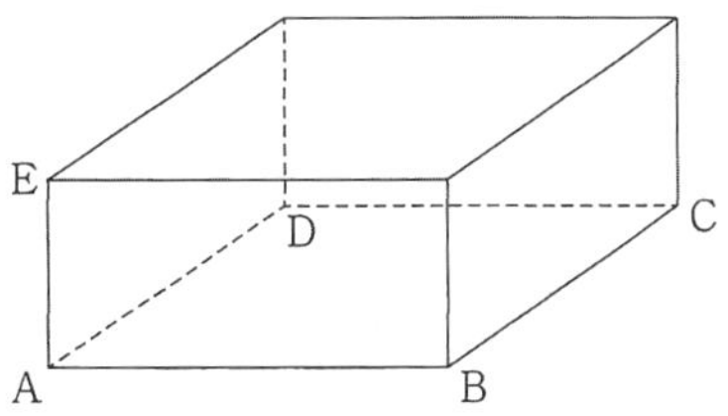

3 次の問いについて，カナ符号に当てはまる数字を答えなさい。

〔1〕 図①のように一辺の長さが4 cmの正三角形ABCがある。点Pは辺AB上を毎秒1 cmの速さで点Aから点Bに向かって移動する。点Qは辺AC上を毎秒1 cmの速さで点Aから点Cに向かって移動する。2点P，Qは点Aを同時に出発した。出発してからx秒後の△APQの面積をSとする。また，△ABCの面積をTとする。

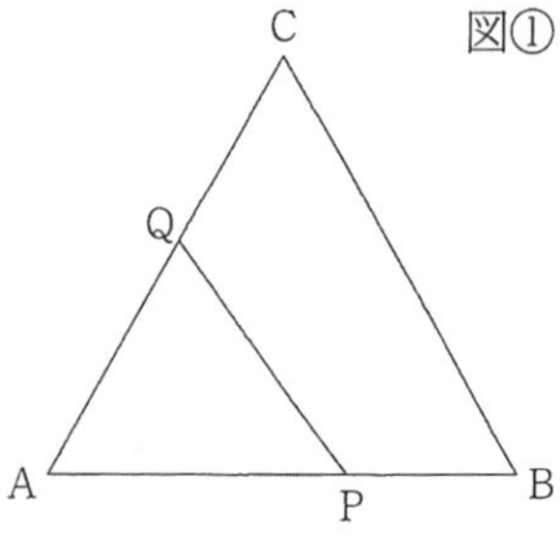

図①

(1) $S=\frac{1}{9}T$となるxの値は$\dfrac{\boxed{\text{ア}}}{\boxed{\text{イ}}}$である。ただし，$0<x<4$とする。

(2) 図②のように点Pは点Bに達したのち，辺BC上を同じ速さで点Bから点Cに向かって移動する。また，点Qは点Cに達したのち，辺CB上を同じ速さで点Cから点Bに向かって移動する。このとき，$S=\frac{1}{4}T$となるxの値は$\dfrac{\boxed{\text{ウエ}}}{\boxed{\text{オ}}}$である。ただし，$4<x<6$とする。

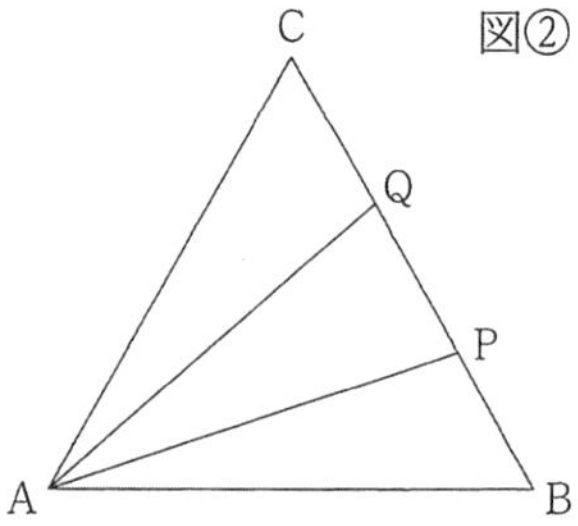

図②

〔2〕 図のように，放物線$y=ax^2$があり，y軸上の点Aを通りx軸に平行な直線が放物線と交わる点を点Bとする。点Bのx座標が2，△OABの面積が2であるとき，

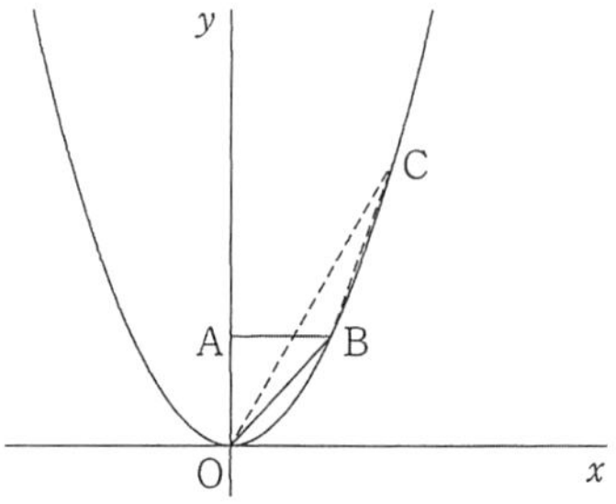

(1) 定数aの値は$\dfrac{\boxed{\text{カ}}}{\boxed{\text{キ}}}$である。

(2) 放物線上に点Cがあり，△OABの面積と△OCBの面積が等しいとき，点Cのx座標は$\boxed{\text{ク}}+\sqrt{\boxed{\text{ケ}}}$である。(ただし，点Cの$x$座標は正とする。)

4 次の問いについて，カナ符号に当てはまる数字を答えなさい。

〔1〕 図のように，円Oの周上に4点A，B，C，Dがある。∠ABD=50°，∠ACO=30°のとき，∠CAD=[アイ]°である。

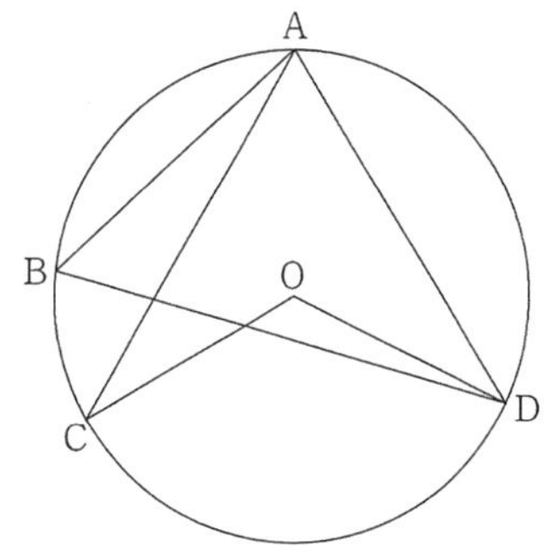

〔2〕 △ABCにおいて，∠Aの二等分線と辺BCとの交点をDとするとき，AB：AC=BD：DCが成り立つことを，次のように証明した。

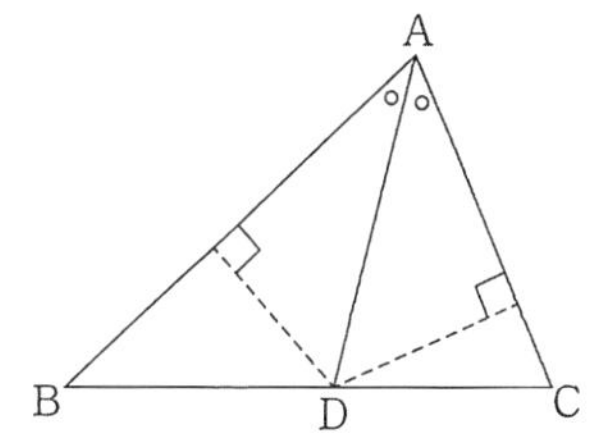

［証明］点Dから辺AB，ACにそれぞれ垂線DE，DFを下ろす。

△ADEと△ADFにおいて，

∠AED=[ウ]=90° ……(1)

∠DAE=∠DAF ……(2)

AD=AD ……(3)

(1)，(2)，(3)より，直角三角形において，斜辺と1つの鋭角がそれぞれ等しいので，△ADE≡△ADF

したがって，DE=[エ] ……(4)

△ABDと△ACDの面積について，

△ABD=$\frac{1}{2}$×AB×DE，△ACD=$\frac{1}{2}$×AC×DFである。

したがって，(4)より△ABD：△ACD=AB：[オ] ……(5)

ここで，点Aから辺BCに垂線AHを下ろすと，

△ABD=$\frac{1}{2}$×BD×AH，△ACD=$\frac{1}{2}$×DC×AHであるから，

△ABD：△ACD=BD：DC ……(6)

したがって，(5)，(6)から，AB：AC=BD：DCである。

[ウ]，[エ]，[オ]にあてはまる最も適当なものを，下の①から⑨までの中から選び数字を答えなさい。

① ∠AFD　② ∠BED　③ ∠CFD

④ AC　⑤ AD　⑥ AF　⑦ CF　⑧ DC　⑨ DF

〔3〕 図において，円Oの直径ABの長さは8 cmである。線分OAを1辺とする正方形OACDの辺CDの中点を点Qとする。
線分AQと円Oの交点を点P,
線分BPと辺ODの交点を点Rとするとき,

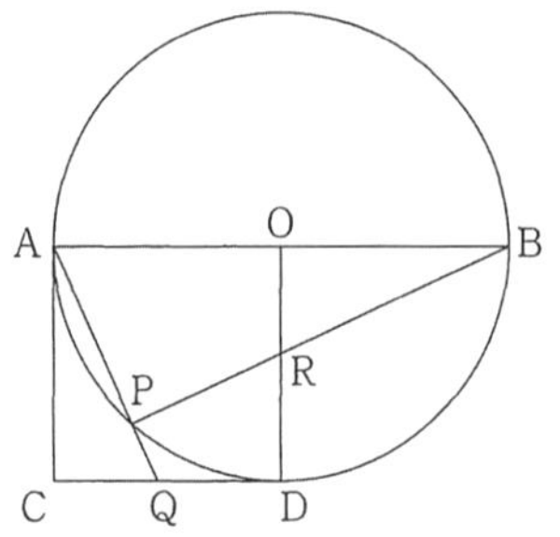

(1) 線分BRの長さは$\boxed{カ}\sqrt{\boxed{キ}}$である。

(2) BR：RP＝$\boxed{ク}$：$\boxed{ケ}$である。

〔4〕 図のように，正四角すいA－BCDEがあり，側面は，一辺の長さが4 cmの正三角形であるとき,

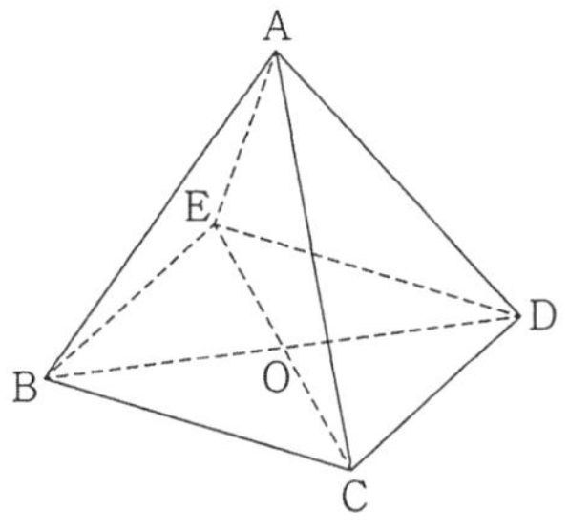

(1) 正四角すいA－BCDEの体積は

$\dfrac{\boxed{コサ}\sqrt{\boxed{シ}}}{\boxed{ス}}$ cm^3 である。

(2) 辺AB，辺AEの中点をそれぞれP，Qとし，3点P，Q，Cを通る平面で正四角すいを2つに切断する。
切断面の面積は$\boxed{セ}\sqrt{\boxed{ソタ}}$ cm^2 である。

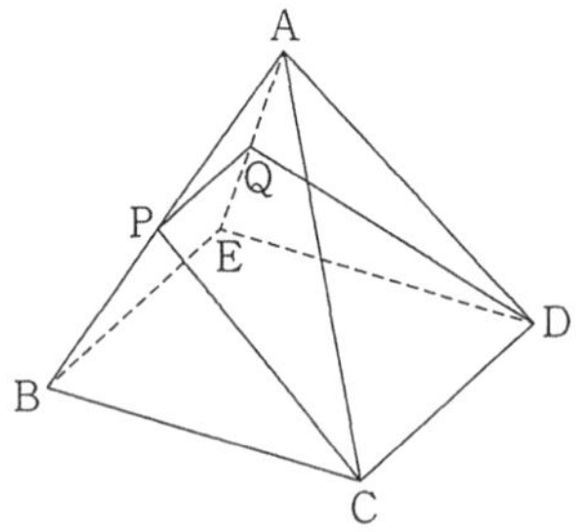

令和６年度　一般入学試験

第３時限　社会　11時55分から12時35分まで

「解答を始めてください」という指示があるまで、次の注意をよく読んでください。

注　意

1．解答用紙（マークシート）は、問題冊子にはさんであります。

2．「解答を始めてください」という指示で、すぐ解答用紙（マークシート）の右上にある、氏名・受験番号を記入し、受験番号と一致したマーク欄を塗りつぶしてください。

3．問題は１ ～ 10ページまであります。10ページの次からは白紙になっています。問題の各ページを確かめ、不備のある場合は手をあげて知らせてください。

4．解答上の注意は以下の通りです。

（ア）答えは全て解答用紙のマーク欄を塗りつぶしてください。

（イ）HB以上の濃さの黒鉛筆（シャープペンシルも可）を使用してください。

（ウ）マーク欄は、解答用紙の記入例を参考にして塗りつぶしてください。

（エ）訂正する場合は、消しゴムできれいに消し、消しくずを残さないようにしてください。

（オ）解答用紙は、汚したり、折り曲げたりしないでください。

5．「解答をやめてください」という指示で、書くことをやめてください。

1　世界の地理に関係することがらについて、あとの問いに答えなさい。

(1)　次の図は鉱産物の産出国を示している。A、B、Cに当てはまる国の組み合わせとして最も適当なものを下のアからカまでの中から選びなさい。

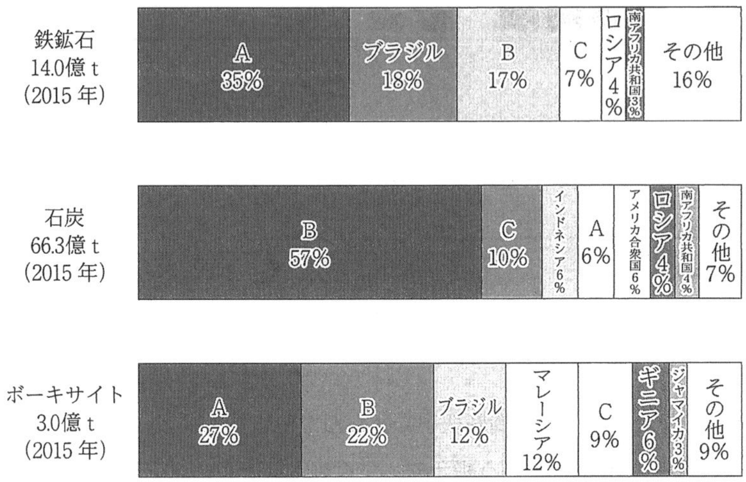

(「世界国勢図会」2018／19年版)

ア　A中国　Bオーストラリア　Cインド
イ　Aオーストラリア　B中国　Cインド
ウ　Aインド　Bオーストラリア　C中国
エ　A中国　Bインド　Cオーストラリア
オ　Aオーストラリア　Bインド　C中国
カ　Aインド　B中国　Cオーストラリア

(2)　次の文章が説明するアメリカの都市を、下のアからエまでの中から選びなさい。

　19世紀中ごろのゴールドラッシュによって多くの人が押し寄せてきた。海沿いの坂道にはケーブルカーが走っている。1945年、国際連合憲章はこの地で起草された。郊外のシリコンバレーには先端技術産業にかかわる大学や研究機関が集中し、高度な技術の開発が進められている。

ア　シアトル　イ　サンフランシスコ　ウ　シカゴ　エ　アトランタ

(3) 次の中国に関する文章中の(　①　)と(　②　)に入る語句の組み合わせとして最も適当なものを、下のアからエまでの中から選びなさい。

> 中国の東部の平野では農業がさかんで、長江流域の華中や珠江流域の華南では稲作や(　①　)の栽培が、黄河流域の華北や東北地方では小麦や大豆などの畑作がおこなわれている。中国の農業や工業の生産は1980年代から改革が進んだ。沿岸部のシェンチェン(深圳)などに外国の企業を受け入れる(　②　)が設けられた。シャンハイ(上海)やティエンチン(天津)などでは外国の企業を積極的に受け入れて、中国の企業と共同で経営する工場がつくられ、農村からの出かせぎ労働者もやとわれて工業化が進んだ。

ア　①　茶　　　　　　②　経済特区
イ　①　とうもろこし　②　工業団地
ウ　①　ばれいしょ　　②　臨海副都心
エ　①　てんさい　　　②　新興工業経済地域

2　次の地図中のＡからＥまでの都県について、あとの問いに答えなさい。

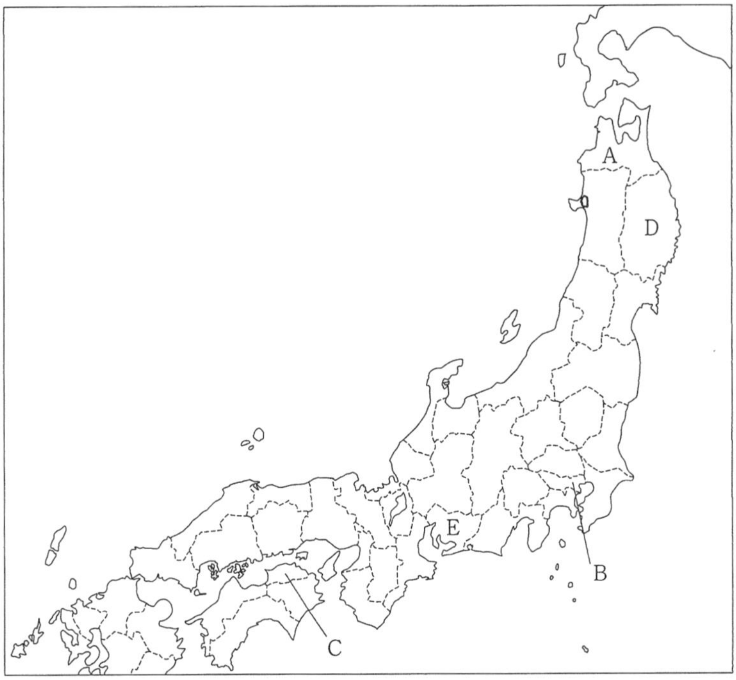

(1)　次の表は、地図中のA、B、Cのいずれかの都県庁所在地の月平均気温と降水量を表わしている。その組み合わせとして最も適当なものを、下のアからカまでの中から選びなさい。

月平均気温(℃)・月平均降水量(mm)　　　　　　　　　　(理科年表2020年)

月		1	2	3	4	5	6	7	8	9	10	11	12
①	気温	5.5	5.9	8.9	14.4	23.0	27.0	28.1	28.8	24.3	18.4	12.8	7.9
	降水量	38	48	83	76	108	151	144	86	148	104	60	37
②	気温	−1.2	−0.7	2.4	8.3	13.3	17.2	21.1	23.3	19.3	13.1	6.8	1.5
	降水量	145	111	70	63	81	76	117	123	123	104	138	151
③	気温	5.2	5.7	8.7	13.9	18.2	21.4	25.0	26.4	22.8	17.5	12.1	7.6
	降水量	52	56	118	125	138	168	154	168	210	198	93	51

ア　A①・B②・C③　　イ　A①・B③・C②　　ウ　A②・B①・C③
エ　A②・B③・C①　　オ　A③・B②・C①　　カ　A③・B①・C②

(2) 地図中のＢについての説明として最も適当なものを、次のアからエまでの中から選びなさい。

ア　江戸時代には各地から物資を運ぶ船が行きかい、天下の台所と呼ばれ、日本を代表する商業都市に発展した。

イ　過密化による課題を解決するため、都心の再開発がすすめられ、郊外から大学や研究機関が移転している。

ウ　世界有数の国際都市であり、外国の大使館のすべてや海外の企業の日本法人の多くが集中している。

エ　オフィス街に連続して商業地区が広がっているので、都心部では昼間の人口より夜間の人口の方が多い。

(3) 地図中のＤにある伝統工芸品として最も適当なものを、次のアからエまでの中から選びなさい。

ア　塩沢つむぎ　　イ　西陣織　　ウ　南部鉄器　　エ　天童将棋駒

(4) 次の文章は地図中のＥに関連して述べたものである。(　①　)と(　②　)に入る語句の組み合わせとして最も適当なものを、下のアからエまでの中から選びなさい。

> Ｅの(　①　)ではキャベツなどの野菜やメロンなどの果物のほか、花の栽培も盛んである。温室の中で電灯の光を人工的にあてる(　②　)の方法で菊が栽培されている。

ア　①　渥美半島　②　抑制栽培　　イ　①　渥美半島　②　促成栽培

ウ　①　知多半島　②　抑制栽培　　エ　①　知多半島　②　促成栽培

3 次のⅠからⅣの写真について、あとの問いに答えなさい。

Ⅰ 正倉院(正倉)

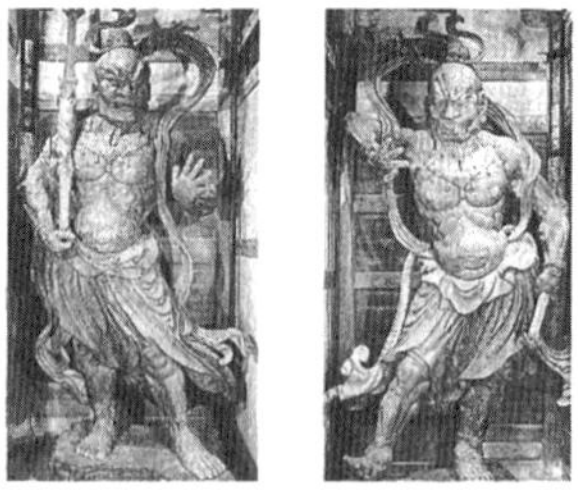

Ⅱ 東大寺南大門の金剛力士像

Ⅲ 慈照寺の銀閣

Ⅳ 徳川吉宗

(1) 次の①・②・③の文はⅠが建立された時代に関係する記述である。古い方から順に並べた組み合わせとして最も適当なものを、下のアからカまでの中から選びなさい。

① 墾田永年私財法が制定される。

② 東大寺大仏の開眼供養がされる。

③ 『日本書紀』が編纂される。

ア ①→②→③　　イ ①→③→②　　ウ ②→①→③

エ ②→③→①　　オ ③→①→②　　カ ③→②→①

(2)　Ⅱが造られた時代について述べた文として最も適当なものを、次のアからエまでの中から選びなさい。

ア　白河天皇は、位をゆずって上皇となり、摂政や関白の力をおさえて院政と呼ばれる政治を始めた。

イ　関東では平将門が、瀬戸内海地方では藤原純友が、それぞれの周辺の武士団を率いて反乱を起こした。

ウ　建武の新政が始まり、後醍醐天皇は武家の政治を否定し、公家を重んじる天皇中心の政治を行った。

エ　頼朝の死後、妻の政子の実家である北条氏が幕府の実権をにぎり、執権という地位について政治を行った。

(3)　Ⅲが建設された時代について述べた文として最も適当なものを、次のアからエまでの中から選びなさい。

ア　将軍は孔子をまつる聖堂を建て、儒学を盛んにするなど、学問を重んじて忠孝や礼儀を説く政治を進めた。

イ　山城《やましろ》の村々では守護大名の軍勢を追い出し、自治をおこなったほか、加賀でも一向一揆がおこり、自治が行われた。

ウ　たびたび疫病や地震・災害がおき、阿弥陀仏にすがって浄土に生まれ変わることを祈る浄土信仰がおこった。

エ　南蛮文化の影響で人々の服装もはなやかな色彩が用いられるようになり、食事も一日に３回になっていった。

(4)　Ⅳの人物が行った政治について述べた文として最も適当なものを、次のアからエまでの中から選びなさい。

ア　百姓の出稼ぎを制限し、旗本や御家人の生活難を救うために借金を帳消しにした。

イ　株仲間を認めて営業を独占させ、一定の税を納めさせて収入を増やそうとした。

ウ　江戸に目安箱を設けたほか、公事方御定書という法令集をつくって裁判の基準とした。

エ　株仲間を解散させて商人の自由な取り引きを認め、物価の引き下げをはかった。

4　次の年表を見て、あとの問いに答えなさい。

1871年	ドイツの統一	
		}…（ ① ）
1902年	日英同盟が結ばれる	
1929年	世界大恐慌がおこる	
		}…（ ② ）
1949年	中華人民共和国が成立する	………（ ③ ）
1973年	ベトナム和平協定が締結される	
		}…（ ④ ）
2001年	アメリカで同時多発テロがおこる	

(1)　年表の(　①　)の時代の海外のできごとを記述する文として最も適当なものを、次のアからエまでの中から選びなさい。

ア　サラエボでスラブ系のセルビア人青年がオーストリア皇太子夫妻を殺害する事件がおこった。

イ　イギリスとフランスは植民地との貿易を拡大しながら、他国の商品をしめ出すブロック経済政策をとった。

ウ　清では排外主義の機運が高まり、義和団が北京の外国公使館を取り囲む事件がおこった。

エ　名誉革命がおこったイギリスでは、議会がオランダから新しい国王を招いて、国民の自由と権利を守ることを約束させた。

(2) 次の文章は年表の(　②　)の時代の日本に関連して述べたものである。文章中の(　a　)と(　b　)に入る語句の組み合わせとして最も適当なものを、下のアからエまでの中から選びなさい。

> 北京郊外の(　a　)で、日本軍と中国軍の軍事衝突がおこったことがきっかけになり日中戦争が始まった。日本軍が占領した首都の南京では、多数の捕虜や住民の殺害があり、国際的な非難を受けた。1938年、日本では軍部の要求によって、政党や経済界の反対をおさえて、(　b　)が制定された。1940年には、ほとんどの政党や政治団体が解散して、大政翼賛会にまとめられた。

ア　a　柳条湖　b　治安維持法　　イ　a　柳条湖　b　国家総動員法
ウ　a　盧溝橋　b　治安維持法　　エ　a　盧溝橋　b　国家総動員法

(3) 年表の(　③　)の年におこったできごととして最も適当なものを、次のアからエまでの中から選びなさい。

ア　北大西洋条約機構(ＮＡＴＯ)が結成される。
イ　51か国が加盟して国際連合が成立する。
ウ　アメリカの支援で大韓民国が成立する。
エ　ヨーロッパ共同体(ＥＣ)が発足する。

(4) 年表の(　④　)の時代に起きた日本に関係するできごととして最も適当なものを、次のアからエまでの中から選びなさい。

ア　ドイツ・イタリアと軍事同盟を結んだ翌年、日ソ中立条約を結んで北方の安全を確保しようとした。
イ　中華人民共和国との間に日中平和友好条約を結び、経済や文化の面で両国の交流を深めていった。
ウ　納税額による制限を廃止して、満25歳以上の男子に選挙権をあたえる普通選挙法が成立した。
エ　全国の自由民権運動の代表が大阪に集まって、国会期成同盟を結成して国会の開設を要求した。

5 次の(1)・(2)の設問に答えなさい。

(1) 次の文章を読んで、①・②・③の問いに答えなさい。

　ａ国会は国権の最高機関とよばれ、その議員は国民のｂ選挙によって選ばれる。国会は唯一の立法機関として法律を制定し、私たちが社会で生活していくうえでのルールを定めている。また、私たちのｃ人権は、最高法規である憲法によって保障されているが、これは長年にわたる努力の成果として獲得されたものである。

① 下線ａに関連して、国会の仕事でないものを、次のアからエまでの中から一つ選びなさい。

ア　裁判官に対する弾劾裁判所を設ける。
イ　天皇の国事行為に対して助言と承認を行う。
ウ　国政に関しての調査を行う。
エ　外国と結んだ条約を承認する。

② 下線ｂに関連して、選挙の原則について誤っているものを、次のアからエまでの中から一つ選びなさい。

ア　有権者は選挙の立候補者のなかから適任者を選んで投票する。
イ　有権者は公平にひとり1票の投票権をもつ。
ウ　有権者は記名投票をして投票に責任をもつ。
エ　有権者は性別や財産にかかわりなく選挙権をもつ。

③ 下線ｃに関連して、生存権にあたるものとして最も適当なものを、次のアからエまでの中から選びなさい。

ア　国及びその機関は、宗教教育その他いかなる宗教的活動もしてはならない。
イ　すべて国民は、健康で文化的な最低限度の生活を営む権利を有する。
ウ　何人も、公共の福祉に反しない限り、居住、移転及び職業選択の自由を有する。
エ　何人も、抑留又は拘禁された後、無罪の判決を受けたときは、法律の定めるところにより、国にその保障を求めることができる。

(2) 次の①・②の文章中の(　A　)と(　B　)に入る語句の組み合わせとして最も適当なものを、それぞれの下のアからエまでの中から選びなさい。

①

> 政府は食品や生活用品の安全基準を定め、悪質な商法を規制している。さらに、(　A　)を定めて、欠陥品による損害賠償の責任を生産者に負わせるなど、消費者の保護に努めている。また、1960年代の公害訴訟がきっかけで公害防止に対する政府の取り組みは本格化し、その後の環境問題についても、1993年に(　B　)を制定して地球温暖化や生態系の保全、リサイクルへの取り組みを強化している。

ア　A　消費者基本法　B　環境基本法
イ　A　消費者基本法　B　公害対策基本法
ウ　A　製造物責任法　B　公害対策基本法
エ　A　製造物責任法　B　環境基本法

②

> 日本の通貨である円とアメリカの通貨であるドルとの交換比率を見ると、2023年１月中旬に１ドル＝128円であったものが、2023年９月中旬には、１ドル＝147円へと変動している。ドルに対して円の価値がこのように変化することを(　A　)といい、私たちの消費生活には、(　B　)という影響が出ている。

ア　A　円安　B　輸入品の価格が上がる
イ　A　円安　B　輸入品の価格が下がる
ウ　A　円高　B　輸入品の価格が上がる
エ　A　円高　B　輸入品の価格が下がる

令和６年度　一般入学試験

第４時限　理科　13時15分から13時55分まで

「解答を始めてください」という指示があるまで、次の注意をよく読んでください。

注　意

1．解答用紙(マークシート)は、問題冊子にはさんであります。
2．「解答を始めてください」という指示で、すぐ解答用紙(マークシート)の右上にある、
　氏名・受験番号を記入し、受験番号と一致したマーク欄を塗りつぶしてください。
3．問題は１ ～ 10ページまであります。10ページの次からは白紙になっています。
　問題の各ページを確かめ、不備のある場合は手をあげて知らせてください。
4．余白や白紙のページは、計算などに使っても構いません。
5．解答上の注意は以下の通りです。
　(ア) 答えは全て解答用紙のマーク欄を塗りつぶしてください。
　(イ) HB 以上の濃さの黒鉛筆(シャープペンシルも可)を使用してください。
　(ウ) マーク欄は、解答用紙の記入例を参考にして塗りつぶしてください。
　(エ) 訂正する場合は、消しゴムできれいに消し、消しくずを残さないようにしてください。
　(オ) 解答用紙は、汚したり、折り曲げたりしないでください。
6．「解答をやめてください」という指示で、書くことをやめてください。

1　マグマが冷えて固まってできた，２種類の火成岩Ａと火成岩Ｂをルーペで観察した。図は，実体顕微鏡を使って２種類の火成岩を観察した結果をそれぞれスケッチしたものである。
　次の(1)から(4)までの問いに答えなさい。

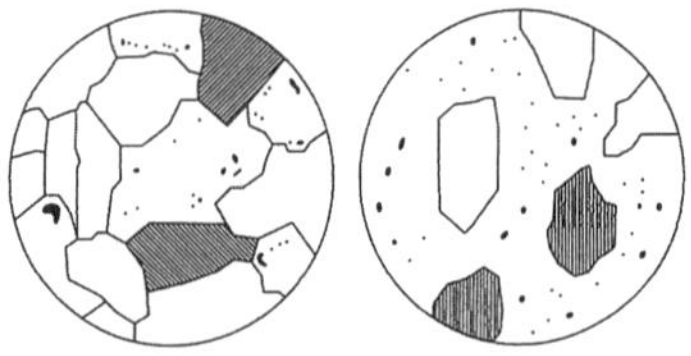

火成岩Ａ　　火成岩Ｂ

(1)　次の文章は火成岩Ａのつくりについて述べたものである。文章中の(Ⅰ)，(Ⅱ)のそれぞれにあてはまる語の組み合わせとして最も適当なものを，下のアからカまでの中から選びなさい。

> 火成岩Ａは大きな(Ⅰ)が集まってできている。このようなつくりを(Ⅱ)組織という。

ア	Ⅰ	岩石	Ⅱ	等粒状
イ	Ⅰ	岩石	Ⅱ	斑状
ウ	Ⅰ	岩石	Ⅱ	石基
エ	Ⅰ	鉱物	Ⅱ	斑状
オ	Ⅰ	鉱物	Ⅱ	等粒状
カ	Ⅰ	鉱物	Ⅱ	石基

(2)　火成岩Ａは白っぽく見えた。この理由を説明している文として最も適当なものを，次のアからエまでの中から選びなさい。

ア　石英，角せん石などの無色鉱物が多いため
イ　輝石，カンラン石などの無色鉱物が多いため
ウ　石英，長石などの無色鉱物が多いため
エ　輝石，長石などの無色鉱物が多いため

(3)　火成岩Ｂと同様のつくりをもつ火成岩の種類としてはどんなものがあるか。最も適当な組み合わせを，次のアからエまでの中から選びなさい。

ア	安山岩	石灰岩	玄武岩
イ	斑れい岩	流紋岩	チャート
ウ	玄武岩	安山岩	流紋岩
エ	斑れい岩	せん緑岩	花こう岩

(4)　火成岩Ａと火成岩Ｂのつくりの違いはマグマの冷え方が主な原因である。マグマの冷え方について述べた文として最も適当なものを，次のアからエまでの中から選びなさい。

ア　火成岩Ａはマグマが地下深くでゆっくり冷え，火成岩Ｂはマグマが地表近くで急に冷えてできた。

イ　火成岩Ａはマグマが地下深くで急に冷え，火成岩Ｂはマグマが地表近くでゆっくり冷えてできた。

ウ　火成岩Ａはマグマが地表近くでゆっくり冷え，火成岩Ｂはマグマが地下深くで急に冷えてできた。

エ　火成岩Ａはマグマが地表近くで急に冷え，火成岩Ｂはマグマが地下深くでゆっくり冷えてできた。

2 **塩酸と水酸化ナトリウム水溶液を混ぜたとき，液の性質がどのように変化するかを調べることとした。そのために次のような〈手順A〉から〈手順C〉を通した実験に取り組んだ。**
次の(1)から(3)までの問いに答えなさい。

図1

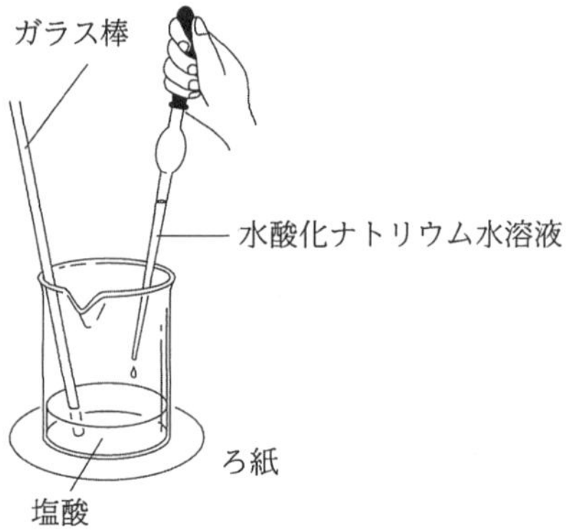

〈手順A〉　図1のようにビーカーにうすい塩酸を30 cm³とり，これにＢＴＢ液を数滴加えた。

〈手順B〉　こまごめピペットを用いてうすい水酸化ナトリウム水溶液を少しずつ加えたところ，20 cm³加えたときにビーカー内の水溶液はちょうど中性になった。

〈手順C〉　さらに，水酸化ナトリウム水溶液を10 cm³を加えて実験を終わった。

なお，各手順ではガラス棒でよくかき混ぜて変化のようすを観察した。

(1)　〈手順A〉から〈手順C〉を通した実験で，ビーカー内の水溶液の色は３色にわたって変化した。変化の順として最も適当なものを，次のアからカまでの中から選びなさい。

ア　緑色　→　青色　→　黄色
イ　緑色　→　黄色　→　青色
ウ　青色　→　緑色　→　黄色
エ　青色　→　黄色　→　緑色
オ　黄色　→　緑色　→　青色
カ　黄色　→　青色　→　緑色

(2) 図２は手順Ｂで，ビーカー内の水溶液がちょうど中性となったときのようすを粒子のモデルで表している。なお，H_2Oは塩酸と水酸化ナトリウムの化学反応で生じた水の分子を表し，□の中には何らかのイオンが存在している。

図２

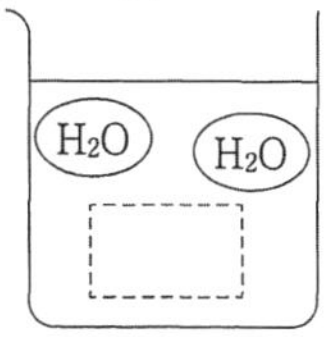

①次の文章は水ができる化学反応を説明している。文章中の（Ⅰ），（Ⅱ），（Ⅲ）のそれぞれにあてはまる語の組み合わせとして最も適当なものを，下のアからカまでの中から選びなさい。

塩酸と水酸化ナトリウム水溶液を混ぜると，塩酸に含まれる（Ⅰ）イオンと水酸化ナトリウム水溶液に含まれる（Ⅱ）イオンが結びついて水をつくり，互いの性質を打ち消しあう。このような化学変化のことを（Ⅲ）という。

ア　Ⅰ　陽　Ⅱ　陰　Ⅲ　酸化
イ　Ⅰ　陽　Ⅱ　陰　Ⅲ　還元
ウ　Ⅰ　陽　Ⅱ　陰　Ⅲ　中和
エ　Ⅰ　陰　Ⅱ　陽　Ⅲ　酸化
オ　Ⅰ　陰　Ⅱ　陽　Ⅲ　還元
カ　Ⅰ　陰　Ⅱ　陽　Ⅲ　中和

②図２の□のなかに主に存在するイオンを２種類挙げるとき，最も適当なものを，次のアからカまでの中から選びなさい。

ア　H^+　Cl^-　　イ　H^+　OH^-
ウ　Na^+　OH^-　　エ　Na^+　Cl^-
オ　Na^+　H^+　　カ　Cl^-　OH^-

(3) 〈手順Ａ〉から〈手順Ｃ〉を通して，ビーカー内の水溶液に含まれるイオンの総数はどのように変化すると考えられるか。変化のようすを表すグラフとして，最も適当なものを，次のアからエまでの中から選びなさい。

ア

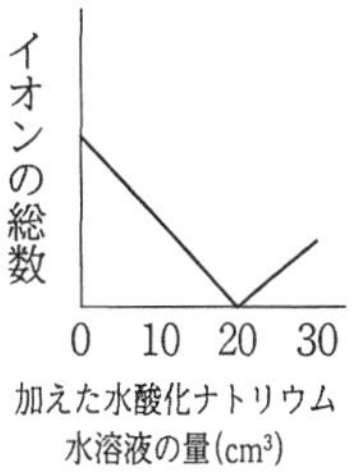

イ

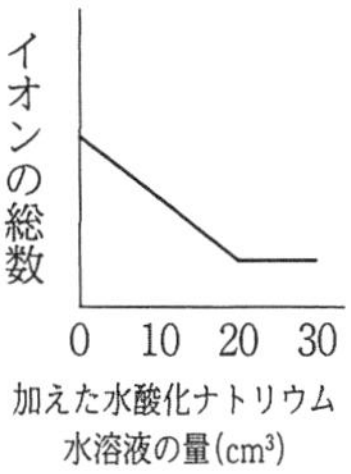

ウ

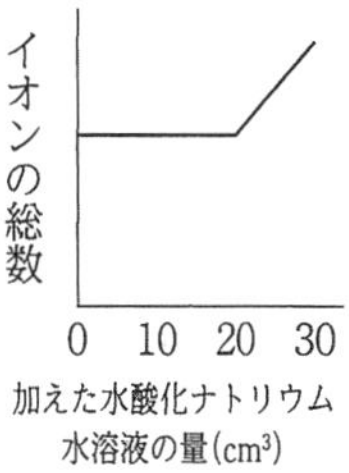

エ

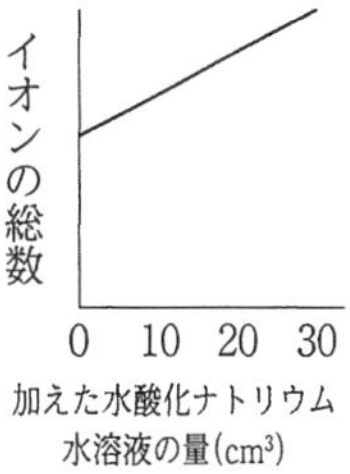

3　**図はある日の日本付近の天気図である。これについて，次の(1)から(4)までの問いに答えなさい。**

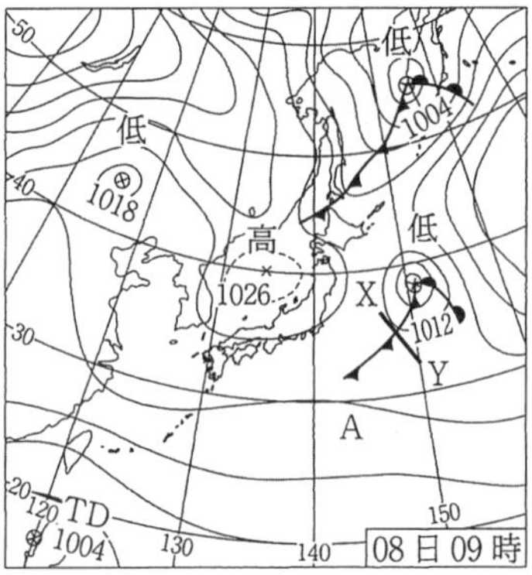

出典：「平成29年10月 8 日 9 時の天気図」（気象庁ホームページより）

(1)　天気図の中の天気図記号A  は前線を表している。

　この天気図記号Aは何と呼ばれる前線か。最も適当なものを，次のアからエまでの中から選びなさい。

ア　温暖前線

イ　寒冷前線

ウ　閉そく前線

エ　停滞前線

(2)　①地点Yではこの後にどのような天気の変化がみられるか。天気の変化について述べたものとして最も適当なものを，次のアからエまでの中から選びなさい。

ア　雨は広い範囲で長く降り続き，前線の通過後は気温が上がり，南寄りの風がふく。

イ　雨は広い範囲で長く降り続き，前線の通過後は気温が下がり，北寄りの風がふく。

ウ　雨は狭い範囲で短い時間降り，前線の通過後は気温が上がり，南寄りの風がふく。

エ　雨は狭い範囲で短い時間降り，前線の通過後は気温が下がり，北寄りの風がふく。

②前線を横切るX－Yの断面の模式図として最も適当なものを，次のアからエまでの中から選びなさい。

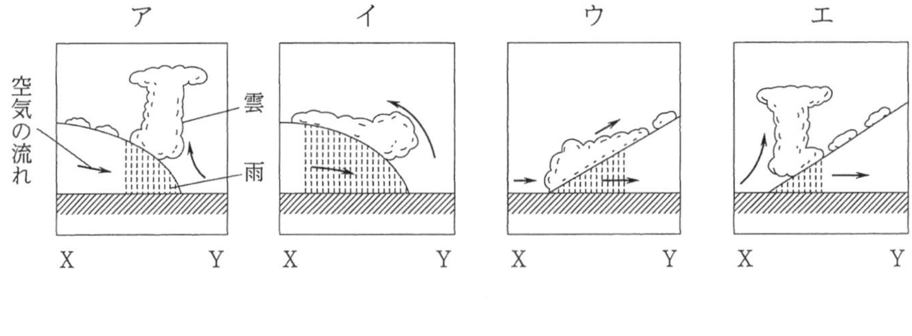

(3) 次の文は，この天気図について説明した文章である。文章中の(I) (II)にそれぞれあてはまる内容として最も適当なものを，(I)には下の I のアからエまでの中から，(II)には下の II のアからエまでの中からそれぞれ選びなさい。

この時間での名古屋の天気のようすは(I)ふいている。この季節は，図のような天気図が繰り返し現れやすく，天気は(II)へ周期的に変化する。

I　ア　晴れで風が強く　　　イ　晴れで風が弱く
　　ウ　雨で風が強く　　　　エ　雨で風が弱く

II　ア　北から南　　イ　南から北　　ウ　東から西　　エ　西から東

(4) この日の名古屋における最高気温は25℃であり，露点を調べたところ10℃であることがわかった。最高気温を記録した時間での名古屋の湿度は約何％であるといえるか。

右図の気温と飽和水蒸気量との関係を表すグラフを参考に最も適当なものを，次のアからカまでの中から選びなさい。

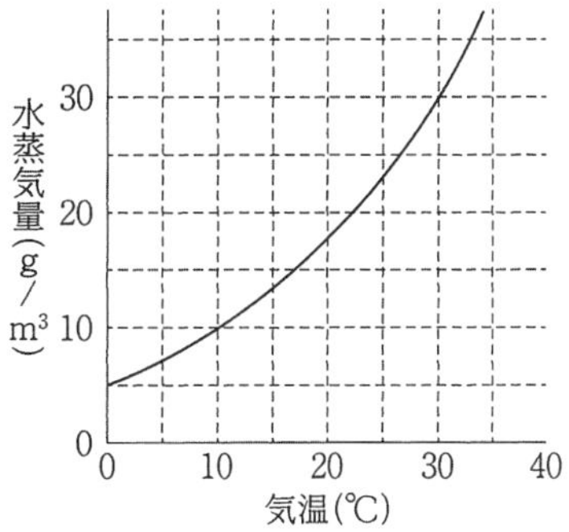

ア　約10％　　イ　約20％　　ウ　約30％
エ　約40％　　オ　約50％　　カ　約60％

4 図1のように導線に電流を流し，導線のまわりにどのような磁石の力がはたらくかを調べた。また，U形磁石とコイルを使って図2のような装置をつくり，電流を流れているコイルがU形磁石から受ける力を調べたところ，コイルはアの方向に動いた。
これについて，次の(1)から(4)までの問いに答えなさい。

図1

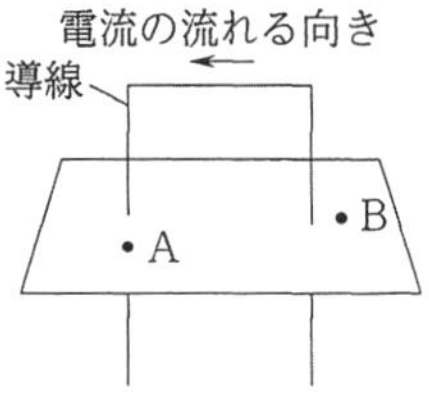

図2

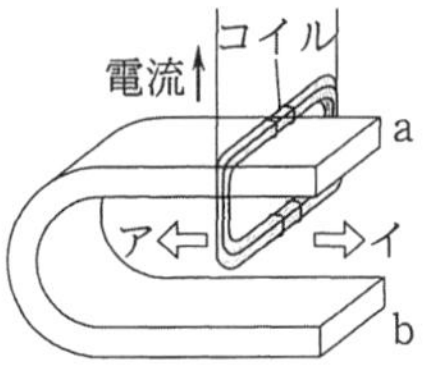

(1) 次の文は，導線に電流を流したときにできる磁界について説明した文章である。文章中の(Ⅰ)，(Ⅱ)のそれぞれにあてはまる語の組み合わせとして最も適当なものを，次のアからエまでの中から選びなさい。

> 磁界の向きは電流の(Ⅰ)によって変化する。磁界の強さは導線に近いほど(Ⅱ)。

ア　Ⅰ　向き　　Ⅱ　強い
イ　Ⅰ　向き　　Ⅱ　弱い
ウ　Ⅰ　大きさ　Ⅱ　強い
エ　Ⅰ　大きさ　Ⅱ　弱い

(2) 図1のA，Bに方位磁針を置いたとき，方位磁針はそれぞれどの向きを示すか。組み合わせとして最も適当なものを，次のアからエまでの中から1つ選びなさい。ただし，方位磁針は真上から見たときのようすを表している。

ア　A 　B 
イ　A 　B 
ウ　A 　B 
エ　A 　B 

(3) 図2の実験で，ある方法を用いたところ，コイルはさらに大きくアの向きに動いた。その方法について説明している文として最も適当なものを，次のアからエまでの中から選びなさい。

ア　流れる電流の大きさをより大きくして実験した。

イ　電流の流れる向きを逆にして実験した。

ウ　U形磁石のaとbとを入れ替えて実験した。

エ　コイルを取り換えて，巻き数の少ないコイルを使って実験した。

(4) 図3のように，棒磁石のN極を下にして上から下にコイルに入れたところ，電流はAの向きに流れた。

この実験では，さらに，次の①から③に取り組んだ。①・②のように磁石を動かす場合，または③のように磁石を動かさない場合，電流はA，Bのどちらの向きに流れるか，または流れないか。下のアからウまでの中から最も適当なものを，それぞれ選びなさい。ただし，同じ記号を繰り返し選んでもよい。

図3

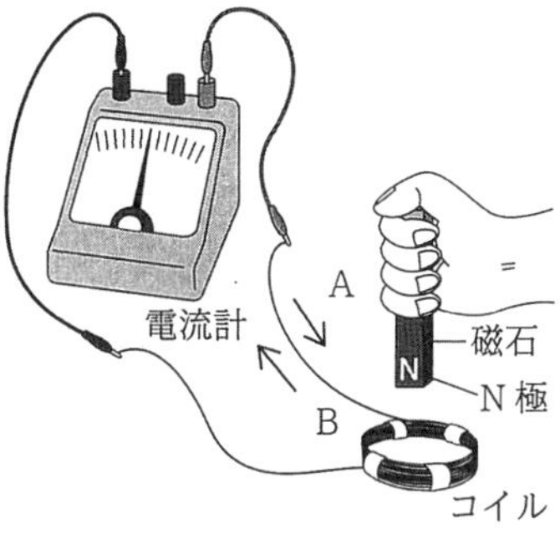

① N極を下にして下から上へ

② S極を下にして上から下へ

③ S極を下にして図の状態で磁石を静止させる。

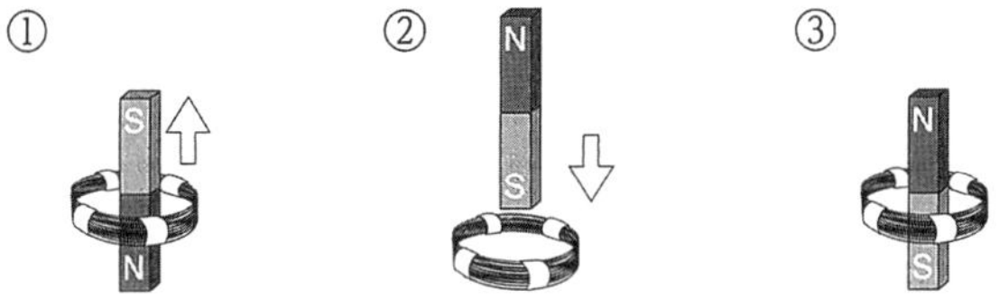

ア　電流はAの向きに流れる。

イ　電流はBの向きに流れる。

ウ　電流は流れない。

5　**図のように，しわのある種子をつくる純系のエンドウの花粉を使って，丸い種子をつくる純系のエンドウの花を受粉させた。その結果できた子の代の種子はすべて丸くなった。**
さらに，子の代の種子を発芽させて育て，自家受粉させて孫の代の種子をつくった。

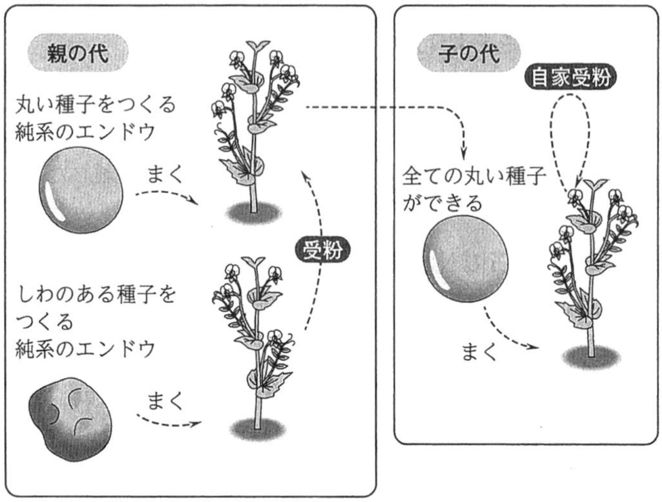

種子の形を丸くする遺伝子をA，種子の形をしわにする遺伝子をaとして，次の(1)から(5)までの問いに答えなさい。

(1)　次の文章は，エンドウが受粉した後，めしべの中で起こることについて述べたものである。文章中の(Ⅰ)，(Ⅱ)のそれぞれにあてはまる語の組み合わせとして最も適当なものを，下のアからエまでの中から選びなさい。

> 花粉は，めしべの柱頭につくと花粉管をのばす。花粉管は胚珠に向かってのび，その中を(Ⅰ)が移動して，胚珠の中の卵細胞と合体する。できた細胞は細胞分裂をくり返して(Ⅱ)となる。

ア　Ⅰ　精細胞　　Ⅱ　受精卵
イ　Ⅰ　精細胞　　Ⅱ　胚
ウ　Ⅰ　精子　　Ⅱ　受精卵
エ　Ⅰ　精子　　Ⅱ　胚

(2) 次の文章は，エンドウの形質について述べたものである。
文章中の(Ⅰ)，(Ⅱ)のそれぞれにあてはまる語の組み合わせとして最も適当なものを，下のアからエまでの中から選びなさい。

子の代の種子がすべて丸くなったことから，丸としわという(Ⅰ)について潜性の形質が(Ⅱ)であることが判明した。

ア Ⅰ 対立形質 Ⅱ 丸
イ Ⅰ 対立形質 Ⅱ しわ
ウ Ⅰ 協調形質 Ⅱ 丸
エ Ⅰ 協調形質 Ⅱ しわ

(3) 子の代の種子がもつ種子の形に関係する遺伝子として最も適当なものを，次のアからカまでの中から選びなさい。
ア ＡＡとＡａ イ Ａａとａａ ウ ＡＡとａａ
エ ａａのみ オ ＡＡのみ カ Ａａのみ

(4) 孫の代の種子では，丸い種子が547個生じていた。このとき，しわのある種子の数として最も適当なものを，次のアからカまでの中から選びなさい。
ア しわ形の種子はない イ 185個 ウ 272個 エ 546個
オ 1090個 カ 1645個

(5) 子の代の種子を発芽させて育て，そのめしべにしわの種子を発芽させて育てたエンドウの花粉を受粉させた。できた種子の形質について述べたものとして最も適当なものを，次のアからエまでの中から選びなさい。
ア すべて丸い種子であった。
イ すべてしわのある種子であった。
ウ 丸い種子としわのある種子の数はほぼ同じであった。
エ 丸い種子の数はしわのある種子の数の約３倍であった。

令和６年度　一般入学試験

第５時限　英語　14時15分から15時まで

「解答を始めてください」という指示があるまで、次の注意をよく読んでください。

注　意

1．解答用紙(マークシート)は、問題冊子にはさんであります。

2．「解答を始めてください」という指示で、すぐ解答用紙(マークシート)の右上にある、氏名・受験番号を記入し、受験番号と一致したマーク欄を塗りつぶしてください。

3．問題は１ ～ ７ページまであります。７ページの次からは白紙になっています。問題の各ページを確かめ、不備のある場合は手をあげて知らせてください。

4．解答上の注意は以下の通りです。

（ア）HB 以上の濃さの黒鉛筆(シャープペンシルも可)を使用してください。

（イ）マーク欄は、解答用紙の記入例を参考にして塗りつぶしてください。

（ウ）訂正する場合は、消しゴムできれいに消し、消しくずを残さないようにしてください。

（エ）解答用紙は、汚したり、折り曲げたりしないでください。

（オ）聞き取りの解答例

⑴の問題の解答を「ａ」と答えたい場合、ａ欄に「正」をｂ．ｃ．ｄ欄に「誤」のマークを塗りつぶしてください。

●解答前

例	a		b		c		d	
⑴	㊣	誤	㊣	誤	㊣	誤	㊣	誤

●解答後

例	a		b		c		d	
⑴	●	誤	㊣	●	㊣	●	㊣	●

5．「解答をやめてください」という指示で、書くことをやめてください。

※教英出版注
音声は，解答集の書籍ＩＤ番号を教英出版ウェブサイトで入力して聴くことができます。

1　聞き取りテスト

これから聞き取りテストを行います。

それでは，聞き取りテストの説明をします。問題は第1問と第2問の2つに分かれています。

第1問は，1番から3番までの3つあります。それぞれについて，最初に対話を読み，続いて，対話についての問いと，問いに対する答え，a，b，c，dを読みます。そのあと，もう一度，その対話文，問い，問いに対する答えを読みます。必要があればメモをとってもよろしい。

問いの答えとして正しいものはマーク欄の「正」の文字を，誤っているものはマーク欄の「誤」の文字を，それぞれ塗りつぶしなさい。正しいものは，各問いについて1つしかありません。

第2問は，最初に英語の文章を読みます。続いて，文章についての問いと，問いに対する答え，a，b，c，dを読みます。問いは問1と問2の2つあります。そのあと，もう一度，文章，問い，問いに対する答えを読みます。必要があればメモをとってもよろしい。

問いの答えとして正しいものはマーク欄の「正」の文字を，誤っているものはマーク欄の「誤」の文字を，それぞれ塗りつぶしなさい。正しいものは，各問いについて1つしかありません。

メモ欄

2　次は訪問看護師(a home-visitor nurse)と訪問を受けているおじいさん(Tsuneo)の対話です。二人の対話が成り立つように、下線部(1)から(3)のそれぞれにあてはまる最も適当なものを下のアからエまでの中から選びなさい。

Nurse：Good morning. ＿＿＿(1)＿＿＿ today?

Tsuneo：I'm not very well. When I woke up in the morning, I had a stomachache. I haven't had anything today.

Nurse：You don't seem to have a fever. Do you still have a stomachache?

Tsuneo：＿＿＿(2)＿＿＿.

Nurse：Then, how about having breakfast now?

Tsuneo：Do you think it is all right to eat now? I am afraid I will have a stomachache again.

Nurse：I'm sure it is all right ＿＿＿(3)＿＿＿.

(1)　ア　What can I do
　　イ　What do you think
　　ウ　How do you like
　　エ　How do you feel

(2)　ア　No, not now
　　イ　No, I won't
　　ウ　Yes, I do
　　エ　Yes, already

(3)　ア　if you have too much food to eat
　　イ　if you don't eat too much
　　ウ　if you can't eat anything
　　エ　if you don't want anything to eat

3 次の英文を読んで、下の(1)(2)の問いに答えなさい。

On Monday, after dinner, I had a toothache. I wanted to go to the dentist's office at once, but I had to wait until (a). Early in the morning, I called the office because it was not open in the afternoon, and was told I could come at 9. I went to the dentist's office and felt no pain after the treatment. I was told I should come at 15:00 the next day. I ran to school, but I was two hours late. When I saw my homeroom teacher, I explained to her why I was late.

（注） toothache 歯痛　treatment 治療

（歯科医の診療予定）
Monday, Wednesday, Thursday, Friday Open from 9 to 16.
Tuesday Opens from 9 to 11 in the morning
Saturday and Sunday Closed

(1) (a)に入れるのに最も適当なものを次のアからエまでの中から選びなさい。

ア Monday　イ Tuesday　ウ Wednesday　エ Thursday

(2) 本文の内容と一致するものを次のアからエまでの中から一つ選びなさい。

ア I did not go to the dentist's office because I did not like going there.

イ I did not have to go to the dentist's office again because I felt no pain any more.

ウ I was in time for school though I went to the dentist's office.

エ I had to go to the dentist's office on Wednesday.

4 次のドイツ人パラグライダー(paraglider)の話を読んで(1)から(5)までの問いに答えなさい。

The German paraglider is in Australia to join the Paragliding World championships. She has only (A) paragliding for about four years but has already won many competitions because of her natural talent. A week before the championships, she joined a paragliding race as part of her training.

That day, the sky was [①]. She took off, and everything went well for a while. Then, far away in front of her, she saw a couple of storm clouds slowly coming together. This was [②] because they could join to become one very big and powerful storm cloud. She thought,

"I should get away from those storm clouds."

But it was [③]. The new big storm cloud pulled her in and took her up higher and higher. She tried to use an emergency technique to go down, but it didn't work. Two other paragliders were in the storm cloud with her. One of them was able to escape. The other, a man from China, wasn't. Sadly, he did not survive. Inside the cloud, the temperature was very low and small pieces of ice were flying past her. She could hear lightning all around her. She called her coach with her radio and said,

"I'm in the big storm cloud. There's [B]."

She was tired and the air was getting thinner and thinner.

(注) competitions 大会　took off 離陸した　storm clouds 雷雲　emergency technique 非常用配備
escape 難を逃れる　temperature 気温　thinner より薄い

(1) 文章中の(A)にあてはまる最も適当な語を、次のアからエまでの中から選びなさい。

ア be　イ been　ウ had　エ become

(2) 文章中の [①] から [③] のそれぞれに次のアからウの語句をあてはめて文章が成り立つようにするとき、[③] にあてはまる最も適当なものを次のアからウまでの中から選びなさい。

ア too late　イ mostly clear　ウ dangerous

(3) 文章中の ［ B ］ にあてはまる最も適当なものを次のアからエまでの中から選びなさい。

ア I can do nothing

イ I can do anything

ウ anything I can do

エ nothing I can do

(4) 次の質問の答えとして最も適している答えをアからエの中から選びなさい。

（質問） Why was she able to win many competitions?

ア Because she was very lucky.

イ Because her coach was the best in the world.

ウ Because she had natural talent.

エ Because she was trained at the best school in Germany.

(5) 文章の内容に一致するものを次のアからエまでの中から一つ選びなさい。

ア In the competition the weather was wonderful.

イ When they took off, there were storm clouds.

ウ She called her coach and enjoyed talking.

エ One of the three paragliders was killed.

5　おばあさんとKeijiの対話を読んで、下の(1)から(3)までの問いに答えなさい。

An old woman：Excuse me, but (　A　) to Restaurant Okamine?

Keiji：Sure. It is near my school. My family had dinner there just last night. Shall I show you there? I am going to school.

An old woman：Oh, that's very kind of you, but I ＿①＿ why you are going to school on Sunday.

Keiji：I'm going there to play volleyball. I belong to the volleyball club.

An old woman：I am going to meet an old friend of mine in the restaurant. I haven't seen her for a long time.

Keiji：I hope you have a great time.

An old woman：Thank you, young man. I'm looking ＿②＿ to it.

Keiji：We've arrived, This is Restaurant Okamine. It's a great place. I hope you enjoy it.

An old woman：Thank you very much for your help. You're very kind.

Keiji：My ＿③＿. Have a wonderful time with your friend.

An old woman：I will. Thank you again. And good luck with your volleyball practice.

(1)　(　A　) に入れるのに最も適当な語句を次のアからエまでの中から選びなさい。

ア　can I ask you how I can
イ　can you tell me how to get
ウ　will you please help me
エ　shall I show you where

(2)　対話文中の下線部①から③のそれぞれにあてはまる最も適当なものを次のアからエまでの中から選びなさい。

①	ア　think	イ　know	ウ　see	エ　wonder
②	ア　forward	イ　at	ウ　for	エ　into
③	ア　restaurant	イ　day	ウ　pleasure	エ　game

(3) 次の文章はバレーボールの練習が終わってからのことが書かれている。(　　　) 内に入れる語として最も適当なものを下のアからエまでの中から選びなさい。

After volleyball practice, Kenji went home and was surprised to find the old woman talking with his grandma. The old woman looked very surprised to see him. He heard from his grandma that the old woman was her classmate at high school. They met for the first time in forty years after they left high school. When Kenji's grandma heard from her friend about his help to her, she was(　　　).

ア angry　　イ encouraged　　ウ shocked　　エ pleased

3番

Mike: Now it is time for lunch. What would you like, Elly?

Elly : I love sushi.

Mike: I am thinking of taking you to a sushi bar for dinner. Any other food?

Question: What will Elly say next?

a Then I would like to try okonomiyaki.

b Then I will walk there.

c Let me cook for myself, please.

d I will ask my friend where I can buy it.

それではもう一度繰り返します。(対話文と問いを繰り返す。)

第2問

第2問は，問1と問2の2つあります。最初に，英語で文章を読みます。続いて文章内容についての問いと，問いに対する答え，a，b，c，d，を読みます。そのあと，もう一度，その文章，問い，問いに対する答え，を読みます。必要があればメモをとってもよろしい。

問いの答えとして正しいものはマーク欄の「正」の文字を，誤っているものはマーク欄の「誤」の文字を，それぞれ塗りつぶしなさい。正しいものは，各問いについて1つしかありません。それでは読みます。

Ryo's father has lots of goldfish in his five water tanks. His father puts ten gold fish in each of them, but seven of them died, and three were given to his friend.

Ryo feeds the fish every morning. He told his father that the food for the fish was almost out. He was asked to buy some.

問1 What is the number of the fish kept in all the tanks?

a 10.   b 20.   c 30.   d 40.

問2 What does Ryo do in the morning?

a He buys the food for fish.

b He cleans the tanks for the fish.

c He tells his father how the fish are.

d He feeds the fish.

それではもう一度繰り返します。(英文と問いを繰り返す。)

これで，聞き取りテストを終わります。解答の済んだ人は，問2以降の問題に進みなさい。

星城高等学校

氏　名	

悪い例

受験番号				
0	0	0	0	0
1	1	1	1	1
2	2	2	2	2
3	3	3	3	3
4	4	4	4	4
5	5	5	5	5
6	6	6	6	6
7	7	7	7	7
8	8	8	8	8
9	9	9	9	9

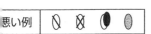

星城高等学校

氏　名	

例　0̸　⊗　◐　●

受験番号				
0	0	0	0	0
1	1	1	1	1
2	2	2	2	2
3	3	3	3	3
4	4	4	4	4
5	5	5	5	5
6	6	6	6	6
7	7	7	7	7
8	8	8	8	8
9	9	9	9	9

7	8	9
7	8	9
7	8	9
7	8	9
7	8	9
7	8	9
7	8	9
7	8	9
7	8	9

7	8	9
7	8	9
8	9	
8	9	
8	9	

4	[3]	(1)	カ	0	1	2	3	4	5	6	7	8	9
			キ	0	1	2	3	4	5	6	7	8	9
		(2)	ク	0	1	2	3	4	5	6	7	8	9
			ケ	0	1	2	3	4	5	6	7	8	9
	[4]	(1)	コ	0	1	2	3	4	5	6	7	8	9
			サ	0	1	2	3	4	5	6	7	8	9
			シ	0	1	2	3	4	5	6	7	8	9
			ス	0	1	2	3	4	5	6	7	8	9
		(2)	セ	0	1	2	3	4	5	6	7	8	9
			ソ	0	1	2	3	4	5	6	7	8	9
			タ	0	1	2	3	4	5	6	7	8	9

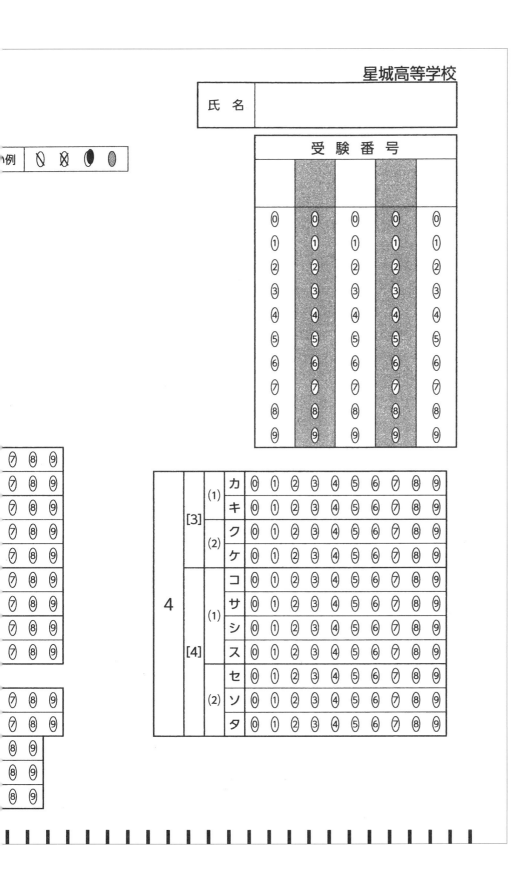

星城高等学校

氏　名	

受　験　番　号

0	0	0	0	0
1	1	1	1	1
2	2	2	2	2
3	3	3	3	3
4	4	4	4	4
5	5	5	5	5
6	6	6	6	6
7	7	7	7	7
8	8	8	8	8
9	9	9	9	9

い例

カ

5	(1)	①	ア	イ	ウ	エ
		②	ア	イ	ウ	エ
		③	ア	イ	ウ	エ
	(2)	①	ア	イ	ウ	エ
		②	ア	イ	ウ	エ

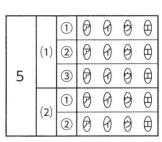

星城高等学校

氏　名	

…い例

受　験　番　号				
0	0	0	0	0
1	1	1	1	1
2	2	2	2	2
3	3	3	3	3
4	4	4	4	4
5	5	5	5	5
6	6	6	6	6
7	7	7	7	7
8	8	8	8	8
9	9	9	9	9

… オ　カ

5	(1)	ア　イ　ウ　エ
	(2)	ア　イ　ウ　エ
	(3)	ア　イ　ウ　エ　オ　カ
	(4)	ア　イ　ウ　エ　オ　カ
	(5)	ア　イ　ウ　エ

星城高等学校

氏　名	

		い例				

受　験　番　号				
⓪	⓪	⓪	⓪	⓪
①	①	①	①	①
②	②	②	②	②
③	③	③	③	③
④	④	④	④	④
⑤	⑤	⑤	⑤	⑤
⑥	⑥	⑥	⑥	⑥
⑦	⑦	⑦	⑦	⑦
⑧	⑧	⑧	⑧	⑧
⑨	⑨	⑨	⑨	⑨

5	(1)		㋐	㋑	㋒	㋓
	(2)	①	㋐	㋑	㋒	㋓
		②	㋐	㋑	㋒	㋓
		③	㋐	㋑	㋒	㋓
	(3)		㋐	㋑	㋒	㋓

B

英語　解答用紙

※20点満点
（配点非公表）

記入例

良い例

【解答上の注意】

1　HB以上の濃さの黒鉛筆（シャープペンシルも可）を使用すること。

2　マーク欄は，右の記入例を参考にして塗りつぶすこと。

3　訂正する場合は，消しゴムできれいに消し，消しくずを残さないこと。

4　解答用紙は，汚したり，折り曲げたりしないこと。

			a	b	c	d
1	第一問	1番	正 誤	正 誤	正 誤	正 誤
		2番	正 誤	正 誤	正 誤	正 誤
		3番	正 誤	正 誤	正 誤	正 誤
	第二問	問1	正 誤	正 誤	正 誤	正 誤
		問2	正 誤	正 誤	正 誤	正 誤

2	(1)	ア
	(2)	ア
	(3)	ア

3	(1)	ア
	(2)	ア

4	(1)	ア
	(2)	ア
	(3)	ア
	(4)	ア
	(5)	ア

B

理科　解答用紙

※20点満点
（配点非公表）

記入例

良い例

【解答上の注意】

1　HB以上の濃さの黒鉛筆（シャープペンシルも可）を使用すること。

2　マーク欄は，右の記入例を参考にして塗りつぶすこと。

3　訂正する場合は，消しゴムできれいに消し，消しくずを残さないこと。

4　解答用紙は，汚したり，折り曲げたりしないこと。

1	(1)	ア	イ	ウ	エ	オ	カ
	(2)	ア	イ	ウ	エ		
	(3)	ア	イ	ウ	エ		
	(4)	ア	イ	ウ	エ		

2	(1)		ア	イ	ウ	エ	オ	カ
	(2)	①	ア	イ	ウ	エ	オ	カ
		②	ア	イ	ウ	エ	オ	カ
	(3)		ア	イ	ウ	エ		

3	(1)	
	(2)	①
		②
	(3)	Ⅰ
		Ⅱ
	(4)	

4	(1)	
	(2)	
	(3)	
	(4)	①
		②
		③

B

社会　解答用紙

※20点満点
（配点非公表）

記入例

良い例

【解答上の注意】

1　HB以上の濃さの黒鉛筆（シャープペンシルも可）を使用すること。

2　マーク欄は，右の記入例を参考にして塗りつぶすこと。

3　訂正する場合は，消しゴムできれいに消し，消しくずを残さないこと。

4　解答用紙は，汚したり，折り曲げたりしないこと。

1	(1)	ア	イ	ウ	エ	オ	カ
	(2)	ア	イ	ウ	エ		
	(3)	ア	イ	ウ	エ		

2	(1)	ア	イ	ウ	エ	オ	カ
	(2)	ア	イ	ウ	エ		
	(3)	ア	イ	ウ	エ		
	(4)	ア	イ	ウ	エ		

3	(1)	ア
	(2)	ア
	(3)	ア
	(4)	ア

4	(1)	ア
	(2)	ア
	(3)	ア
	(4)	ア

B

数学　解答用紙

※20点満点
（配点非公表）

記入例

良い例

【解答上の注意】

1　HB以上の濃さの黒鉛筆（シャープペンシルも可）を使用すること。

2　マーク欄は，右の記入例を参考にして塗りつぶすこと。

3　訂正する場合は，消しゴムできれいに消し，消しくずを残さないこと。

4　解答用紙は，汚したり，折り曲げたりしないこと。

1	(1)	①	㋐	㋑	㋒	㋓		
	(2)	②	㋐	㋑	㋒	㋓		
	(3)	③	㋐	㋑	㋒	㋓		
	(4)	④	㋐	㋑	㋒	㋓		
	(5)	⑤	㋐	㋑	㋒	㋓		
	(6)	⑥	㋐	㋑	㋒	㋓	㋔	㋕

2	[1]	(1)	①	②	㋐	㋑	㋒	㋓
		(2)	③	④	㋐	㋑	㋒	㋓
	[2]	(1)	⑤		㋐	㋑	㋒	㋓
		(2)	⑥		㋐	㋑	㋒	㋓

3	[1]	(1)	ア	⓪	①	②	③
			イ	⓪	①	②	③
		(2)	ウ	⓪	①	②	③
			エ	⓪	①	②	③
			オ	⓪	①	②	③
	[2]	(1)	カ	⓪	①	②	③
			キ	⓪	①	②	③
		(2)	ク	⓪	①	②	③
			ケ	⓪	①	②	③

4	[1]	ア	⓪	①	②	③
		イ	⓪	①	②	③
	[2]	ウ	①	②	③	④
		エ	①	②	③	④
		オ	①	②	③	④

B

国語　解答用紙

※20点満点
（配点非公表）

記入例

良い例

【解答上の注意】

1　HB以上の濃さの黒鉛筆（シャープペンシルも可）を使用すること。

2　マーク欄は，右の記入例を参考にして塗りつぶすこと。

3　訂正する場合は，消しゴムできれいに消し，消しくずを残さないこと。

4　解答用紙は，汚したり，折り曲げたりしないこと。

大問一					
1	a	㋐	㋑	㋒	㋓
	b	㋐	㋑	㋒	㋓
	c	㋐	㋑	㋒	㋓
2		㋐	㋑	㋒	㋓
3		㋐	㋑	㋒	㋓
4		㋐	㋑	㋒	㋓
5		㋐	㋑	㋒	㋓
6		㋐	㋑	㋒	㋓
7		㋐	㋑	㋒	㋓
8		㋐	㋑	㋒	㋓

大問二		
1		㋐
2	a	㋐
	b	㋐
3		㋐
4	②	㋐
	③	㋐
5		㋐
6		㋐
7		㋐
8		㋐

（一般） 聞き取りテスト

これから英語の聞き取りテストを行います。それでは聞き取りテストの説明をします。
問題は第1問と第2問の2つに分かれています。

※教英出版注
音声は，解答集の書籍ＩＤ番号を教英出版ウェブサイトで入力して聴くことができます。

第1問

第1問は，1番から3番までの3つあります。それぞれについて，最初に対話文を読み，続いて，対話についての問いと，問いに対する答え，a，b，c，d，を読みます。そのあと，もう一度，その対話文，問い，問いに対する答え，を読みます。必要があればメモをとってもよろしい。
問いの答えとして正しいものはマーク欄の「正」の文字を，誤っているものはマーク欄の「誤」の文字を，それぞれ塗りつぶしなさい。正しいものは，各問いについて1つしかありません。それでは読みます。

1番

Ms. Yoshino: Good morning, everyone. Let's get started. Today, I'd like you to express what you want to be in the future. Imagine what you will be in ten years or in twenty years. Kazuo, how about you?

Kazuo: My favorite subject is math. When I am trying to solve math questions, I'm very happy. I'll be a math teacher at high school.

Question: Where are Ms. Yoshino and Kazuo talking?
a In the restaurant.
b In the theater.
c In the kitchen.
d In the classroom.

それではもう一度繰り返します。（対話文と問いを繰り返す。）

2番 （電話の呼び音）

Maria: Hello?

Keiji : Hi, Maria. This is Keiji.

Maria: Keiji, do you have anything to do tomorrow morning? If not, can you help me to use a cellphone? I've bought one but don't know how to use it.

Keiji : Tomorrow morning? I'm sorry I can't, but now I am free and can help you.

Maria: Then I'll bring my new cellphone a half hour later.

Question: Which is true?
a Maria and Keiji will meet tomorrow morning.
b Maria has bought a cellphone.
c Keiji will visit Maria today.
d Keiji asked Maria to help him with his homework.

それではもう一度繰り返します。（対話文と問いを繰り返す。）

2024(R6) 星城高
K 教英出版

令和五年度　一般入学試験

第一時限　国語

九時五十五分から十時三十五分まで

星城高等学校

「解答を始めてください」という指示があるまで、次の注意をよく読んでください。

注　意

一．解答用紙（マークシート）は、問題冊子にはさんであります。

二．「解答を始めてください」という指示で、すぐ解答用紙（マークシート）の右上にある、氏名・受験番号を記入し、受験番号と一致したマーク欄を塗りつぶしてください。

三．問題は1～8ページまであります。8ページの次からは白紙になっています。問題の各ページを確かめ、不備のある場合は手をあげてお知らせください。

四．解答上の注意は左記の通りです。

（ア）答えは全て解答用紙のマーク欄を塗りつぶしてください。

（イ）ＨＢ以上の濃さの黒鉛筆（シャープペンシルも可）を使用してください。

（ウ）マーク欄は、解答用紙の記入例を参考にして塗りつぶしてください。

（エ）訂正する場合は、消しゴムできれいに消し、消しくずを残さないようにしてください。

（オ）解答用紙は、汚したり、折り曲げたりしないでください。

五．「解答をやめてください」という指示で、書くことをやめてください。

一　次の文章を読んで、あとの問いに答えなさい。

「心はどうすれば強くなりますか」。①取材などでそんな質問をたまにされることがあります。質問者はまるで体を鍛えるのと同じように、心にも鍛え方があるのではないかと考えている節があります。

しかし、こうすれば心が強くなるなどといった単純なマニュアルはどこにもありません。

そもそも心とは何？　心はどこにあるの？　それすらもはっきりしていません。近代以前なら、心臓のあたりに心があると思っていた人もけっこういたことでしょう。

今では脳神経の複雑な動きによって心というa現ショウが起こることがわかっていますが、その脳の活動だって、手や足など体のさまざまな部位の動きや血液の流れといったものと密接に関係しています。

そうすると独立した脳だけを取り出して、これが心をつくっているとはいえなくなる。 A 生命活動のすべてと心の動きは、オーバーラップしているともいえるわけです。

となると、体を鍛えることもまた心を強くするといえそうですが、体を鍛えている人を見ていると、②必ずしも「文＝武」ではないことがわかります。

ただ、漁師や農家の人のように、主に体を使って仕事をしている人を見ていると、都会の人間にはない心の強さもあるのはたしかです。それは厳しい自然を相手に、それこそ地に足をつけながら一生懸命に仕事をしていることからくるのではないかと思います。

仕事や生活のなかで疑問が湧いたり問題が起これば、それを自分の頭で考え、体を動かさなくては解決しない。ぼんやり見過ごしたり、人任せにしたりすると、命の危険にさらされたり、生活が丸ごと崩れてしまう重要な問題も少なくないでしょうから、気がなかなか抜けない。都会人にはない強さが彼らにあるとすれば、日々のそうした繰り返しが、③彼らをタフにしているのだと思います。

ネットでたくさんの情報を仕入れ、本を読んで知識を蓄えても、それだけで心が強くなることはありません。やはり、生きていくなかで疑問や問題にぶつかったら、自分の頭で考え、解決して前に進む。そうやって幾度も幾度も考えたり体験したりすることによって、人は強くなっていくのではないでしょうか。

ただし、どういうことを考え、具体的にどんな経験を重ねると心が鍛えられて強くなるというマニュアルはありません。必要なのは、常

に自分なりのベストを尽くすことです。

私は④アメリカ駐在時代に24時間フル稼働といってもいいくらい働いていたことがありました。

それこそ週末の休暇もとらず、毎日寝て食事をする以外はすべて仕事で埋まっている状態でした。時差の関係で早朝は欧州とやりとりをし、夜は日本が相手。お酒と睡眠不足で体をbコク使しながら仕事をしていることもしょっちゅうでした。このときの経験で「俺は仕事量では誰にも負けない」と思えるほどの自負心を持つようになりました。

仕事や人生にはトラブルがつきものですが、そんなトラブルもまた心を鍛えてくれます。問題が起きたときに逃げたりせず、解決しようと努力をし続けることは、心を強くすることにつながります。

どんなトラブルに対しても真正面から力を尽くして取り組めば、必ず心は鍛えられるのです。

かといって、面倒な問題をいろいろ経験したり、あるいは仕事でベストを尽くして頑張ってきた人が「俺は仕事でさんざん鍛えられた。だから強い」などと思ったら、そこでお終いです。強いと思った時点で⑤夜郎自大の自負心となり、その人の心の成長は止まるのです。

そもそも心の強さをはかる目盛りなど、どこにもありません。物理的にここから先の状態は強いとか、これより下は弱いといった尺度は存在しません。心は形もなければ、質量もありません。だからこそ、⑥心を鍛えたり、強くすることは際限がない。

ただこころの強さというものは、何かあったときに自分のなかでしっかりした手応えとして感じるものです。

たとえば、それは、納得がいくまで力を尽くして事にあたったときに生まれる、心の強さ。そして、どんな状況においても、平常心を感じられるときではないでしょうか。

日々、できうる努力はとことんする。そんな繰り返しが心を確実に鍛え、強くしてくれることは間違いありません。

（丹羽宇一郎著『人間の本性』幻冬舎新書より）

問一 傍線部**a**、**b**には、漢字一字が入る。同一の漢字を使うものをア～エの中から一つずつ選び、カナ符号で答えなさい。

a ア 事件の物ショウがそろう。 イ 表ショウ式に出席する。 ウ 試合に完ショウする。 エ 具ショウ画を描く。

b ア 恋人にコク白する。 イ 作品はコク似している。 ウ 困難をコク服する。 エ コク益に反する。

問二 傍線部①を文節に分けたとき適切なものを次のア～エの中から一つ選び、カナ符号で答えなさい。

ア 取材などで／そんな／質問を／たまに／される／ことが／あります

イ 取材／などで／そんな／質問を／たまにされる／ことが／あります

ウ 取材／などで／そんな／質問を／たまに／される／ことが／あります

エ 取材などで／そんな／質問を／たまにされる／ことが／あり／ます

問三 [A] に入る適切な接続詞を次のア～エの中から一つ選び、カナ符号で答えなさい。

ア つまり イ あるいは ウ だから エ ところが

問四 傍線部②「必ずしも「文＝武」ではない」とはどういうことか。説明として最も適切なものを次のア～エの中から一つ選び、カナ符号で答えなさい。

ア 学芸と武道は同じではない。

イ 脳の働きと体の強さは一致しない。

ウ 生命活動のすべてと心の動きは、オーバーラップしている。

エ 文武両道だから、心が強いというわけではない。

問五　傍線部③「彼らをタフにしている」要因として適切でないものを次のア～エの中から一つ選び、カナ符号で答えなさい。

ア　厳しい自然を相手に、一生懸命仕事をしていること。

イ　問題が起これば、自分の頭で考え、体を動かして解決していること。

ウ　問題を見過ごしてしまうと命の危険にさらされるような状況で仕事をしていること。

エ　生活が丸ごと崩れてしまったことから立ち直る経験をしていること。

問六　傍線部④「アメリカ駐在時代」は、何を説明するための例ですか。最も適切なものをア～エの中から一つ選び、カナ符号で答えなさい。

ア　24時間フル稼働で仕事をすることの辛さ。

イ　体を使って仕事をすることの効果。

ウ　世界を相手に仕事をすることの大切さ。

エ　自分なりのベストを尽くすこと。

問七　傍線部⑤「夜郎自大」の意味として適切なものを次のア～エの中から一つ選び、カナ符号で答えなさい。

ア　際限なく自分の力を大きく見せること。

イ　自分の正体を見えないようにして、大きく感じさせること。

ウ　自分の力量を知らないで、狭い仲間内でいばること。

エ　乱暴な態度で自分の実力を誇示すること。

問八　傍線部⑥「心を鍛えたり、強くすることは際限がない」と、筆者が考える根拠として適切でないものを次の中から一つ選び、カナ符号で答えなさい。

ア　自分の中で手応えとして感じることができないから。

イ　心は形もなければ、質量もないから。

ウ　強さをはかる目盛りも、強弱を決める尺度の基準もないから。

エ　強いと思った時点で成長は止まるから。

問九　次のア～エの中から本文の内容と合致するものを一つ選び、カナ符号で答えなさい。

ア　都会人も漁師や農家の人のように、地に足をつけて一生懸命仕事をする必要がある。

イ　心が鍛えられて強くなるというマニュアルは、自分の日々の努力によってつくりあげるしかない。

ウ　トラブルが人間を強くするのであるから、面倒な問題をいろいろ経験するのは大切なことだ。

エ　疑問や問題にぶつかったら、自分の頭で考え、解決していく努力を繰り返すことが心を鍛える。

二 次の文章（【原文】と【現代語訳】）を読んで、あとの問いに答えなさい。

【原文】

五月《さつき》五日、賀茂のくらべ馬を見侍りしに、車の前に雑人《ざふにん》立ち隔てて見えざりしかば、ア おのおのおりて、埒《らち》のきはに寄りたれど、ことに人多く立ちこみて、a 分け入りぬべきやうもなし。

かかる折りに、向ひなる楝《あふち》の木に、法師の登りて、木の股《また》にイ ついゐて、物見るあり。とりつきながら、いたう睡《ねぶ》りて、落ちぬべき時に目を醒《さ》ます事、度々なり。これを見る人、あざけりあさみて、「世のしれものかな。かく危《あやふ》き枝の上にて、安き心ありて睡るらんよ」とb 言ふに、我が心にウ ふと思ひしままに、「我等が生死《しやうじ》の到来、エ ただ今にもやあらん。それを忘れて、物見て日を暮らす。愚かなる事は、なほまさりたるものを」と言ひたれば、① 前なる人ども、「まことに、② さにこそ候ひけれ。もつとも愚かに候」と言ひて、みな後《うしろ》を見かへりて、「③ ここへ入らせ給へ」とて、所を去りて、呼び入れ侍りにき。

④ かほどの理、誰かは思ひよらざらんなれども、折からの、思ひかけぬここちして、胸に当たりけるにや。⑤ 人、木石にあらねば、時にとりて、物に感ずる事なきにあらず。

【現代語訳】

五月五日に、賀茂の競馬を見物したところ、われわれの乗る牛車の前に庶民が立ち並んで視野をさえぎるので、われわれ一同は車からおりて、馬場の柵の所に行こうとした。が、そのあたりには特に人が密集していて、分け入れそうになかった。

その時、むこう側の楝の木に登りこんで、木のまたに腰掛けて見物する法師がいた。彼は木につかまったままの姿勢で、すっかり眠りこけて、今にも落ちそうになっては目をさますのであった。これを見る人はあざけりあきれて、「なんという愚か者だろう。あんな危険な枝の上で、よくも安心して眠れるものだ」という。私は、なにげなしに「われわれが死ぬことになるのは、今すぐのことかもしれない。それを忘れて見物して日を過ごしている。その愚かさは、あの法師にまさるとも劣らないのに」といった。すると、前にいた人々は、「ほんとにおっしゃるとおりでした。私たちこそ愚かです」といって、皆でふりかえって、「　　※　　」と場所を明けて、招いてくれた。

私が言ったくらいのことは、だれでも思いつくはずのものだが、場合が場合だけに、はっとして、印象が強かったのだろうか。

〔　　　　※　　　　〕

（『徒然草（一）全訳注』三木紀人　講談社学術文庫より）

※問題の関係で〔　　※　　〕の部分は省略してあります。

問一　二重線部**ア**～**エ**のうち歴史的仮名づかいとなっているものを二つ選び、カナ符号で答えなさい。（順不同）

問二　傍線部**a**「分け入りぬ」、傍線部**b**「言ふ」の主語を、それぞれ次のア～エから選び、カナ符号で答えなさい。

a　ア　馬　　イ　雑人　　ウ　おのおの　　エ　人

b　ア　法師　　イ　物見る　　ウ　しれもの　　エ　見る人

問三　傍線部①の「前なる人ども」は、いくつの述語にかかっているか、その数を次のア～エの中から選び、カナ符号で答えなさい。

ア　二つ　　イ　三つ　　ウ　四つ　　エ　五つ

問四　傍線部②「さにこそ候ひけれ」の「けれ」の活用形を次のア～エの中から選び、カナ符号で答えなさい。

ア　連用形　　イ　終止形　　ウ　連体形　　エ　已然形

問五　傍線部③「ここに入らせ給へ」の現代語訳として最も適当なものを次のア～エから選び、カナ符号で答えなさい。

ア　どうぞここにお入りなさいませ。

イ　ここに入ってください。

ウ　ここに入ることをお勧めします。

エ　ここに入った方がいいですよ。

問六　傍線部④「かほどの理」の内容として最も適当なものをア～エの中から選び、カナ符号で答えなさい。
ア　どんな人でも、生死の到来は予測が付かないことを分かっていながら見物するのには勇気が必要なこと。
イ　くらべ馬をする人も、それを見物する人も、すぐに死ぬかもしれないという覚悟をもっていなければならないこと。
ウ　われわれが死ぬことになるのは今すぐのことかもしれないのに、そのことを忘れて見物して日を過ごしていることの愚かさ。
エ　われわれ生きている者は、死ぬことが分かっているのに、それを忘れて見物を楽しんでいるおかしさ。

問七　傍線部⑤「人、木石にあらねば、時にとりて、物に感ずる事なきにあらず」の現代語訳として、最も適当なものを、次のア～エの中から一つ選び、カナ符号で答えなさい。
ア　人は木や石と違いはなく、いつの場合も、このように感動することはないのだ。
イ　人は木や石ではないのだから、時には、見る物によって、このように感動することも違ってくるのだ。
ウ　人は木や石とは違って、時によらずいつでもこのように感動することができるのだ。
エ　人はだれでも木や石ではないのだから、時にはこのように感動することがないわけではない。

問八　古典作品を書かれた順に並べると、正しいものは次のア～エの中のどれか、一つ選び、カナ符号で答えなさい。
ア　竹取物語　→　枕草子　→　平家物語　→　徒然草　→　奥の細道
イ　竹取物語　→　平家物語　→　枕草子　→　徒然草　→　奥の細道
ウ　竹取物語　→　徒然草　→　枕草子　→　平家物語　→　奥の細道
エ　枕草子　→　竹取物語　→　徒然草　→　奥の細道　→　平家物語

（一般） **聞き取りテスト**

これから英語の聞き取りテストを行います。それでは聞き取りテストの説明をします。

問題は第1問と第2問の2つに分かれています。

※教英出版注
音声は，解答集の書籍ＩＤ番号を教英出版ウェブサイトで入力して聴くことができます。

第1問。

第1問は，1番から3番までの3つあります。それぞれについて，最初に会話文を読み，続いて，会話についての問いと，問いに対する答え，a，b，c，d，を読みます。そのあと，もう一度，その会話文，問い，問いに対する答え，を読みます。必要があればメモをとってもよろしい。

問いの答えとして正しいものはマーク欄の「正」の文字を，誤っているものはマーク欄の「誤」の文字を，それぞれ塗りつぶしなさい。正しいものは，各問いについて1つしかありません。それでは読みます。

1番

Tetsuo: Hello, this is Tetsuo speaking. Can I speak to Toru?
Toru's sister: Sorry, I'm his sister. He is sick in bed.
Tetsuo: Oh, that's too bad. Will you tell him I called?
Toru's sister: Certainly. I will.

Question: Which is true?
a Toru is not home.
b Toru is too busy to answer the phone.
c Toru is at home but cannot talk.
d Toru's sister is ill in bed.

それではもう一度繰り返します。（会話文と問いを繰り返す。）

2番

Ellie: Hi Nick, did you do anything special over the weekend?
Nick: I went to Nara with my family.
Ellie: You visited Todaiji-temple, didn't you?
Nick: Oh, no. We visited our uncle living there.
Ellie: Why?
Nick: He has built a new house and wanted us to see it.

Question: Why did Nick go to Nara?
a Because he wanted to visit Todaiji-temple.
b Because he wanted to travel with his family.
c To visit his friend living there.
d To visit his uncle and see his house.

それではもう一度繰り返します。（会話文と問いを繰り返す。）

3番

Shop assistant: May I help you?

Ken: Do you have cards here?

Shop assistant: Yes, but what kind of cards would you like?

Ken: Birthday cards. I'd like to send one to one of my friends in Canada.

Shop assistant: Come this way, please. Let me show you where they are.

Question: What did the man want to do?

a He wanted to show cards to his friend.

b He wanted to buy a birthday card.

c He wrote a letter to his parents.

d He bought a birthday cake.

それではもう一度繰り返します。(会話文と問いを繰り返す。)

第2問。

第2問は,最初に英語の文章を読みます。続いて,文章についての問いと,問いに対する答え, a, b, c, d, を読みます。問いは問1と間2の2つあります。そのあと,もう一度,文章,問い,問いに対する答えを読みます。必要があればメモをとってもよろしい。

問いの答えとして正しいものはマーク欄の「正」の文字を,誤っているものはマーク欄の「誤」の文字を,それぞれ塗りつぶしなさい。正しいものは,各問いについて1つしかありません。それでは,読みます。

In English class, I asked my students about their favorite fruits. Each student chose one. There were thirty-five students in the class. Strawberries were the fruit they liked the best. Twenty students wanted to eat strawberries. Ten students wanted to eat melons. Three of them wanted to eat apples. Two of them wanted to eat oranges.

問1 What fruit did the students like the best?

a Strawberries.

b Oranges.

c Apples.

d Melons.

問2 Which was true?

a Some students said they did not like fruit.

b Some students said they liked apples better than oranges.

c No students liked fruit.

d All the students liked fruit.

それではもう一度読みます。(英文と問いを繰り返す。)

これで,聞き取りテストを終わります。解答の済んだ人は,2の問題以降に進みなさい。

B

国語　解答用紙

※20点満点
（配点非公表）

記入例

良い例

【解答上の注意】

1　HB以上の濃さの黒鉛筆（シャープペンシルも可）を使用すること。
2　マーク欄は，右の記入例を参考にして塗りつぶすこと。
3　訂正する場合は，消しゴムできれいに消し，消しくずを残さないこと。
4　解答用紙は，汚したり，折り曲げたりしないこと。

大問一	1	a	㋐	㋑	㋒	㋓
		b	㋐	㋑	㋒	㋓
	2		㋐	㋑	㋒	㋓
	3		㋐	㋑	㋒	㋓
	4		㋐	㋑	㋒	㋓
	5		㋐	㋑	㋒	㋓
	6		㋐	㋑	㋒	㋓
	7		㋐	㋑	㋒	㋓
	8		㋐	㋑	㋒	㋓
	9		㋐	㋑	㋒	㋓

大問二	1	①	㋐	㋑
		②	㋐	㋑
	2	a	㋐	㋑
		b	㋐	㋑
	3		㋐	㋑
	4		㋐	㋑
	5		㋐	㋑
	6		㋐	㋑
	7		㋐	㋑
	8		㋐	㋑

※1.は解答順不同

B

数学　解答用紙

※20点満点
（配点非公表）

記入例

良い例	

【解答上の注意】

1　HB以上の濃さの黒鉛筆（シャープペンシルも可）を使用すること。

2　マーク欄は，右の記入例を参考にして塗りつぶすこと。

3　訂正する場合は，消しゴムできれいに消し，消しくずを残さないこと。

4　解答用紙は，汚したり，折り曲げたりしないこと。

1		(1)	①		㋐	㋑	㋒	㋓
		(2)	②		㋐	㋑	㋒	㋓
		(3)	③	④	㋐	㋑	㋒	㋓
		(4)	⑤	⑥	㋐	㋑	㋒	㋓
		(5)	⑦	⑧	㋐	㋑	㋒	㋓
		(6)	⑨	⑩	㋐	㋑	㋒	㋓
2	[1]	(1)	①		㋐	㋑	㋒	㋓
		(2)	②		㋐	㋑	㋒	㋓
	[2]	(1)	③		㋐	㋑	㋒	㋓
		(2)	④		㋐	㋑	㋒	㋓

3	[1]	(1)	ア	⓪
		(2)	イ	⓪
			ウ	⓪
			エ	⓪
	[2]	(1)	オ	⓪
		(2)	カ	⓪
			キ	⓪
			ク	⓪

社会　解答用紙

※20点満点
（配点非公表）

記入例

良い例	

【解答上の注意】

1　HB以上の濃さの黒鉛筆（シャープペンシルも可）を使用すること。

2　マーク欄は，右の記入例を参考にして塗りつぶすこと。

3　訂正する場合は，消しゴムできれいに消し，消しくずを残さないこと。

4　解答用紙は，汚したり，折り曲げたりしないこと。

1	(1)	①	②	③	④
	(2)	①	②	③	④
	(3)	①	②	③	④
2	(1)	①	②	③	④
	(2)	①	②	③	④
	(3)	①	②	③	④
	(4)	①	②	③	④

3	(1)	①	②
	(2)	①	②
	(3)	①	②
	(4)	①	②
4	(1)	①	②
	(2)	①	②
	(3)	①	②
	(4)	①	②

理科　解答用紙

※20点満点
（配点非公表）

記入例

良い例	

【解答上の注意】

1　HB以上の濃さの黒鉛筆（シャープペンシルも可）を使用すること。

2　マーク欄は，右の記入例を参考にして塗りつぶすこと。

3　訂正する場合は，消しゴムできれいに消し，消しくずを残さないこと。

4　解答用紙は，汚したり，折り曲げたりしないこと。

1	(1)	ア	イ	ウ	エ	
	(2)	ア	イ	ウ	エ	オ
	(3)	ア	イ	ウ	エ	オ
	(4)	ア	イ	ウ	エ	オ
	(5)	ア	イ	ウ	エ	オ
2	(1)	ア	イ	ウ	エ	
	(2)	ア	イ	ウ	エ	
	(3)	ア	イ	ウ	エ	
	(4)	ア	イ	ウ	エ	
	(5)	ア	イ	ウ	エ	

3	(1)	ア	イ
	(2)	ア	イ
	(3)	ア	イ
	(4)	ア	イ
	(5)	ア	イ
4	(1)	ア	イ
	(2)	ア	イ
	(3)	ア	イ
	(4)	ア	イ
	(5)	ア	イ

B

英語　解答用紙

※20点満点
（配点非公表）

記入例

良い例	

【解答上の注意】

1　HB以上の濃さの黒鉛筆（シャープペンシルも可）を使用すること。
2　マーク欄は，右の記入例を参考にして塗りつぶすこと。
3　訂正する場合は，消しゴムできれいに消し，消しくずを残さないこと。
4　解答用紙は，汚したり，折り曲げたりしないこと。

1	第一問	1番	a		b		c		d	
			正	誤	正	誤	正	誤	正	誤
		2番	a		b		c		d	
			正	誤	正	誤	正	誤	正	誤
		3番	a		b		c		d	
			正	誤	正	誤	正	誤	正	誤
	第二問	問1	a		b		c		d	
			正	誤	正	誤	正	誤	正	誤
		問2	a		b		c		d	
			正	誤	正	誤	正	誤	正	誤

2	(1)	①	ア	イ
		②	ア	イ
		③	ア	イ
	(2)	①	ア	イ
		②	ア	イ
3	(1)	①	ア	イ
		②	ア	イ
		③	ア	イ
	(2)		ア	イ
	(3)		ア	イ

星城高等学校

氏 名	

受 験 番 号				
0	0	0	0	0
1	1	1	1	1
2	2	2	2	2
3	3	3	3	3
4	4	4	4	4
5	5	5	5	5
6	6	6	6	6
7	7	7	7	7
8	8	8	8	8
9	9	9	9	9

4	(1)	①	ア	イ	ウ	エ
		②	ア	イ	ウ	エ
		③	ア	イ	ウ	エ
		④	ア	イ	ウ	エ
	(2)		ア	イ	ウ	エ

星城高等学校

氏　名	

受験番号				
0	0	0	0	0
1	1	1	1	1
2	2	2	2	2
3	3	3	3	3
4	4	4	4	4
5	5	5	5	5
6	6	6	6	6
7	7	7	7	7
8	8	8	8	8
9	9	9	9	9

星城高等学校

氏　名	

受　験　番　号				
⓪	⓪	⓪	⓪	⓪
①	①	①	①	①
②	②	②	②	②
③	③	③	③	③
④	④	④	④	④
⑤	⑤	⑤	⑤	⑤
⑥	⑥	⑥	⑥	⑥
⑦	⑦	⑦	⑦	⑦
⑧	⑧	⑧	⑧	⑧
⑨	⑨	⑨	⑨	⑨

5	(1)	①	②	③	④
	(2)	①	②	③	④
6	(1)	①	②	③	④
	(2)	①	②	③	④
	(3)	①	②	③	④

星城高等学校

氏　名	

受験番号				
0	0	0	0	0
1	1	1	1	1
2	2	2	2	2
3	3	3	3	3
4	4	4	4	4
5	5	5	5	5
6	6	6	6	6
7	7	7	7	7
8	8	8	8	8
9	9	9	9	9

5	6	7	8	9
5	6	7	8	9
5	6	7	8	9
5	6	7	8	9
5	6	7	8	9
5	6	7	8	9
5	6	7	8	9
5	6	7	8	9

4	[1]		ア	0	1	2	3	4	5	6	7	8	9
			イ	0	1	2	3	4	5	6	7	8	9
	[2]		ウ	0	1	2	3	4	5	6	7	8	9
			エ	0	1	2	3	4	5	6	7	8	9
	[3]	(1)	オ	0	1	2	3	4	5	6	7	8	9
			カ	0	1	2	3	4	5	6	7	8	9
		(2)	キ	0	1	2	3	4	5	6	7	8	9
			ク	0	1	2	3	4	5	6	7	8	9
	[4]	(1)	ケ	0	1	2	3	4	5	6	7	8	9
		(2)	コ	0	1	2	3	4	5	6	7	8	9
			サ	0	1	2	3	4	5	6	7	8	9

星城高等学校

氏　名	

例

受験番号				
0	0	0	0	0
1	1	1	1	1
2	2	2	2	2
3	3	3	3	3
4	4	4	4	4
5	5	5	5	5
6	6	6	6	6
7	7	7	7	7
8	8	8	8	8
9	9	9	9	9

令和５年度　一般入学試験

第２時限　数学　10時55分から11時35分まで

「解答を始めてください」という指示があるまで、次の注意をよく読んでください。

注　意

1．解答用紙（マークシート）は、問題冊子にはさんであります。

2．「解答を始めてください」という指示で、すぐ解答用紙（マークシート）の右上にある、氏名・受験番号を記入し、受験番号と一致したマーク欄を塗りつぶしてください。

3．問題は１～５ページまであります。５ページの次からは白紙になっています。問題の各ページを確かめ、不備のある場合は手をあげてお知らせください。

4．余白や白紙のページは、計算などに使っても構いません。

5．解答上の注意は以下の通りです。

（ア）答えは全て解答用紙のマーク欄を塗りつぶしてください。

（イ）HB 以上の濃さの黒鉛筆（シャープペンシルも可）を使用してください。

（ウ）マーク欄は、解答用紙の記入例を参考にして塗りつぶしてください。

（エ）訂正する場合は、消しゴムできれいに消し、消しくずを残さないようにしてください。

（オ）解答用紙は、汚したり、折り曲げたりしないでください。

（カ）分数は、それ以上約分できない形で解答してください。

（キ）数値を答える形式の解答例

問題の文中の $\boxed{\text{アイ}}$ などには、数字が入ります。ア、イ、…の一つ一つには、０から９までの数字のいずれか一つがあてはまるので、解答用紙のア、イ、…で示された数字のマーク欄を塗りつぶしてください。

（例）$\boxed{\text{アイ}}$ に「21」と答えたいとき

ア	⓪	①	●	③	④	⑤	⑥	⑦	⑧	⑨
イ	⓪	●	②	③	④	⑤	⑥	⑦	⑧	⑨

（例）$\dfrac{\boxed{\text{アイ}}}{\boxed{\text{ウエ}}}$ に「$\dfrac{13}{25}$」と答えたいとき

ア	⓪	●	②	③	④	⑤	⑥	⑦	⑧	⑨
イ	⓪	①	②	●	④	⑤	⑥	⑦	⑧	⑨
ウ	⓪	①	●	③	④	⑤	⑥	⑦	⑧	⑨
エ	⓪	①	②	③	④	●	⑥	⑦	⑧	⑨

6．「解答をやめてください」という指示で、書くことをやめてください。

1 次の問いについて，カナ符号で答えなさい。

(1) $3+(-4)^2$ を計算すると ① となる。

ア -13　　イ 1　　ウ 13　　エ 19

(2) $\frac{2}{5}-\frac{1}{4}\times\frac{2}{3}$ を計算すると ② となる。

ア $\frac{48}{5}$　　イ $\frac{1}{10}$　　ウ $\frac{7}{30}$　　エ $\frac{11}{60}$

(3) $\frac{\sqrt{15}-\sqrt{6}}{\sqrt{3}}$ を計算すると $\sqrt{③}-\sqrt{④}$ となる。

ア ③ 3 ④ 15　　イ ③ 5 ④ 2

ウ ③ 5 ④ 3　　エ ③ 3 ④ 5

(4) $(x+3)(x-2)+4$ を因数分解すると $(x+⑤)(x-⑥)$ となる。

ア ⑤ 1 ⑥ 2　　イ ⑤ 3 ⑥ 1

ウ ⑤ 2 ⑥ 2　　エ ⑤ 2 ⑥ 1

(5) 濃度が3％と8％の食塩水がある。この2種類を混ぜ合わせて濃度6％の食塩水を250 g作るには，濃度3％の食塩水 ⑦ gと濃度8％の食塩水 ⑧ gを混ぜるとよい。

ア ⑦ 100 ⑧ 150　　イ ⑦ 120 ⑧ 130

ウ ⑦ 150 ⑧ 100　　エ ⑦ 180 ⑧ 70

(6) 関数 $y=-x^2$ の x の変域が $2\leqq x\leqq 3$ のとき，y の変域は

⑨ $\leqq y\leqq$ ⑩ である。

ア ⑨ 4 ⑩ 9　　イ ⑨ -9 ⑩ -4

ウ ⑨ 9 ⑩ 4　　エ ⑨ -4 ⑩ -9

2 次の問いについて，カナ符号で答えなさい。

〔1〕 1個のさいころを2回続けて投げ，出た目の和を計算するとき，

(1) 目の和が5以上となる確率は [①] である。

ア $\frac{1}{6}$　　イ $\frac{1}{3}$　　ウ $\frac{1}{2}$　　エ $\frac{5}{6}$

(2) 2回目に投げたときに初めて目の和が5以上となる確率は [②] である。

ア $\frac{1}{6}$　　イ $\frac{1}{3}$　　ウ $\frac{1}{2}$　　エ $\frac{5}{6}$

〔2〕 池を1周する道路があり，この道路を兄が自転車で毎分200 mの速さで進み，弟が徒歩で毎分50 mの速さで進むとする。二人が同じ地点から逆方向に出発したところ，出発してから30分後に初めて出会ったという。

(1) この池の周囲の道路の道のりは [③] mである。

ア 2500　　イ 4500　　ウ 7500　　エ 8000

(2) 同じ地点から同じ方向に二人が同時に出発すると，次に初めて出会うのは [④] 分後である。

ア 30　　イ 50　　ウ 70　　エ 90

3 次の問いについて，カナ符号に当てはまる数字を答えなさい。

〔1〕 右表は生徒40名が図書館で1週間に借りた本の冊数を調べた結果である。

(1) 中央値は ア 冊である。

本の数(冊)	度数(人)
0	1
1	2
2	12
3	20
4	5
計	40

(2) 平均値は イ.ウエ 冊である。

〔2〕 図のように，放物線 $y=ax^2$ 上に2点A，Bがあり，それぞれの x 座標が -1 と 2 である。直線ABの傾きが2であるとき，

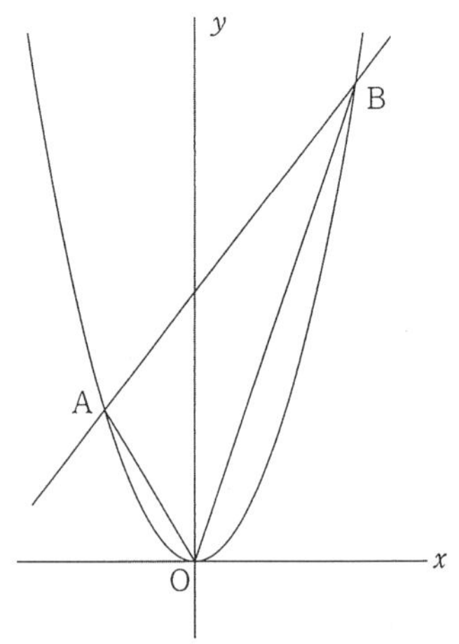

(1) 定数 a の値は オ である。

(2) 放物線上で点Aとは異なる点Qがあり，三角形QOBの面積が三角形AOBの面積と等しいとき，点Qの座標は(カ ， キク)である。

4 次の問いについて，カナ符号に当てはまる数字を答えなさい。

〔1〕 図のように角度が与えられているとき，$\angle x$ の大きさは アイ° である。

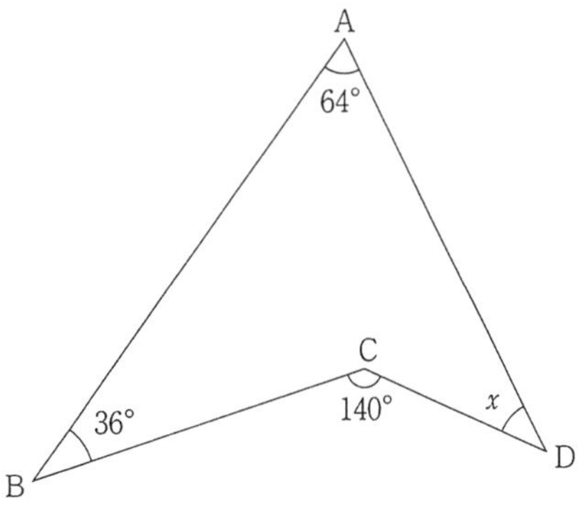

〔2〕 図のように，円 O に内接する三角形 ABC があり，直線 BO と辺 AC の交点を D とする。
$\angle BAD=42°$，$\angle BDC=68°$ のとき，
$\angle x$ の大きさは ウエ° である。

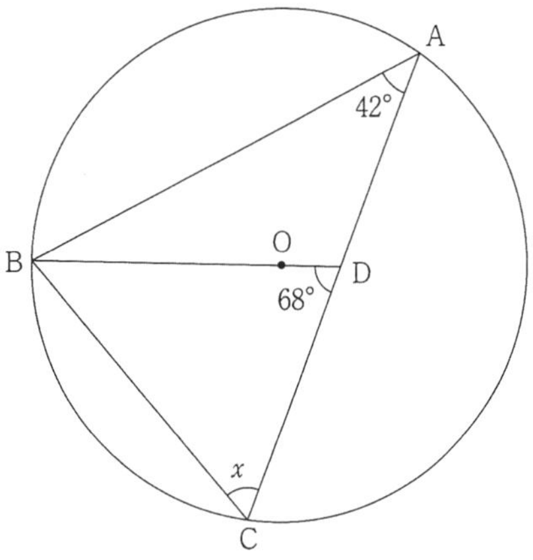

〔3〕 図のように，線分 AB を直径とする半円に内接する三角形 ABC があり，線分 AB 上の点 O を中心とし，点 A を通り，辺 BC と点 D で接する半円 O がある。
AB＝2 cm，AC＝1 cm のとき，

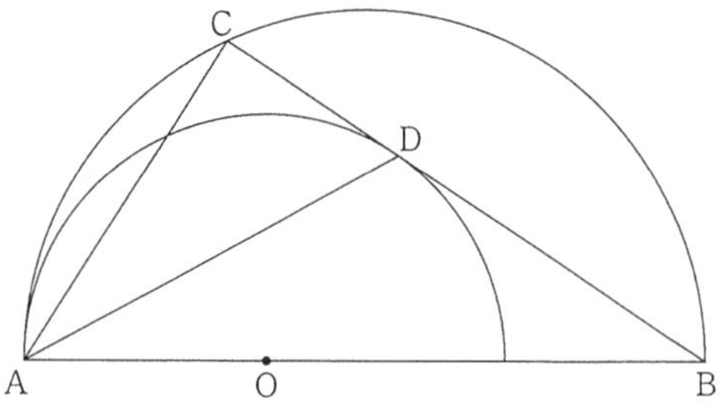

(1) ∠BAD の大きさは $\boxed{\text{オカ}}$° である。

(2) 円 O の半径は $\dfrac{\boxed{\text{キ}}}{\boxed{\text{ク}}}$ cm である。

〔4〕 図のように直方体 ABCD－EFGH があり，AB＝AD＝$2\sqrt{2}$ cm，AE＝$3\sqrt{2}$ cm である。辺 FG，GH の中点をそれぞれ M，N とし，3 点 A，M，N を通る平面で立体を切断したときに辺 BF，DH と切断面との交点をそれぞれ P，Q とするとき，

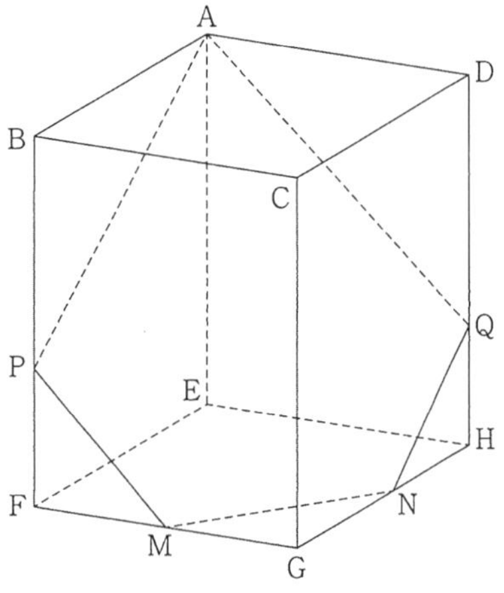

(1) 線分 PM の長さは $\boxed{\text{ケ}}$ cm である。

(2) 3 点 A，M，N を通る断面の面積は $\boxed{\text{コ}}\sqrt{\boxed{\text{サ}}}$ cm^2である。

令和５年度　一般入学試験

第３時限　社会　11時55分から12時35分まで

「解答を始めてください」という指示があるまで、次の注意をよく読んでください。

注　意

1．解答用紙（マークシート）は、問題冊子にはさんであります。

2．「解答を始めてください」という指示で、すぐ解答用紙（マークシート）の右上にある、
氏名・受験番号を記入し、受験番号と一致したマーク欄を塗りつぶしてください。

3．問題は１～11ページまであります。11ページの次からは白紙になっています。
問題の各ページを確かめ、不備のある場合は手をあげてお知らせください。

4．解答上の注意は以下の通りです。

（ア）答えは全て解答用紙のマーク欄を塗りつぶしてください。

（イ）HB以上の濃さの黒鉛筆（シャープペンシルも可）を使用してください。

（ウ）マーク欄は、解答用紙の記入例を参考にして塗りつぶしてください。

（エ）訂正する場合は、消しゴムできれいに消し、消しくずを残さないようにしてください。

（オ）解答用紙は、汚したり、折り曲げたりしないでください。

5．「解答をやめてください」という指示で、書くことをやめてください。

1　次の地図に関係する、(1)～(3)の設問について、数字で答えなさい。

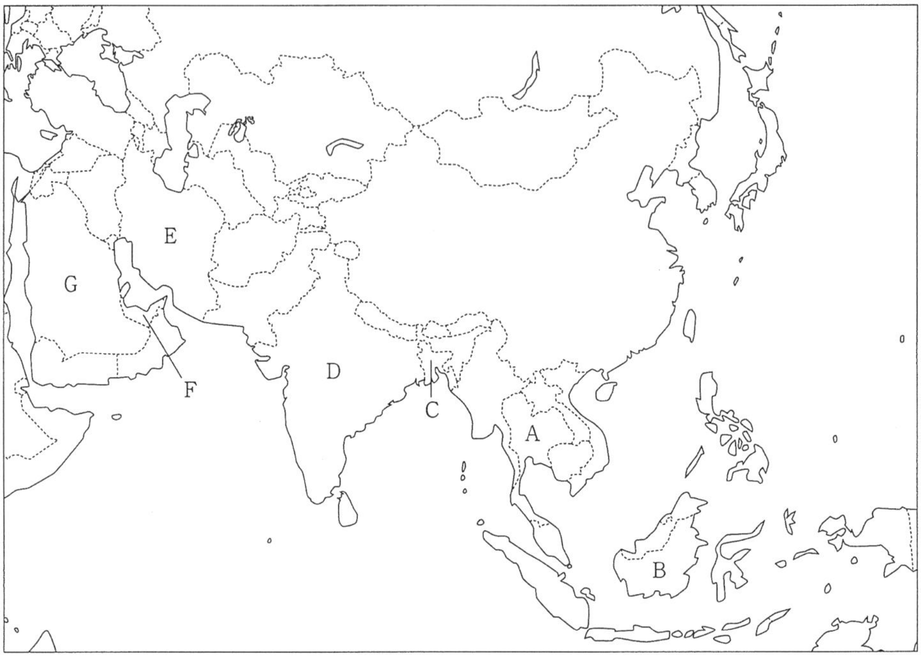

(1)　地図中のＡの国の首都を流れる河川の名を、次の①～④のうちから一つ選びなさい。

①　エーヤワディー川　　　②　チャオプラヤ川

③　メコン川　　　　　　　④　プラマプトラ川

(2) 次のア・イ・ウの文が説明する地図中の国の記号の組み合わせとして正しいものを、下の①～④のうちから一つ選びなさい。

ア　国土の約３分の１が砂漠で、らくだなどの家畜をつれて乾燥に強い牧草を求めて移動する遊牧が伝統的に営まれてきた。しかし、かつての遊牧民もしだいに定住するようになり、隊商のすがたは現在では舗装された道路を走行するトラックに変わってきた。イスラム教発祥の地である二つの聖地をもち、この国の人々はイスラム教の規範を厳しく守っている。

イ　1971年にパキスタンから独立した。国土の大部分はベンガル湾沿いに形成されたデルタ地帯である。土壌は肥沃で水田耕作に適しているが、洪水と干ばつの双方に対して脆弱《ぜいじゃく》である。最貧国であるため世界各国から経済援助を受けている。日本は最大の援助国の一つである。主要農産物は米であり、井戸や改良種の普及により、生産量が増大した。

ウ　２億人を超える人口の８割以上がイスラム教徒である。オランダ植民地時代に天然ゴムなどを栽培するために造られたプランテーションは、第二次世界大戦後、現地の人びとによって経営されるようになった。ASEANの主要な加盟国であり、アメリカや日本などからの企業を受け入れて工業化を進めている。急速な人口増加による都市問題もおこっている。

①　ア＝G　イ＝C　ウ＝A　　②　ア＝F　イ＝D　ウ＝B

③　ア＝E　イ＝D　ウ＝A　　④　ア＝G　イ＝C　ウ＝B

(3) 次の文が説明する都市を、下の①～④のうちから一つ選びなさい。

地図中Ｄにあるデカン高原の南に位置し、この国における情報通信技術産業の中心都市。もともと国営の航空産業や宇宙産業が立地していたが、理系の研究機関や学校も多く、しだいに情報通信技術産業が発達した。コンピュータのソフトウェアを開発する大きな企業もある。

①　ベンガルール　　②　チェンナイ　　③　ムンバイ　　④　コルカタ

2　次の地図に関係する、(1)～(4)の設問について、数字で答えなさい。

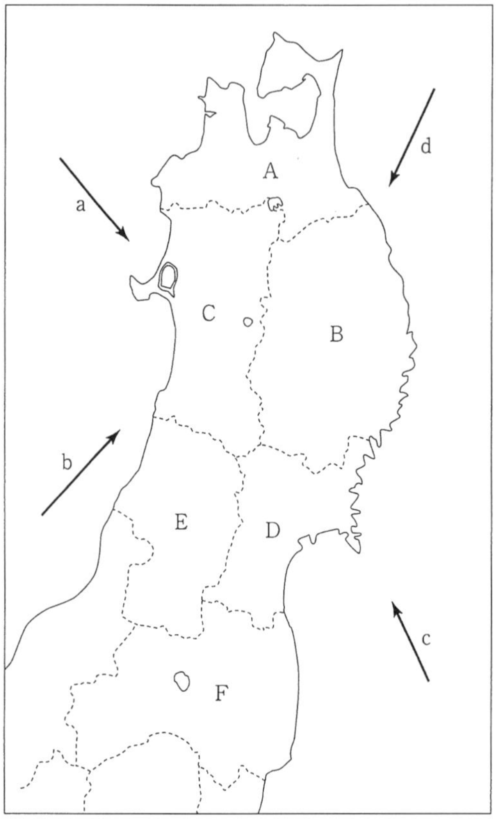

(1) 次のア・イ・ウの表はある果物が多くとれる県を表しています。ア、イ、ウの果物の組み合わせとして正しいものを、下の①～④のうちから一つ選びなさい。

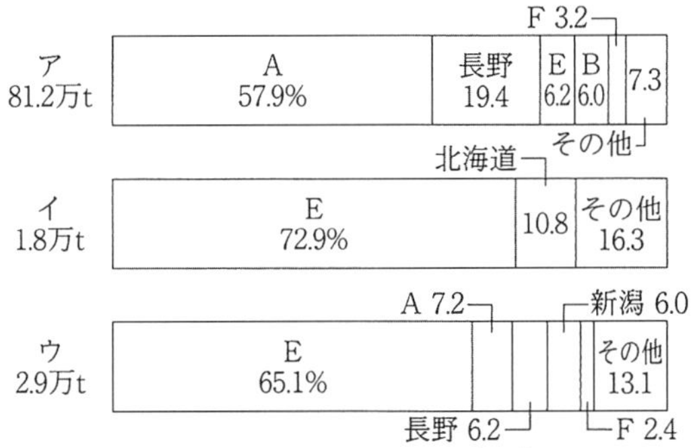

[2015年]（「果樹生産出《しゅっ》荷《か》統計」より）

① ア　みかん　　イ　いちご　　ウ　さくらんぼ
② ア　りんご　　イ　さくらんぼ　　ウ　洋なし
③ ア　りんご　　イ　いちご　　ウ　さくらんぼ
④ ア　りんご　　イ　メロン　　ウ　洋なし

(2) 次の文章の(　ア　)(　イ　)に入る語句の組合せのうち、もっとも適当なものを、下の①～④のうちから一つ選びなさい。

東北地方は地図中に示す(　ア　)の方角から吹き渡ってくる風の影響で稲が冷害を受けやすい。この風を(　イ　)という。

① ア　a　イ　やませ　　② ア　b　イ　からっ風
③ ア　c　イ　からっ風　　④ ア　d　イ　やませ

(3) 地図中の記号が示す県を説明する文ア～カのなかの正しいもの二つの組合せを、下の①～④のうちから一つ選びなさい。

ア　Aには、秋田のスギ、木曽のヒノキとならんで日本三大美林の一つに数えられるマツがあり、古くから社寺仏閣、城の築材として利用されてきた。

イ　Bの平泉には、平安時代の奥州藤原氏ゆかりの寺として平等院があり、美術・工芸・建築の粋を集めた鳳凰堂をはじめ多くの文化財を有する。

ウ　Cは米の名産地で、生産量は新潟、北海道についで全国3位(2013年)である。近年は風力発電を中心とした新エネルギー産業に力を入れている。

エ　Dは世界三大漁場の一つである三陸沖漁場の近くにあるため、釜石、気仙沼、石巻などの漁港があり、カツオ、マグロ、サンマのほか特産の水産物をもつ。

オ　Eの県庁所在地である山形市のベッドタウンとして発展する天童市では、伝統工芸品である将棋の駒を生産している。

カ　Fをはじめ東北地方では、伝統的に夏祭りが盛んで、特にFでは竿燈《かんとう》まつりが8月に行なわれる。

①　アとイ　　②　ウとエ　　③　ウとオ　　④　オとカ

(4) 次の文中の(　ア　)(　イ　)(　ウ　)に入る語句の組合せのうち、もっとも適当なものを、下の①～④のうちから一つ選びなさい。

(　ア　)年3月に発生した東日本大震災では、東北地方の太平洋岸を中心に広い範囲を(　イ　)がおそった。市街地や港湾、農地などが破壊され、きわめて大きな被害が発生した。(　ウ　)に立地する原子力発電所は東日本大震災の前まで、関東地方に電力を供給していたが、震災後の事故で放射性物質が飛散し、多くの人々に深刻な影響を与えた。

①　ア　2010　イ　洪水　ウ　A　　②　ア　2011　イ　大津波　ウ　D

③　ア　2010　イ　洪水　ウ　B　　④　ア　2011　イ　大津波　ウ　F

3 次のA・Bの写真に関係する、(1)～(4)の設問について、数字で答えなさい。

A　金剛力士像(東大寺南大門)

B　バスチーユ牢獄《ろうごく》の襲撃《しゅうげき》

(1)　Aの写真は東大寺南大門にある金剛力士像です。これが製作された時代の文化について述べた文としてふさわしいものを、次の①～④のうちから一つ選びなさい。

①　小唄や踊りがさかんになり、出雲の阿国が京都で始めたかぶき踊りのほか、三味線に合わせて語られる浄瑠璃も人気をよんだ。

②　日本語を音声どおりに表すかな文字を用いた文学がさかんになり、紀貫之らによって『古今和歌集』がまとめられた。

③　武士の活躍を描いた軍記物が生まれ、なかでも『平家物語』は琵琶法師によって語られ、文字の読めない人々にも親しまれた。

④　正倉院におさめられた美術工芸品には、唐や新羅だけでなく、シルクロードを通って伝わった西アジアなどの文化の影響も見られる。

(2)　Aの金剛力士像が作られた時代に、世界でおこったできごととして適当なものを、次の①～④のうちから一つ選びなさい。

①　チンギス＝ハンがモンゴルを統一する。

②　ルターが宗教改革をはじめる。

③　フランク王国が3つに分かれる。

④　十字軍が開始される。

(3)　Bの写真の絵はバスチーユ牢獄《ろうごく》の襲撃《しゅうげき》の様子をあらわしています。この時代のフランスに関係するできごとア、イ、ウを年代順に並び替えたものを、下の①～⑥のうちから一つ選びなさい。

ア　自由、平等、人民主権、私有財産の不可侵などをうたう人権宣言が発表された。

イ　財政を立て直すため、聖職者・貴族・平民という身分の代表による議会が開かれた。

ウ　諸外国との戦いを指揮した軍人のナポレオンが権力をにぎって、皇帝の位についた。

①　ア→イ→ウ　　②　ア→ウ→イ　　③　イ→ア→ウ

④　イ→ウ→ア　　⑤　ウ→ア→イ　　⑥　ウ→イ→ア

(4)　Bが起こった時代の日本の様子を説明する文としてもっとも適当なものを、次の①～④のうちから一つ選びなさい。

①　大阪町奉行所の役人で陽明学者の大塩平八郎は、大商人をおそい、ききんで苦しむ人々に金や米を分けようとした。

②　松平定信は政治をひきしめ、百姓の都市への出稼ぎを制限し、旗本や御家人の生活難を救うために借金を帳消しにした。

③　将軍のあとつぎ問題をめぐって有力な守護大名の細川氏と山名氏が対立し、東軍、西軍に分かれて11年間にもおよぶ乱がおこった。

④　長篠の戦いに勝った織田信長は安土城を築き、城下に楽市・楽座の政策によって商人を招き、商工業の発展をはかった。

4 次の文を読んで、(1)～(4)の設問について、数字で答えなさい。

1904年2月に始まった日露戦争では、翌年3月の奉天会戦や5月の日本海海戦で日本が勝利をおさめた。これを機に、(　A　)の仲介により9月にa ポーツマス条約が結ばれた。日本国内では、戦争の犠牲の大きさに比べて、賠償金が得られないなど日本の得た権益が少なかったとして国民が政府への不満を高めた。

この戦争の勝利によって、日本は国際的な地位を高めていったが、国民のなかにも大国意識が生まれ、アジア諸国に対する優越感が強まっていった。b 1910年、日本は(　B　)を併合し、朝鮮総督府をおいて武力を背景とした植民地支配をおしすすめた。

一方、欧米列強の圧迫に苦しんでいたc アジア諸国のなかには、日本にならった近代化や民族独立の動きを高めた国もあった。

(1) (　A　)(　B　)に入る国名の組み合わせのうち、もっとも適当なものを、次の①～④のうちから一つ選びなさい。

① A　ドイツ　B　台湾　　② A　イギリス　B　韓国

③ A　フランス　B　台湾　　④ A　アメリカ　B　韓国

(2) 文中の下線部aの条約の内容としてふさわしくないものを、次の①～④のうちから一つ選びなさい。

① 韓国における日本の優越権を認める。

② 北緯50度以南(南半分)の樺太(サハリン)を日本に割譲する。

③ リャオトン半島、台湾、澎湖(ポンフー)諸島を日本に割譲する。

④ 旅順や大連の租借権を日本に譲る。

(3) 文中の下線部bの年に日本でおこったできごとを、次の①～④のうちから一つ選びなさい。

① 治安維持法が制定される。

② 米騒動がおこる。

③ 大逆事件がおこる。

④ 普通選挙法が成立する。

(4) 文中の下線部cに関連して、1911年、辛亥革命によって建国された国名と臨時大総統の組み合わせのうち、もっとも適当なものを、次の①~④のうちから一つ選びなさい。

① 大韓民国　袁世凱《えんせいがい》　　② 中華民国　孫文
③ 大韓民国　孫文　　④ 中華民国　袁世凱《えんせいがい》

5 **次の文を読んで、(1)～(2)の設問について、数字で答えなさい。**

衆議院議員選挙も参議院議員選挙も、18歳から票を投じることができる。衆議院議員選挙の投票用紙は２枚ある。１枚は候補者の名前を書く紙で、もう１枚は政党を書く紙である。人を選ぶのは、全国を289の選挙区に分けて、それぞれの選挙区で一番多く票を集めた一人が当選できる。これを(　A　)という。政党を選ぶのは(　B　)といい、全国を11に分けた地域ごとに票を集めて、その割合に応じて、それぞれの政党に議員の数が割り当てられる。衆議院は当選すると最長で(　C　)議員を続けられるが、途中で、内閣総理大臣が衆議院を解散すると、議員の資格を失う。

参議院は当選すると(　D　)議員を続けられ、途中で解散はない。投票用紙が２枚あることは衆議院議員選挙と同じだが、人を選ぶ選挙区の広さは一部を除いて、都道府県ごとになっている。当選は一人とは限らず、人口の多い選挙区からは複数の議員が生まれる。(　B　)は全国で選び、投票用紙には政党名を書いても人の名前を書いてもよい。

(1) 文中の(　A　)(　B　)(　C　)(　D　)に入る語句の組み合わせとして適当なものを、次の①～④のうちから一つ選びなさい。

①	A　小選挙区制	B　比例代表制	C　６年間	D　４年間
②	A　大選挙区制	B　小選挙区制	C　４年間	D　６年間
③	A　小選挙区制	B　比例代表制	C　４年間	D　６年間
④	A　大選挙区制	B　小選挙区制	C　６年間	D　４年間

(2) 国会議員は、国会の会期中は原則として逮捕されず、会期前に逮捕された議員も衆議院や参議院の要求があれば釈放されます。これはどのような法にもとづくか、次の①～④のうちから一つ選びなさい。

①　日本国憲法　　②　公職選挙法　　③　労働基準法　　④　個人情報保護法

6 次の(1)～(3)の設問について、数字で答えなさい。

(1) 次の文のうち日本の金融政策の役割を説明するものを一つ選びなさい。

① 公開市場操作によって通貨量の調節し、物価を安定させる。

② 増税や減税によって、景気の大きな変動を調節する。

③ 累進課税の制度によって、所得の極端な格差を調整する。

④ 道路などの社会資本や警察・消防などの公共サービスを提供する。

(2) 次の文のうち日本の財政政策の説明としてふさわしくないものを一つ選びなさい。

① 政府の経済活動を財政とよぶが、財政支出は多くの個人や企業の税負担によって行われている。

② 所得税には累進課税の制度が適用されているが、これによって低所得者の税負担を軽くする一方、その分を高所得者が負担する。

③ 消費税などの間接税は支払いと同時に税を負担することになるため、消費者の脱税などの問題はおこりにくい。

④ 直接税は間接税と比べて効率的に税金を集めることができるが、負担の公平性という点で、逆進性の問題がある。

(3) 次にあげる税のうち日本の地方税で、かつ直接税であるものを一つ選びなさい。

① 関税　② 固定資産税　③ 法人税　④ 相続税

令和５年度　一般入学試験

第４時限　理科

13時15分から13時55分まで

「解答を始めてください」という指示があるまで、次の注意をよく読んでください。

注　意

1．解答用紙（マークシート）は、問題冊子にはさんであります。
2．「解答を始めてください」という指示で、すぐ解答用紙（マークシート）の右上にある、
　　氏名・受験番号を記入し、受験番号と一致したマーク欄を塗りつぶしてください。
3．問題は１ ～ ６ページまであります。６ページの次からは白紙になっています。
　　問題の各ページを確かめ、不備のある場合は手をあげてお知らせください。
4．余白や白紙のページは、計算などに使っても構いません。
5．解答上の注意は以下の通りです。
　　（ア）答えは全て解答用紙のマーク欄を塗りつぶしてください。
　　（イ）HB 以上の濃さの黒鉛筆（シャープペンシルも可）を使用してください。
　　（ウ）マーク欄は、解答用紙の記入例を参考にして塗りつぶしてください。
　　（エ）訂正する場合は、消しゴムできれいに消し、消しくずを残さないようにしてください。
　　（オ）解答用紙は、汚したり、折り曲げたりしないでください。
6．「解答をやめてください」という指示で、書くことをやめてください。

1 下の表は，背骨がある動物Ａ～Ｅについて，①～⑤の特徴についてまとめたものであり，「○」は①～⑤の特徴をもつことを示し，「×」は①～⑤の特徴をもたないことを示している。なお，動物Ａ～Ｅは次の５種類の動物のいずれかである。あとの問いに答えなさい。

サケ	カエル	トカゲ	ハト	イヌ

特徴＼動物	A	B	C	D	E
①子はえらで呼吸する	×	○※	○	×	×
②親は肺で呼吸する	○	○※	×	○	○
③子は水中で生まれる	×	○	○	×	×
④変温である	○	○	○	×	×
⑤胎生である	×	×	×	○	×

※皮ふでも呼吸する。

(1) 背骨がある動物を何というか。次のアからエまでの中から１つ選んで，そのカナ符号を答えなさい。

ア　節足動物　　イ　軟体動物　　ウ　セキツイ動物　　エ　無セキツイ動物

(2) 両生類はどれか。次のアからオまでの中から１つ選んで，そのカナ符号を答えなさい。

ア　サケ　　イ　カエル　　ウ　トカゲ　　エ　ハト　　オ　イヌ

(3) Ｅの動物は何か。次のアからオまでの中から１つ選んで，そのカナ符号を答えなさい。

ア　サケ　　イ　カエル　　ウ　トカゲ　　エ　ハト　　オ　イヌ

(4) からのある卵を産む動物はどれか。次のアからオまでの中からすべて選んで，そのカナ符号を答えなさい。

ア　A　　イ　B　　ウ　C　　エ　D　　オ　E

(5) 体の表面の大部分がうろこやこうらでおおわれている動物はどれか。次のアからオまでの中からすべて選んで，そのカナ符号を答えなさい。

ア　A　　イ　B　　ウ　C　　エ　D　　オ　E

2　さまざまな化学変化を調べるために，ガスバーナーを使って次の実験１，実験２を行った。あとの問いに答えなさい。

（実験１） 炭酸水素ナトリウム，スチールウール，鉄と硫黄の混合物，酸化銅と炭素の混合物のそれぞれについて質量を測定したあと，以下の図Ａ～Ｄの実験方法でガスバーナーを使って加熱した。

Ａ　炭酸水素ナトリウム　　Ｂ　スチールウール　　Ｃ　鉄と硫黄の混合物　　Ｄ　酸化銅と炭素の混合物

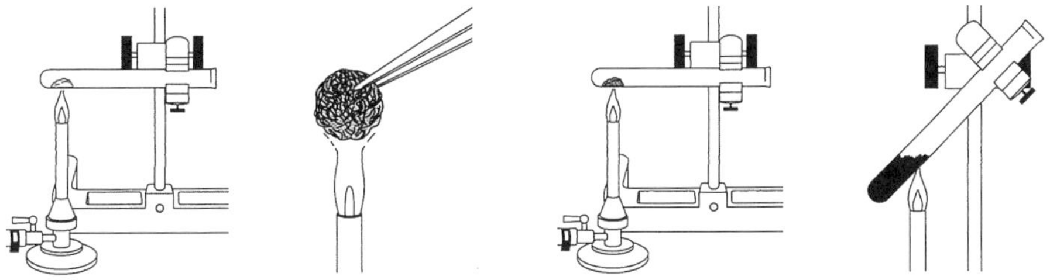

（実験２） 乾燥したビーカーを，ガスバーナーの炎にかざしたところ，ビーカーの内側がくもった。

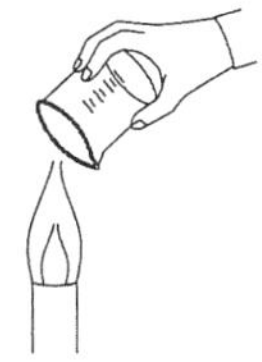

(1)　実験１で，石灰水を白くにごらせる気体が発生するのはＡ～Ｄのどの実験か。次のアからエまでの中からすべて選んで，そのカナ符号を答えなさい。

ア　Ａの実験　　イ　Ｂの実験　　ウ　Ｃの実験　　エ　Ｄの実験

(2)　実験１を行った後，残った物質の質量を測定したところ，実験前と比べて明らかに質量が増えていたのはＡ～Ｄのどの実験か。次のアからエまでの中から１つ選んで，そのカナ符号を答えなさい。

ア　Ａの実験　　イ　Ｂの実験　　ウ　Ｃの実験　　エ　Ｄの実験

(3)　実験１で，十分に加熱したあと，還元と呼ばれる化学変化が起き，それぞれの物質や混合物の質量が減少しているのはＡ～Ｄのどの実験か。次のアからエまでの中から１つ選んで，そのカナ符号を答えなさい。

ア　Ａの実験　　イ　Ｂの実験　　ウ　Ｃの実験　　エ　Ｄの実験

(4) 実験２でビーカーの内側がくもった原因となる物質は何か。次のアからエまでの中から１つ選んで，そのカナ符号を答えなさい。

ア　二酸化炭素　　イ　酸素　　ウ　水　　エ　炭素

(5) 実験２では，(4)の物質とは別に石灰水を白くにごらせる気体も発生している。このことから，ガスバーナーで使用している都市ガスには何という原子がふくまれていると考えられるか。次のアからエまでの中から１つ選んで，そのカナ符号を答えなさい。

ア　Fe　　イ　Cu　　ウ　S　　エ　C

3 **愛知県内のある中学校で，透明半球を用いて，太陽の動きの観察を次のような方法で行った。あとの問いに答えなさい。**

> 1時間ごとに，透明半球上でペン先の影がOと一致する点にサインペンで印をつける(図1)。
>
> それらの点をなめらかな線で結び，この線を透明半球のふちまでのばし，透明半球のふちと接する点をX，Yとした(図2)。
>
> なお，A～Dは東西南北の方位に合わせてある。

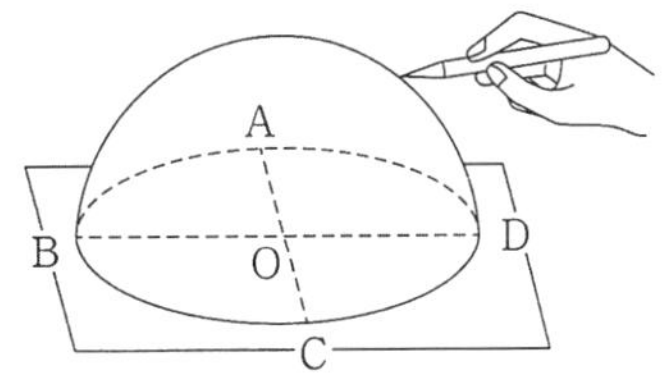

図1

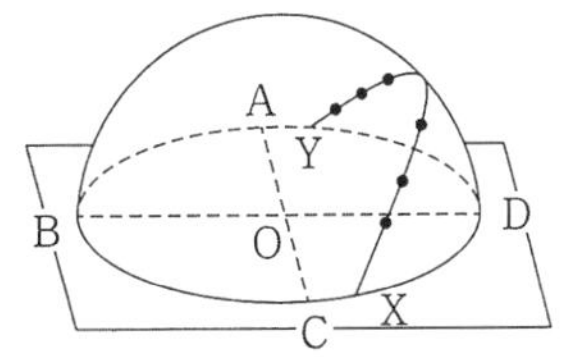

図2

(1) Bの方位は東西南北のいずれか。次のアからエまでの中から1つ選んで，そのカナ符号を答えなさい。

ア　東　　イ　西　　ウ　南　　エ　北

(2) Xの位置は何を表しているか。次のアからエまでの中から1つ選んで，そのカナ符号を答えなさい。

ア　日の出　　イ　日の入り　　ウ　南中　　エ　天頂

(3) 図2の記録をすることができた太陽の1日の動きを何というか。次のアからエまでの中から1つ選んで，そのカナ符号を答えなさい。

ア　日周運動　　イ　年周運動　　ウ　公転　　エ　自転

(4) 1時間ごとに記録した印の透明半球上の間隔について述べた次のアからエの中から，最も適切なものを1つ選んで，そのカナ符号を答えなさい。

ア　朝方と夕方ほど長く，正午ごろは最も短い。

イ　朝方と夕方ほど短く，正午ごろは最も長い。

ウ　朝方ほど長く，夕方になるほど短い。

エ　一日を通して常に一定である。

(5) 図2となる日はいつか。次のアからエまでの中から1つ選んで，そのカナ符号を答えなさい。

ア　春分の日　　イ　夏至　　ウ　秋分の日　　エ　冬至

4　図１と図２は，直方体の物体P(a面0.05 m^2，b面0.1 m^2，c面0.2 m^2)が次のような状態にあることを表している。あとの問いに答えなさい。

図１

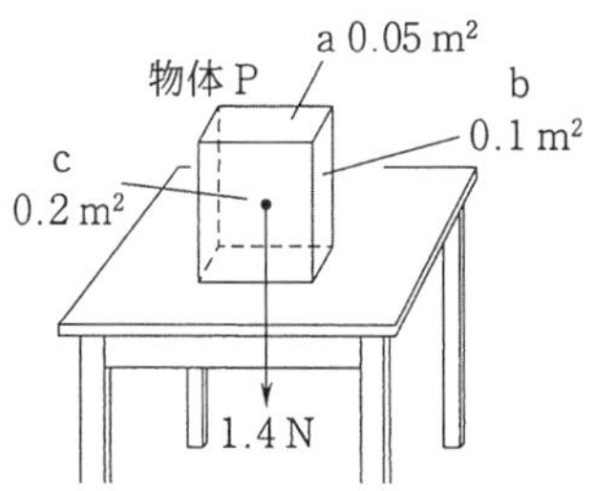

（図１）机の上に置いたところ，物体Pは1.4Nの力で机を押していることがわかった。

図２

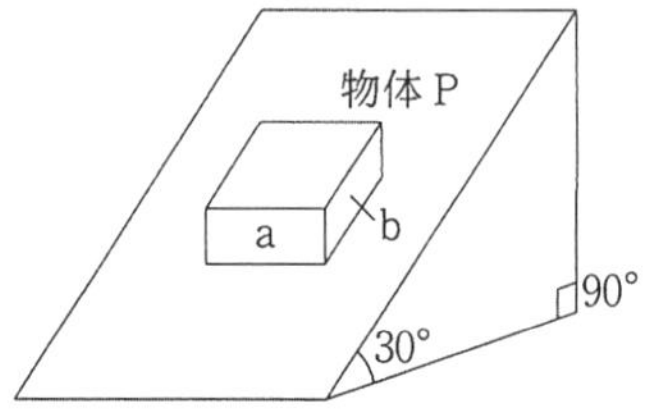

（図２）物体Pのc面を下にして，30°の角度がある斜面に置いた。
なお，直方体と斜面の間には摩擦がないものとする。

(1)　物体Pの質量はおよそ何gか。次のアからエまでの中から１つ選んで，そのカナ符号を答えなさい。ただし，100gの物体にはたらく重力の大きさを１Nとする。

ア　1.4 g　　　イ　14 g　　　ウ　140 g　　　エ　1400 g

(2)　図１で，机に置く物体Pのa～c面を変えてみた。物体Pのどの面を下にした時に，机の上面に加わる物体Pによる圧力が最も小さくなるか。次のアからエまでの中から１つ選んで，そのカナ符号を答えなさい。

ア　a面　　　イ　b面　　　ウ　c面　　　エ　どの面を下にしても変わらない

(3)　(2)における圧力の大きさは何Paか。次のアからオまでの中から１つ選んで，そのカナ符号を答えなさい。

ア　28 Pa　　　イ　14 Pa　　　ウ　7.0 Pa　　　エ　1.4 Pa　　　オ　0.28 Pa

(4)　図２において，物体Pを斜面にそって50 cm引き上げる時の仕事の大きさは何Jか。次のアからエまでの中から１つ選んで，そのカナ符号を答えなさい。

ア　70 J　　　イ　35 J　　　ウ　0.70 J　　　エ　0.35 J

(5) 図２において，物体Ｐを斜面の上から滑らせ，滑り始めた時刻を０とした。物体Ｐはどのような運動をするか。時間と物体Ｐの速さの関係を表すグラフを，次のアからエまでの中から１つ選んで，そのカナ符号を答えなさい。

ア

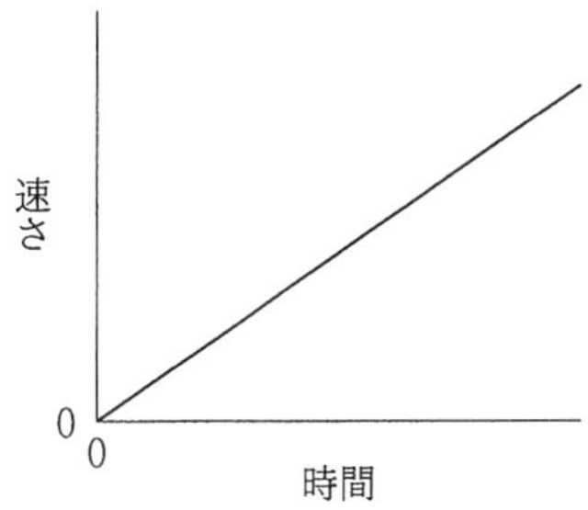

イ

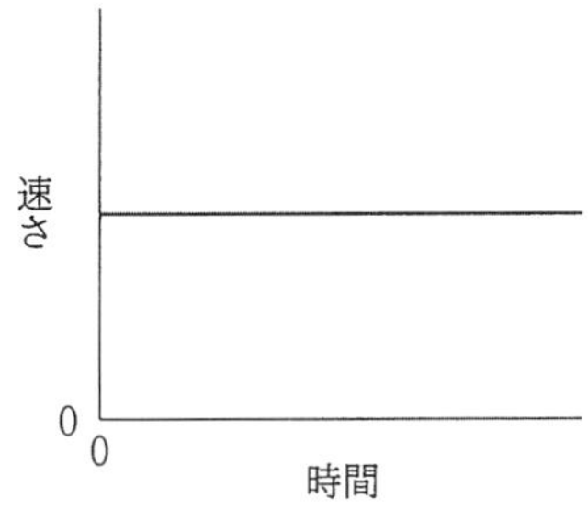

ウ

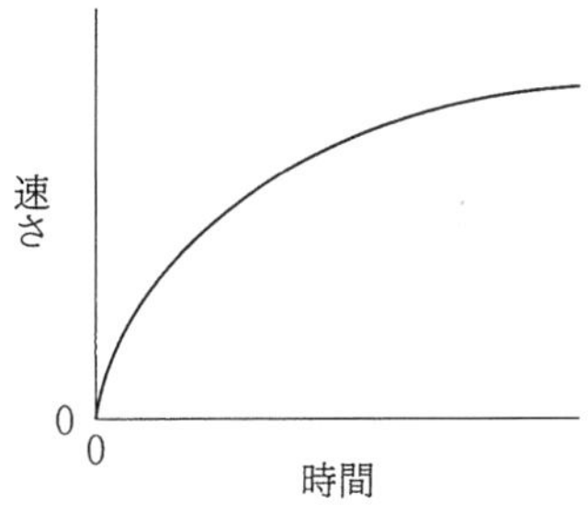

エ

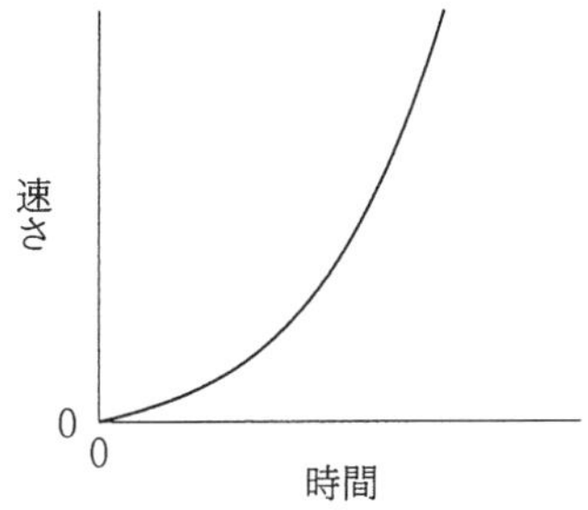

令和５年度　一般入学試験

第５時限　英語　14時15分から15時まで

「解答を始めてください」という指示があるまで、次の注意をよく読んでください。

注　　意

1．解答用紙（マークシート）は、問題冊子にはさんであります。

2．「解答を始めてください」という指示で、すぐ解答用紙（マークシート）の右上にある、氏名・受験番号を記入し、受験番号と一致したマーク欄を塗りつぶしてください。

3．問題は１～５ページまであります。５ページの次からは白紙になっています。問題の各ページを確かめ、不備のある場合は手をあげてお知らせください。

4．解答上の注意は以下の通りです。

（ア）HB 以上の濃さの黒鉛筆（シャープペンシルも可）を使用してください。

（イ）マーク欄は、解答用紙の記入例を参考にして塗りつぶしてください。

（ウ）訂正する場合は、消しゴムできれいに消し、消しくずを残さないようにしてください。

（エ）解答用紙は、汚したり、折り曲げたりしないでください。

（オ）聞き取りの解答例

⑴の問題の解答を「ａ」と答えたい場合、ａ欄に「正」をｂ．ｃ．ｄ欄に「誤」のマークを塗りつぶしてください。

●解答前

例	a		b		c		d	
⑴	正	誤	正	誤	正	誤	正	誤

●解答後

例	a		b		c		d	
⑴	●	誤	正	●	正	●	正	●

5．「解答をやめてください」という指示で、書くことをやめてください。

※教英出版注
音声は，解答集の書籍ＩＤ番号を教英出版ウェブサイトで入力して聴くことができます。

1　聞き取りテスト

これから聞き取りテストを行います。

それでは，聞き取りテストの説明をします。問題は第１問と第２問の２つに分かれています。

第１問は，１番から３番までの３つあります。それぞれについて，最初に会話文を読み，続いて，会話についての問いと，問いに対する答え，a，b，c，dを読みます。そのあと，もう一度，その会話文，問い，問いに対する答えを読みます。必要があればメモをとってもよろしい。

問いの答えとして正しいものはマーク欄の「正」の文字を，誤っているものはマーク欄の「誤」の文字を，それぞれ塗りつぶしなさい。正しいものは，各問いについて１つしかありません。

第２問は，最初に英語の文章を読みます。続いて，文章についての問いと，問いに対する答え，a，b，c，dを読みます。問いは問１と問２の２つあります。そのあと，もう一度，文章，問い，問いに対する答えを読みます。必要があればメモをとってもよろしい。

問いの答えとして正しいものはマーク欄の「正」の文字を，誤っているものはマーク欄の「誤」の文字を，それぞれ塗りつぶしなさい。正しいものは，各問いについて１つしかありません。それでは，読みます。

メモ欄

2 次の問いに答えなさい。

(1) 次の(　　　)にあてはまる最も適当な語句を選び，そのカナ符号を答えなさい。

① *A*：Have you ever been to Hokkaido?

B：No, this is my (　　　) visit.

ア first

イ second

ウ third

エ last

② *A*：When will the meeting finish?

B：(　　　), but we have to leave school before 6:00.

ア Not so bad

イ No, thank you

ウ Not so often

エ I'm not sure

③ *A*：Did you enjoy the party?

B：Yes, I had a good time.

A：(　　　)? I am glad to hear that.

ア Did you

イ How about you

ウ Who was

エ Can I say it

(2) 英文が日本文の意味になるように最もふさわしい語句を選び，そのカナ符号を答えなさい。

① Playing soccer is a (　　　) of fun.　サッカーをするのはとても面白いです。

ア very　　イ much　　ウ lot　　エ such

② *Ramen* is the food (　　　) try.　ラーメンが食べたい食事です。

ア I wanting to　　イ I want to

ウ of wanting　　エ being wanted

3　次の英文を読んで，(1)～(3)の設問について，カナ符号で答えなさい。

Joe had a vacation, so he decided to go to the seashore for a few days. He got on a train one morning, and an hour later he was in a small town by the sea. A few minutes after he left the station, he saw a small hotel and went in. He (①) the owner, "How much will it cost for one night there?"

"Fifteen dollars," the owner answered.

"That's (②) than I can really afford to pay," Joe said sadly.

"All right," the owner answered. "If you make your bed yourself, you can have the room for ten dollars."

Joe was very happy because he made his own bed at home every morning. "Okay," he said, "I'll do that."

The owner went into a room at the back, opened a closet, took some things out and came back to Joe. "(③) you are," he said, and gave him a hammer and some nails.

(注) seashore 海岸　owner 宿の主人　cost 費用がかかる　afford to ～するお金の余裕がある
sadly 悲しげに　closet 物置　nails くぎ

(1) (①)～(③)に入れるのに最もふさわしい語を選び，その記号をマークしなさい。

①	ア asked	イ told	ウ said	エ talked
②	ア what	イ much	ウ better	エ more
③	ア Yes	イ Sure	ウ Here	エ Then

(2) 下線部 that の表す内容としてふさわしいものを選びなさい。

ア pay for it　　イ make my bed
ウ cook for myself　　エ clean the room

(3) Which is true?

ア Joe found a small hotel near the river.
イ Joe was so rich that he paid for the hotel without any problem.
ウ Joe found the room clean enough.
エ Joe and the owner of the hotel had a different idea about making the bed.

4 次の英文を読み設問に答えなさい。

Today is Sunday and it is sunny and warm. I was going to go cycling with Yoshio, a close friend of mine. It is wonderful to ride a bike on a day like this, but Yoshio called me early in the morning and said he could not come because he had a headache and had to stay in bed. I said to myself, "It is not fun to go cycling alone." and then remembered I had to give a presentation tomorrow in class about the topic that I want to tell.

I am (①) in the history of the city I live in. I went to the city library to prepare for the presentation. The library is a long way from my house, so I usually take a bus, but went there by bicycle today. In the library, I asked a librarian where I could find the books about the city. She kindly took me to the place, and I found so many books about the city there, and after reading some, I realized that I didn't know much about it.

The book I enjoyed reading the most was (②) by Mr.Murai. When I was in the 9^{th}grade at junior high school, he was my homeroom teacher. After coming home, I found his telephone number in the graduation album and called him. He remembered me when I introduced myself. I told him about the presentation I had to give in class tomorrow, and then he helped me (③) the presentation more interesting. He also wanted me to tell him (④) it was.

Now I have finished preparing for the presentation. Tomorrow I am going to give it in class. I hope all my classmates will enjoy it.

(注) a close friend 親友　librarian 司書　kindly 親切に　the graduation album 卒業アルバム

(1) (①)～(④)に入れるのに最もふさわしい語を選び，その記号をマークしなさい。

① ア interesting　イ interested　ウ interest
　エ have interested

② ア writing　イ to write　ウ written　エ to write

③ ア give　イ make　ウ do　エ be

④ ア how　イ what　ウ which　エ who

(2) 筆者(I)は今日(Today)に何をしたか，正しいものの記号を選びマークしなさい。

ア I went cycling with a close friend of mine.

イ I took a bus to the library.

ウ I met and talked with my homeroom teacher at junior high school.

エ I prepared for the presentation.

＝令和四年度＝

国語

（40分）

一般

星城高等学校

注意事項

一　問題が配付されてもページをめくらないでください。

二　答えはすべて解答用紙の決められた欄に記入してください。

三　問題は１ページから７ページまであります。

一　次の文章を読んで、あとの問いに答えなさい。

「オゾン」は酸素が３個結合した分子であり、波長の短い紫外線を吸収する性質がある。

地球が誕生して40億年以上、地球の大気中の酸素は少なく、当然オゾンも作られなかった。そのため、太陽の光に含まれる紫外線が地表にまで到達し、生物は地上に進出することができなかった。①強い紫外線が、皮膚の細胞やＤＮＡ（デオキシリボ核酸）を破壊したり、遺伝子に突然変異を引き起こしたり、皮膚がんになったりして、生命活動を維持することができないのだ。その間、生物は紫外線の届かない海のなかでしか生きられなかった。

②そして、長い時間をかけて、海のなかの海藻の光合成反応によって、ゆっくりと酸素が供給され、それが大気中に溜まって濃度が上がった。やがて、酸素分子が紫外線の働きで、酸素原子が３個結合したオゾンに転換されるようになった。

オゾンが増えるにつれ、紫外線が上空でシャットアウトされるようになった。③それが5億年ほど前のことである。そのような状況になって、まず植物が陸上へ進出し、後を追って昆虫、そして脊椎動物（魚類）が上陸していった。魚類は、恐竜類、爬虫類、両生類を経て哺乳類へと進化してきたが、オゾン層があればこそ、脊椎動物が私たち人類にまで進化できたと言える。

オゾン層が太陽からの高エネルギー紫外線を吸収しているため、成層圏（高度10～50キロメートル）では上空ほど温度が高くなっており、対流運動が起こらないので、安定した上層大気層が存在する。オゾン層が広がっているおかげで、大気は安定して分布できるのだから、オゾン層が地上の生物の命を守っているのだ。

熱帯地域で皮膚がんに罹《かか》る人の割合が多いのは、赤道付近ではもともとオゾン層が薄く、そのため紫外線を浴びる割合が多いためではないかと考えられている。

オゾン層は、地球の大気圏（高度０～１０００キロメートル）下層部、地表から15～50キロメートル上空の成層圏に薄く分布している。オゾンがどれくらい存在しているかを表わす単位として、「ドブソンユニット」が使われている。

これは、大気の下端から上端までのオゾン全量を地表に集め、０度で１気圧にした時の厚みをセンチメートル単位で表わし、それを１０００倍した量と定義される。そうすると、たとえば３００ドブソンユニットは、オゾンの厚みが３ミリメートルということになる。

四月の数値で比べると、札幌で４００、鹿児島で３１０、那覇で２８０と、低緯度で低いことがわかる。

一九八五年、南極大陸の上空で、オゾンの濃度が特に低い領域が穴のように広がっていることが発見され、「オゾンホール」と呼ばれるようになった。その主要な原因物質は、冷媒として使われているフロン（正確にはクロロフルオロカーボン）に含まれる塩素原子である。塩素原子は、冬の南極の上空で形成される極成層圏雲の氷の上に、春に差し込む太陽の光による不均一化学反応で放出され、オゾンを破壊する。

この④オゾン破壊のメカニズムは、すでに化学者によって予言・ケイコク[a]されていたこともあり、ただちにオゾン層保護のための国際的な取り組みが開始された。

ひとつは一九八五年にサイタク[b]された、国際的な協力によってオゾン層の保護を図ることを目的としたウィーン条約。もうひとつは一九八七年にサイタクされた、オゾン層破壊物質の生産削減などの規制措置[c]を取り決めたモントリオール議定書である。また、一九九〇年のロンドン会議では、15種のフロンを二〇〇〇年までに完全廃止することを取り決めている。

このようなフロンの使用や取引が禁止されたにもかかわらず、⑤依然として南極大陸上空のオゾンホールはなかなか小さくなっていない。また、緯度が高くなるほど、オゾンの減少率が大きくなっており、南極ほどは冷え込まない北極上空にも、オゾンホールが観測されている。

国際的な規制によって、大気中のフロン濃度は減少傾向になっているが、代替フロンやハロンの濃度は増加しており、また密輸や冷蔵庫やクーラーやスプレーからの無秩序な放出もあり、なお深刻な状況が続いている。

塩素原子は触媒として働くため、簡単に減少しない。［ア］そのため、オゾン層の破壊は続いており、オゾンホールは二〇二〇年頃までは存続すると予想されている。

⑥オゾン層の破壊が進行していけば、将来どうなるのだろう？

［イ］まず考えられることは、皮膚がんに罹る人が増加し、さらに遺伝子の突然変異が増加して、さまざまな肉体的障害が生じる可能性も考えられる。いずれも、人間の平均寿命を短くすることにつながるだろう。

［ウ］むろん、動物だけでなく、植物も強い紫外線で育ちにくくなり、ＤＮＡ障害で不稔（花が受精しても種子が出できない）も増える。現在、収穫したジャガイモの発芽を防ぐためにＸ線照射しているが、それが自然のなかで行われるようになるのである。

思いがけないこととしては、オゾンが紫外線を吸収することによって成層圏を安定化させている効果が消えると、成層圏が降下することがある。古代中国では、杞の国の人が天が落ちてくる心配をしたことを「⑦杞憂」と言い、取り越し苦労のことを指すが、オゾン層が破壊されれば、現実に天が落ちてくる可能性もある。

エもし、オゾンが完全に破壊されてしまうと、陸上には生物が棲《す》めなくなり、水中の生物だけになってしまいかねない。オゾン層の破壊は、フロンの禁止条約が機能して、なんとか食い止められそうだが、このような問題はまだ多く起こるかもしれず、科学・技術の安易な使用を慎まねばならない。

（池内了著『科学は、どこまで進化しているか』祥伝社新書より）

問一　傍線部ａ、ｂのカタカナは漢字に直して書き、ｃの漢字は読みをひらがなで書きなさい。

問二　傍線部①「生命活動を維持することができないのだ」の部分を文節に分け、文節の数を算用数字で答えなさい。

問三　傍線部②「そして、長い時間をかけて、海のなかの海藻の光合成反応によって、ゆっくりと酸素が供給され、それが大気中に溜まって濃度が上がった。」の文の中には重複した表現がある。その部分を抜き出して答えなさい。

問四　傍線部③「それ」の指しているものを、「こと」につながる形で本文中から抜き出して答えなさい。

問五　傍線部④「オゾン破壊のメカニズム」について説明している一文を本文中から抜き出し、はじめの五文字を答えなさい。

問六　傍線部⑤「依然として南極大陸上空のオゾンホールはなかなか小さくなっていない」の原因として考えられるものとして適当でないものを、次のア～エから一つ選び、記号で答えなさい。

ア　大気中のフロン濃度が減少しているとはいえない。
イ　国際的なフロンの使用の規制や取引の禁止が守られていないことがある。
ウ　クーラーやスプレーからの無秩序な放出がある。
エ　触媒としての塩素原子は、簡単には減少しない。

問七　二重傍線部**ア**～**エ**のうち、品詞が他と異なるものを一つ選び、記号で答えなさい。

問八　傍線部⑥「オゾン層の破壊が進行していけば、将来どうなるのだろう?」について、筆者の心配している究極の姿が書かれている部分を本文中から三十五字以内で抜き出し、はじめと終わりの五文字をそれぞれ答えなさい。(句読点も一字とする。)

問九　傍線部⑦「杞憂」は、故事成語である。次のア～エの四字熟語から故事成語を一つ選び、記号で答えなさい。

ア　四苦八苦　　イ　二者択一　　ウ　三寒四温　　エ　朝三暮四

問十　本文の内容と合致するものを次のア～エから一つ選び、記号で答えなさい。

ア　オゾンに含まれる強い紫外線が、皮膚の細胞やDNAを破壊したり、遺伝子に突然変異を引き起こしたりする。
イ　大気が安定して分布できるのは、上空にオゾン層が広がっているおかげである。
ウ　オゾンホールが最初に発見されたのは南極大陸上空であるが、北極上空でも大きなものが観測されている。
エ　オゾン層の破壊を防ぐには、科学・技術の活用を積極的に行うことが必要である。

二　次の文章を読んで、あとの問いに答えなさい。

【原文】　①九月ばかりのことなれば、女房《にようぼう》は薄《うす》き綿《わた》アの衣《きぬ》ひとつばかりを着、片手しては②口覆《くちおほ》ひをして、いま片手しては男《をのこ》の刀を抜きてさし当《あ》つる肱《かひな》を、やはら捕らへたるやうにて居《ゐ》たり。

男《をのこ》、大《おほ》きなる刀の恐ろしげなるを逆手《さかて》に取りて、腹イの方にaさし当てて、足をもつて後ろよりあぐまへて抱《いだ》きて居《ゐ》たり。

この姫君《ひめぎみ》、右の手して、男《をのこ》ウの刀抜きてさし当てたる手を、やはら捕《と》らへたるやうにして、左エの手にて顔の塞《ふさ》ぎたるを、泣く泣くその手をもつて、前に矢篠《やの》の荒造《あらづく》りしたるが二、三十ばかりうち散《ち》らされたるを、手まさぐりに節《ふし》のほどを指をもつて板敷《いたじ》きに押しにじりければ、朽《く》ち木などの柔《やは》らかならむを押し砕《くだ》かむやうにみしみしとなるを、あさましとb見るほどに、③これを質《しち》に取りたる男《をのこ》も目をつけて見る。

このの ぞく男《をのこ》も、④これを見て思《おも》はく、兄《あに》の主《ぬし》、うべ騒《さわ》ぎ給《たま》はざるは理《ことわり》なりけり、いみじからむ兄の主、鉄槌《かなづち》をもつて打ち砕かばこそ、この竹はかくはならめ、この姫君はいかばかりなる力にてかくはおはするにかあらむ、この質に取りたる男《をのこ》はひしがれなむずと見るほどに、この質に取りたる男《をのこ》もこれを見て、益《やく》なく思《おぼ》えて、たとひ刀をもつて突くとも⑤よも突かれじ、肱取《かひなと》りひしがれぬべき女房《にようぼう》の力にこそありけれ、かばかりにてこそ支体《したい》も砕《くだ》かれぬべかめり、由《よし》なし、逃《に》げなむと思《おも》ひて、人目をはかりて棄《す》てて走り出でて、飛ぶがごとくに逃げけるを、人、末《すゑ》に多く走り合ひて、捕らへてうち伏《ふ》せて縛《しば》りて、*光遠《みつとほ》がもとにゐて行《ゆ》きたれば、（下略）

*光遠　姫君の兄で、人気力士。

【現代語訳】　ちょうど陰暦九月のころなので、姫君は薄い綿入れの着物を一枚着て、片方の手で口をおおい、一方の手で男が刀を抜いて突きつけている腕を、やんわりとつかんでいるようすだった。

男は、ぞっとするような大きな刀を逆手に取って、姫君のお腹に突きつけて、両足を組んで後ろから抱きすくめていた。

姫君は、右手で男が刀を突きつけている手をやんわりと握るようにして、左の手で顔を隠していた。しおらしく泣いているようだったが、その左手をはずして、目の前に荒削りの矢竹が二、三十本散らばっているのを取って、手なぐさみに、節のあたりを指で板の間に押

し当ててすりつぶすようにした。すると、あの硬い矢竹が、まるで柔らかな枯れ木を押し砕くように、バリバリと砕けてしまった。
のぞき見していた家来の目は点になったが、姫君を人質にした強盗も目をむいて見つめていた。
家来はこの光景を目にして、「兄君が騒ぎ立てないのも当然のことだ。すばらしい大力の兄君でも、金槌を使って打ち砕かなくては、矢竹はあんなふうにはなるまい。あんなことができるなんて、この姫君はどれほどの力があるのだろう。姫君を人質にとったやつは、今にひねりつぶされてしまうぞ」と、わくわくしていた。
人質にしていた強盗のほうも、姫君の怪力を見せつけられて、体から力が抜けてしまい、「（　　※　　）。この女の力じゃあ、突いた腕をひねり折ってしまうだろう。これほどの怪力じゃあ、手足がバラバラにされてしまうぞ。お手上げだ。逃げるが勝ちだ」と観念した。そして、監視のすきをうかがって、姫君をほうり出すと、部屋から宙を飛ぶように走って逃げた。だが、すぐに大勢の家来が追いかけて、捕まえ、縛りあげて、光遠のもとへ連行した。（下略）

（角川書店編　ビギナーズ・クラシックス　今昔物語集）

※は、問題の関係で空欄としている。

問一　傍線部①「九月」は、陰暦である。陰暦九月の異名を次のア～エから一つ選び、記号で答えなさい。

ア　卯月　　イ　神無月　　ウ　葉月　　エ　長月

問二　傍線部②「口覆《くちおほ》ひをして」を、現代かなづかいにして、すべてひらがなで書きなさい。

問三　二重傍線部**ア**～**エ**の「の」のうち、用法の異なるものを一つ選び、記号で答えなさい。

問四　傍線部a「さし当てて」、傍線部b「見る」の動作をした人物を原文中から抜き出して答えなさい。

問五　傍線部③「これ」の指示するものを原文中から抜き出して答えなさい。

問六　傍線部④「これを見て思はく」の思った内容が書いてある部分を原文中から抜き出し、はじめと終わりの五文字をそれぞれ答えなさい。（句読点も一字とする。）

問七　傍線部⑤「よも突かれじ」の現代語訳として最も適当なものを、次のア～エから一つ選び、記号で答えなさい。

ア　きっと突かれないだろう。
イ　まさか突かれないだろう。
ウ　もちろん突かれないだろう。
エ　おそらく突かれないだろう。

＝令和４年度＝

数　学

（40分）

一　般

注　意　事　項

1 問題が配付されてもページをめくらないでください。

2 答えはすべて解答用紙の決められた欄に記入してください。

3 問題は１ページから５ページまであります。

1　次の問いに答えなさい。

(1)　$-2\times(-3)$ を計算しなさい。

(2)　$(\sqrt{5}-1)(5+\sqrt{5})$ を計算しなさい。

(3)　$(x+3)^2$ を展開しなさい。

(4)　方程式 $\dfrac{x+1}{3}=\dfrac{1}{2}$ を解きなさい。

(5)　$x=\sqrt{2}+1,\ y=\sqrt{2}-1$ のとき，x^2-y^2の値を求めなさい。

(6)　関数$y=ax^2$ について，xの値が 1 から 4 まで増加するときの変化の割合が 10 であった。このとき，aの値を求めなさい。

2 次の問いに答えなさい。

(1) ノート100冊を何人かの生徒に配るとき，1人に3冊ずつ配ると10冊以上余るという。生徒の人数をx人として，次の問いに答えなさい。

① xの満たすべき条件を不等式で表したものを次のア〜エから1つ選び，記号で答えなさい。

ア　$100-3x \leqq -10$　　　イ　$100-3x \geqq -10$

ウ　$100-3x \leqq 10$　　　エ　$100-3x \geqq 10$

② 1人に4冊ずつ配ると10冊以上不足するという。考えられる生徒の人数をすべて求めなさい。

(2) 大小2つのさいころを同時に投げるとき，次の確率を求めなさい。

① 目の積が6。

② 目の積が偶数。

3 図のように，原点を通る直線 l と，2 点 A(5, 0)，B(0, 10)を通る直線 m が点Cで交わっている。このとき，次の問いに答えなさい。ただし，座標の 1 目盛りを 1 cmとする。

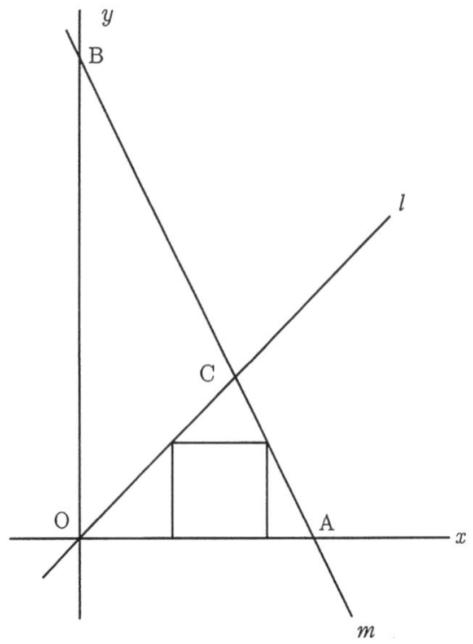

(1) 直線ABの式を求めなさい。

(2) x 軸と 1 辺を共有し，図のように三角形OACに内接する正方形の1辺の長さが 2 cmであるとき，直線 l の式を求めなさい。

4 点A(2, 2)を通る放物線 $y = ax^2$ について，次の問いに答えなさい。ただし，座標の 1 目盛りを 1 cmとする。

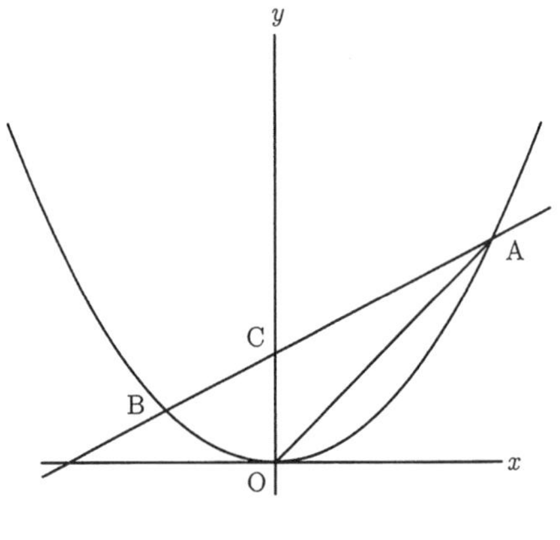

(1) 定数 a の値を求めなさい。

(2) 図のように点Aを通る直線が放物線と交わる点をB，直線ABと y 軸との交点をCとする。点Bの x 座標が -1 のとき，△OACを y 軸のまわりに 1 回転してできる立体の体積を求めなさい。

5 図のように，円に内接する四角形ABCDにおいて，直線ABとCDの交点をP，直線ADとBCの交点をQとする。∠APD=30°，∠DQC=40°のとき，∠xの大きさを求めなさい。

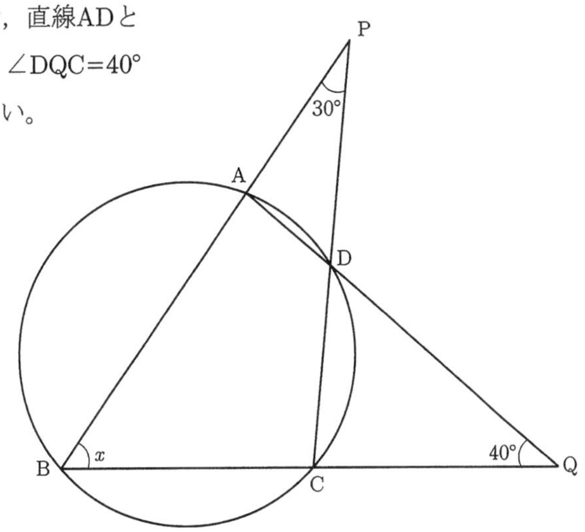

6 半径 2cmの円Oに三角形ABCが内接しており，BC=2 cmである。次の問いに答えなさい。

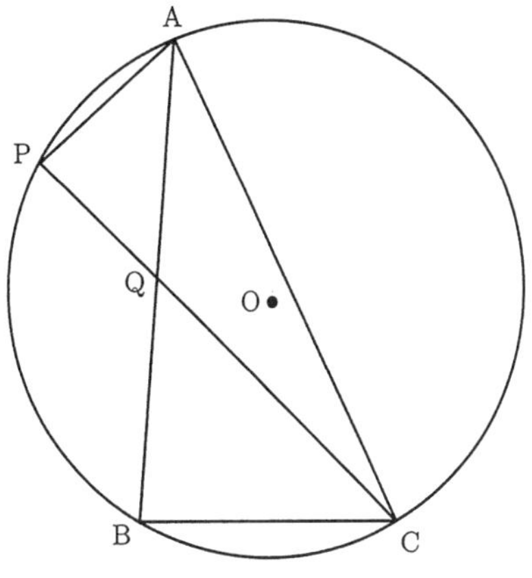

(1) ∠BACの大きさを求めなさい。

(2) 図のように弧AB上に点Pがあり，線分PCと辺ABの交点をQとする。PA=PQのとき，線分QBの長さを求めなさい。

7 図のように，長方形ABCDの対角線の交点をEとする。この長方形を対角線BDで折り返したとき，点Cは点Fに移ったとする。AB=2 cm，BC=4 cmのとき，次の問いに答えなさい。

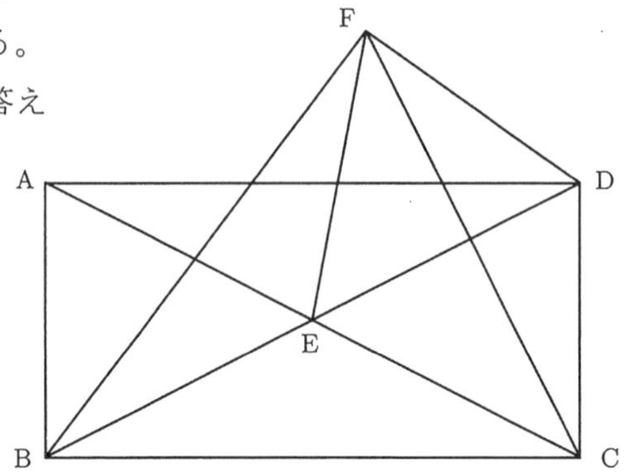

(1) 線分EFの長さを求めなさい。

(2) 線分CFの長さを求めなさい。

8 図のように直方体ABCD-EFGHがあり，AB=BC=1 cm，AE=2 cmで，点Pは辺BF上を動く。PF=x cmとして，三角形DPGが二等辺三角形となるときのxの値をすべて求めなさい。

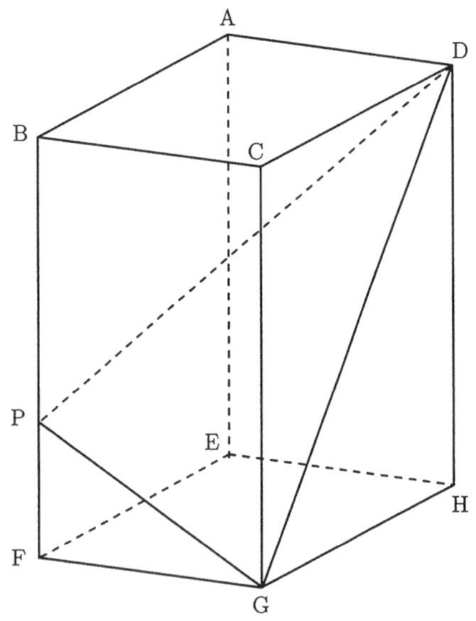

＝令和４年度＝

理　科

（40分）

一　般

注意事項

1　問題が配付されてもページをめくらないでください。

2　答えはすべて解答用紙の決められた欄に記入してください。

3　問題は１ページから７ページまであります。

1 植物の細胞のつくりと，光合成，呼吸についてまとめた。あとの問いに答えなさい。

図1

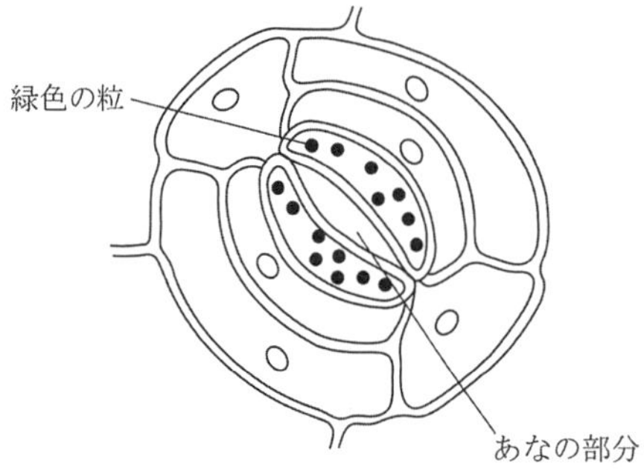

図2

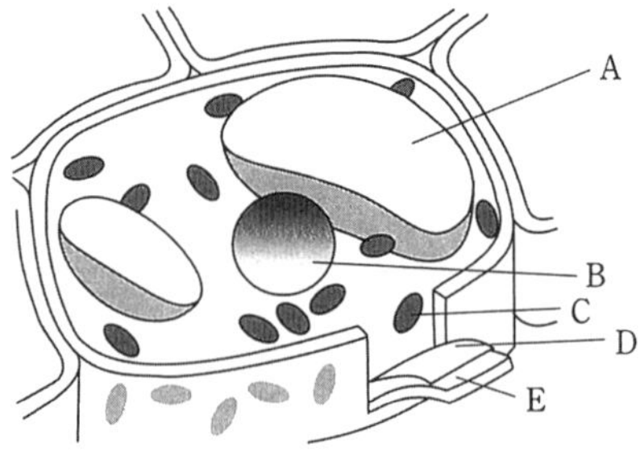

⑴　図1は，ある植物の葉の裏面を拡大した模式図である。図中の細長い細胞の中にある緑色の粒は何か。適当なものを下のア～オから1つ選び，記号で答えなさい。

ア　デンプン　　　イ　葉緑体　　　ウ　ミトコンドリア

エ　ゴルジ体　　　オ　液胞

⑵　図1中の細長い細胞にはさまれた，二酸化炭素，酸素などの出入り口になっているあなは何か。適当なものを，下のア～オから1つ選び，記号で答えなさい。

ア　気孔　　　イ　師管　　　ウ　道管　　　エ孔辺細胞

オ　維管束

⑶　図2は，植物の細胞を拡大した模式図である。図中には，動物の細胞にも共通して存在する部分が2つある。その部分を図2中のA～Eから選び，記号で答えなさい。また，それを何というかを下のア～オから1つずつ選び，記号で答えなさい。

　解答は例にならって，アルファベット-カタカナの順で書きなさい。例）　A-ア

ア　核　　　イ　細胞膜　　　ウ　細胞壁　　　エ　葉緑体

オ　液胞

⑷　植物の光合成と呼吸のようすについてまとめた。

①　植物に十分に強い光が当たっている昼間のようすを表している文章として適当なものを，下のア～オから１つ選び，記号で答えなさい。

②　植物に光が当たらない，暗黒でのようすを表している文章として適当なものを，下のア～オから１つ選び，記号で答えなさい。

ア　光合成のみ行い，酸素のみ放出される。

イ　呼吸のみ行い，二酸化炭素のみ放出される。

ウ　光合成よりも呼吸の方が活発であり，酸素の放出量よりも二酸化炭素の放出量の方が多い。

エ　呼吸よりも光合成の方が活発であり，二酸化炭素の放出量よりも酸素の放出量の方が多い。

オ　光合成と呼吸が同程度行われ，見かけ上，二酸化炭素や酸素の放出が見られない。

2 身のまわりの気体について，性質を調べる実験を行った。調べた気体は，水素，アンモニア，酸素，二酸化炭素，塩素のいずれかである。結果を下の表1のようにまとめた。あとの問いに答えなさい。

表1 気体の性質

気体	水へのとけ方	密度〔g/L〕(20℃)	におい
A	少しとける	1.84	なし
B	とけにくい	0.08	なし
C	とけにくい	1.33	なし
D	非常にとけやすい	0.72	あり
E	とけやすい	3.00	あり
空気		1.20	なし
ちっ素	とけにくい	1.16	なし

(1) 気体の集め方には図1～3の方法がある。

図1

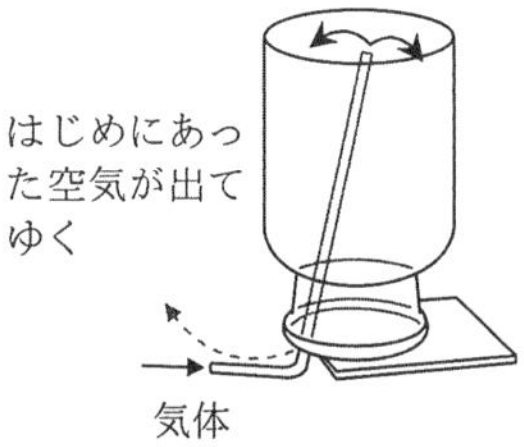

図2

図3

気体を集めるときは，気体の水へのとけやすさや密度の大きさなど，気体の性質に適した方法で集める必要がある。

図2や図3の方法では効率よく集められないので，図1の集め方が最も適している気体を，表1のA～Eから1つ選び，記号で答えなさい。

また，その気体は何か。下のア～オから1つ選び，記号で答えなさい。解答は例にならって，アルファベット-カタカナの順で書きなさい。例） A-ア

ア 酸素　　イ 二酸化炭素　　ウ 水素　　エ アンモニア
オ 塩素

⑵　石灰石とうすい塩酸を使って，気体Ａを発生させ，図２の方法で気体を集めた。気体Ａの性質について正しいものを，下のア～オから１つ選び，記号で答えなさい。

ア　石灰水に通すと，石灰水が白くにごる。

イ　火のついた線香を入れると，線香がよく燃える。

ウ　マッチの火を近づけると気体に火がつく。

エ　ぬれた赤色リトマス紙を入れると，青色に変化する。

オ　空気中に，一番多く含まれている。

⑶　気体Ｂは何か。下のア～オから１つ選び，記号で答えなさい。

ア　酸素　　イ　二酸化炭素　　ウ　水素　　エ　アンモニア

オ　塩素

⑷　気体Ｃについて述べた文で誤っているものを，下のア～オから１つ選び，記号で答えなさい。

ア　この気体は図３の方法で集めることができる。

イ　ものを燃やすはたらきがある。

ウ　空気に含まれており，その割合はちっ素の次に多い。

エ　オキシドールに二酸化マンガンを入れると発生する。

オ　光合成の材料となる。

3 地震の揺れのようすと揺れの伝わり方を調べた。図は，A 地点での地震計による地面の揺れの記録である。あとの問いに答えなさい。

A地点　地震計による地面の揺れの記録

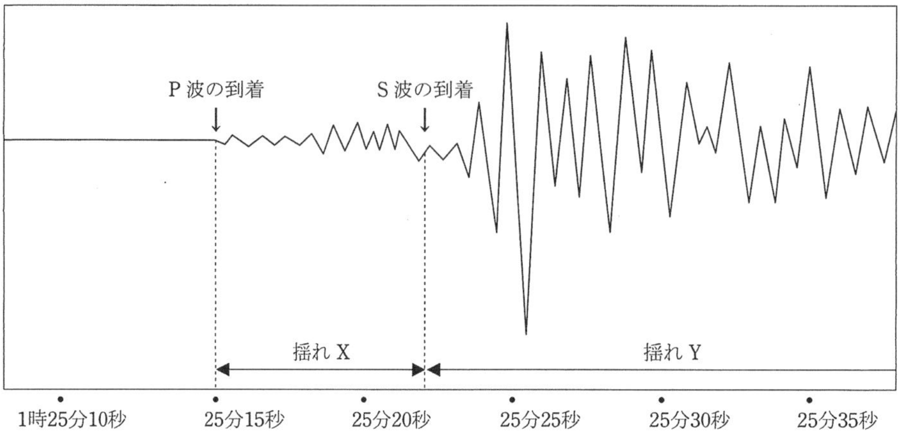

(1)　地震が起こると，速さのちがう 2 つの波が同時に発生して，まわりに伝わっていく。そのため，ある地点にこの 2 つの波が届くまでの時刻には時間差が生じ，これを初期微動継続時間という。

　上の図の中に示した揺れ X と揺れ Y をそれぞれ何というか，下のア～オからそれぞれ 1 つずつ選び，記号で答えなさい。

ア　P 波　　イ　S 波　　ウ　初期微動　　エ　地震波
オ　主要動

(2)　地震について正しく述べている文を，下のア～オから 2 つ選び，記号で答えなさい。

ア　地下の地震が発生した場所を，震央という。
イ　地震の揺れの大きさを表すのには，マグニチュードを使う。
ウ　過去にできた断層で，今後も地震を起こす可能性のあるものを活断層という。
エ　初期微動継続時間が長いほど，観測点から震源までの距離は遠い。
オ　主要動は伝わる速さの遅い P 波による揺れである。

(3)　B 地点の初期微動継続時間は 20 秒だった。このことから考えられる正しい文を，下のア～オから 2 つ選び，記号で答えなさい。

ア　A 地点は液状化しやすい。
イ　初期微動継続時間から，A 地点の地盤は，B 地点の地盤より固いことが分かる。
ウ　A 地点より B 地点の方が，震源から遠いところにあることが分かる。
エ　B 地点より A 地点の方が，初期微動継続時間が短い。
オ　A 地点より B 地点の方が，地震の揺れが大きいことが分かる。

(4)　C 地点と D 地点での震源までの距離と地震の波が届くまでの時間をまとめたところ，表 2 のようになった。このときの P 波の速さは，7 km/s だった。S 波の速さを下のア～オから 1 つ選び，記号で答えなさい。

表 2

地点	震源からの距離	P 波が届くまでの時間	S 波が届くまでの時間
C	70km	10 秒	20 秒
D	km	8 秒	16 秒

ア　7 km/s　　イ　14 km/s　　ウ　3.5 km/s　　エ　35 km/s
オ　70 km/s

(5)　(4)の表 2 中で，空欄となっている，D 地点の震源からの距離を求めなさい。

4 下の図のように，50kg の物体を一定の速さで 2m 引き上げる仕事を滑車を使って行った。あとの問いに答えなさい。ただし，滑車やロープの重さ，滑車にはたらくまさつ力は考えないものとする。また，質量 100g の物体にはたらく重力の大きさを 1N とする。

図1

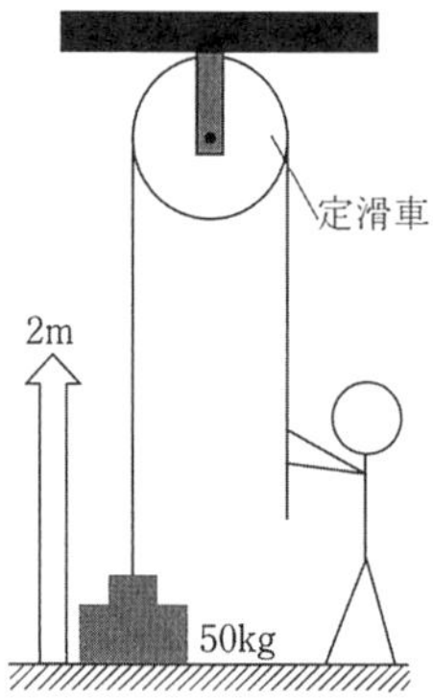

図2

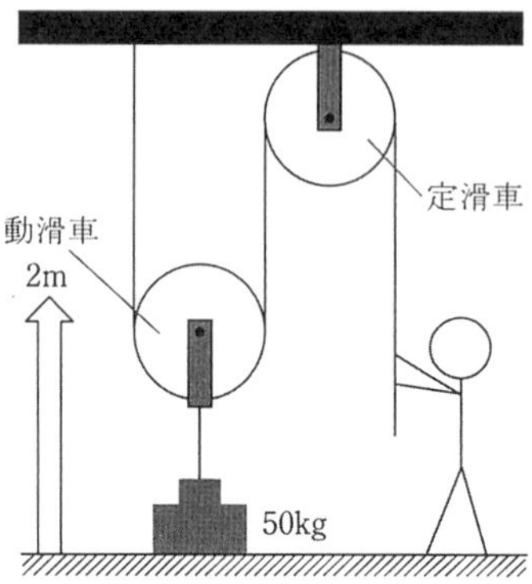

(1)　図1の人がした仕事は何Jか。下のア～オから1つ選び，記号で答えなさい。

ア　10J　　イ　50J　　ウ　100J　　エ　500J

オ　1000J

(2)　図1の仕事を10秒で行ったときの仕事率は，何Wか求めなさい。

(3)　図2のように定滑車と動滑車を1つずつ使うとき，人の引く力の大きさ〔N〕とロープを引く距離について，図1の時と比較して正しく述べている文を，下のア～カから1つ選び，記号で答えなさい。

ア　引く力も距離も変わらない。

イ　引く力も引く距離も半分になる

ウ　引く力は半分になり，引く距離は2倍になる。

エ　引く距離は変わらないが，引く力は半分になる。

オ　引く力は変わらないが，引く距離は半分になる。

カ　引く力も引く距離も2倍になる。

(4)　図2の仕事を仕事率 200W で行ったら，物体を 2m 引き上げるのに何秒かかるか求めなさい。

(5)　(4)の仕事を行うとき，人がロープを引く速さは何 m/秒か求めなさい。

＝令和４年度＝

社　会

（40分）

一　般

注意事項

1　問題が配付されてもページをめくらないでください。

2　答えはすべて解答用紙の決められた欄に記入してください。

3　問題は1ページから10ページまであります。

1 ヨーロッパの地理に関係することがらについて、次の地図を見てあとの問いに答えなさい。

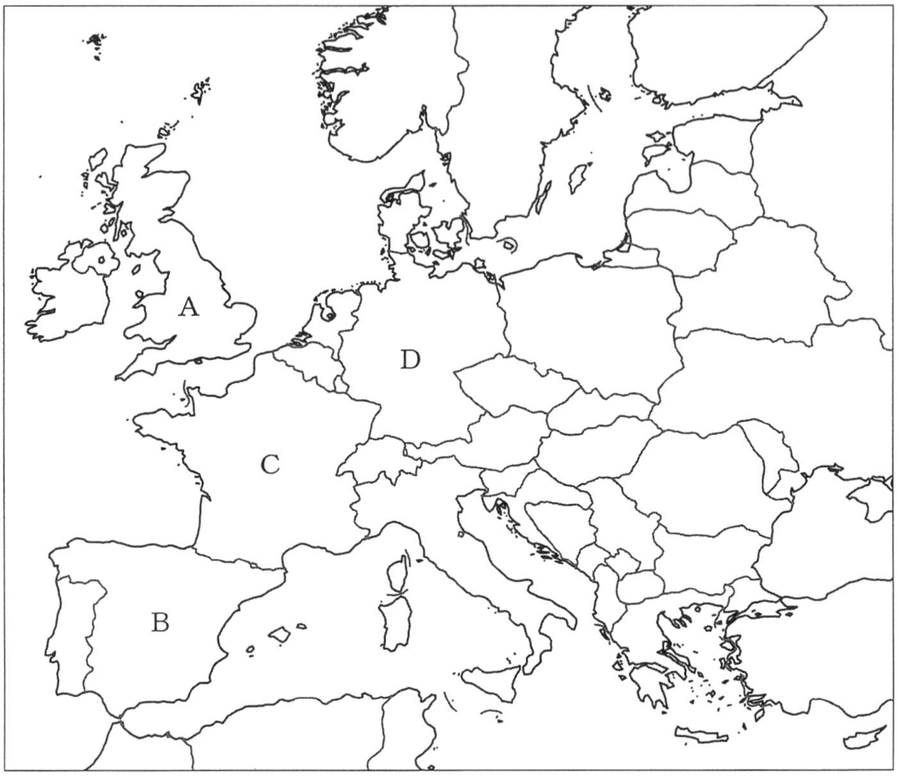

⑴ 日本の八郎潟付近の干拓地(秋田県)と同じ北緯40度～41度に首都がある国を、地図中のA～Dから1つ選び、記号を書きなさい。

⑵　次の３つのグラフは、ある生産物と生産国を示している。下のア～オから品目の組み合わせの正しいものを選び、記号を書きなさい。

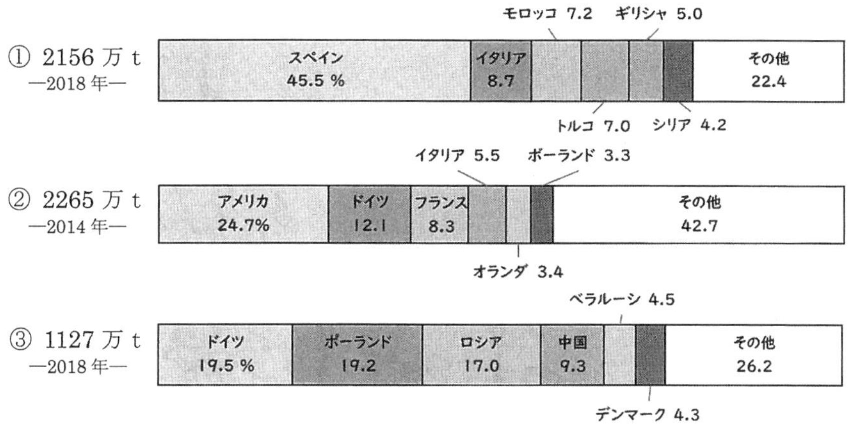

(FAOSTAT)

ア　①綿花　②天然ゴム　③セメント　　　イ　①大豆　②羊毛　③さとうきび
ウ　①オリーブ　②チーズ　③ライ麦　　　エ　①ぶどう　②豚肉　③綿糸
オ　①トマト　②石炭　③ビール

⑶　地図の記号のなかから、農業生産額のもっとも多い国をＸ、一人当たりの国内総生産額の最も高い国をＹとする組み合わせの正しいものを下のア～オから選び、記号を書きなさい。
ア　ＸはＢ、ＹはＤ　　　イ　ＸはＣ、ＹはＤ　　　ウ　ＸはＣ、ＹはＡ
エ　ＸはＤ、ＹはＣ　　　オ　ＸはＢ、ＹはＡ

⑷　地図中のＢ、Ｃ、Ｄの国が加盟するヨーロッパ連合（ＥＵ）の共通通貨の名称をカタカナで書きなさい。

2 次の地図にある府県について、あとの問いに答えなさい。

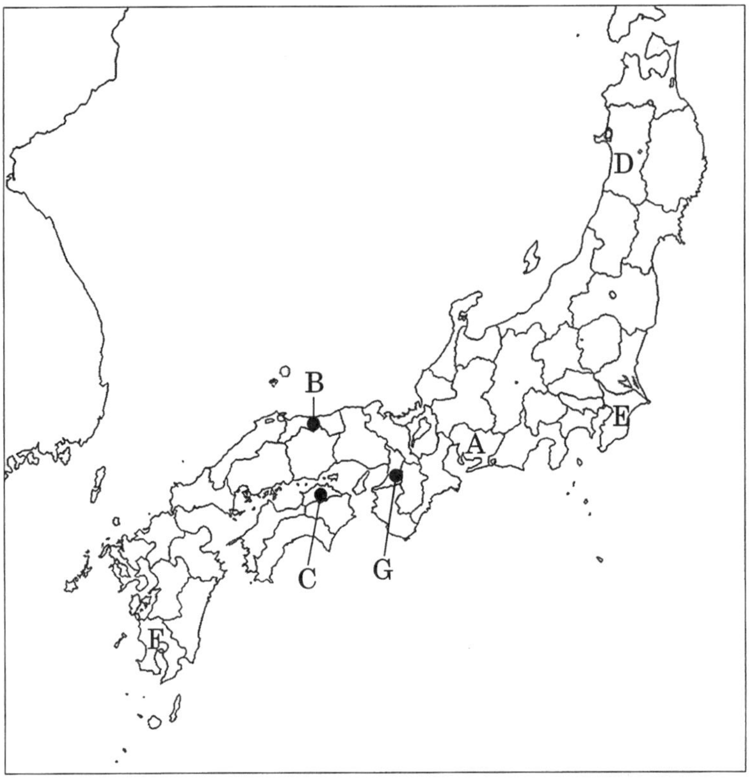

(1) 下の表の①～③は、地図中のA、B、Cの県のうち、いずれかの県庁所在地の月平均気温・月降水量を表わしている。下のア～カから正しい組み合わせを選び、記号を書きなさい。

月平均気温（℃）・月降水量（㎜）　　（理科年表　平成26年度）

	月	1	2	3	4	5	6	7	8	9	10	11	12	年平均気温 年降水量
①	気温	5.5	5.9	8.9	14.4	19.1	23.0	27.0	28.1	24.3	18.4	12.8	7.9	16.28
	降水量	38.2	47.7	82.5	76.4	107.7	150.6	144.1	85.8	147.6	104.2	60.3	37.3	1082.4
②	気温	4.0	4.4	7.5	13.0	17.7	21.7	25.7	27.0	22.6	16.7	11.6	6.8	14.89
	降水量	202.0	159.8	141.9	108.6	130.6	152.1	200.9	116.6	204.0	144.1	159.4	194.0	1914
③	気温	4.5	5.2	8.7	14.4	18.9	22.7	26.4	27.8	24.1	18.1	12.2	7.0	15.83
	降水量	48.4	65.5	121.8	124.8	156.5	201.1	203.6	126.3	234.4	128.3	79.7	45.0	1535.4

ア　①A　②B　③C　　　イ　①A　②C　③B

ウ　①B　②A　③C　　　エ　①B　②C　③A

オ　①C　②A　③B　　　カ　①C　②B　③A

(2) 地図中のD、E、Fの県について、下の記述ア～カのなかから、正しいものを2つ選び、記号を書きなさい。

ア　Dは東北6県のなかで最も米の生産額が高く、伝統行事である秋田市の竿灯《かんとう》まつりは豊作への願いをこめた祭りである。日本の米の消費量が減って、減反政策が始まったため、「あきたこまち」などの銘柄米の開発が進められた。

イ　Dには、青森のヒバ、木曽のヒノキとならぶ日本三大美林のひとつである秋田杉があり、地元でとれる材料を使った伝統工芸品として天童将棋駒がある。江戸時代から、職人が育成され、農家の副業として発達してきた。

ウ　Eは 1960 年代から東京湾岸の埋め立て地に鉄鋼、石油化学などの大工場が進出して京浜工業地帯が生まれた。1980 年代からは東京だけにさまざまな機能が集中しないようにする計画が進み、その結果、幕張新都心などの開発が進んだ。

エ　Eの畑作地帯では、早くから都市向けに野菜を生産する農業がさかんにおこなわれてきた。消費地に近い条件を生かし、キャベツ、白菜、きゅうりは全国一の生産量となっている。

オ　Fは豚の飼育頭数が全国一位である。高度成長以降、日本で肉の消費量が増加することにともなって畜産がさかんになり、鹿児島港や志布志港に飼料を保管し加工する工場ができ、輸入穀物を飼料として利用する農家がふえた。

カ　Fの桜島は、1914 年の大爆発で流れ出た溶岩により、対岸の大隅半島とつながった。この地方には、火山活動にともなう噴出物が積み重なって生まれたカルデラとよばれる地層が広がっている。

⑶　次の文は地図中のGに関連して述べた文である。下線（ア）～（オ）の部分のいずれかに誤りがある。その記号と正しい語句を書きなさい。

江戸時代に、Gでは郊外で栽培される河内《かわち》木綿を使った（ア）綿織物などの手工業がおこった。明治以降、軽工業、次いで重化学工業がさかんになり、阪神工業地帯は発展してきた。

また、江戸時代、Gは沿岸航路で日本の各地と結ばれ、全国の産物があつまる物流の拠点となり、「天下の台所」といわれていた。明治以降も、（イ）中国との貿易や阪神工業地帯の発達により、日本経済の中心であった。

Gの商業の特徴は、（ウ）卸売業の割合が高いことである。西日本を中心に取引をおこない、市内各地に繊維や薬品、電気製品やおもちゃなど、扱う商品ごとに問屋街が形成された。

内陸部には（エ）大企業の工場が集まっている。歯ブラシや自転車のように生活にかかわりの深い製品がつくられている。

鉄道は、郊外にある住宅地で生活し、都心に通勤する生活スタイルを生み出した。そのため、都心は（オ）夜間の人口が少なく、住むための場所というよりも、ビジネスと商業のための場所となった。

⑷　札幌市、仙台市、広島市、福岡市のように日本の各地方において、人口が多く、国の出先機関などが集中していて、その地方の中心的な役割を果たしている都市を何というか、漢字6文字で書きなさい。

＝令和四年度＝

国語 一般 解答用紙

受験番号	氏名

評点
※

※20点満点

※印の欄には記入しないこと。

問一	a		b		c	
問二		問三				

5	度				※　１点
6	(1)	度	(2)	cm	※　１点×２
7	(1)	cm	(2)	cm	※　１点×２
8	cm				※　１点

（※印の欄には記入しないこと。）

受　験　番　号	氏　　　　　名

評　点
※

※20点満点

4	(1)	A		B		C		(2)	
	(3)			(4)					

（※印の欄には記入しないこと。）

受験番号	氏　　名

評　点
※

※20点満点

4	(1)		(2)	W	(3)	
	(4)	秒	(5)	m/秒		

（※印の欄には記入しないこと。）

受験番号	氏名

評点
※

※20点満点

	(3)		(4)		

5	(1)	—	(2)	—	※ 1点×4
	(3)	—	(4)	—	

（※印の欄には記入しないこと。）

受験番号	氏名

評点
※

※20点満点

＝令和４年度＝

社会　一般　解答用紙

1	(1) (2) (3) (4)	※ １点×４
2	(1) (2) (3) 記号 語句 (4)	※ １点×４ ((2), (3)は完答)
3	(1) (2) (3) (4)	※ １点×４

【解答

＝令和４年度＝

理科　一般　解答用紙

1	(1)		(2)			※１点×６
	(3)	—	—			
	(4)	①	②			
2	(1)	—	(2)		(3)	※１点×４
	(4)					
3	(1)	X	Y	(2)		※１点×５ ((1)〜(3)は完答)
	(3)		(4)			

＝令和４年度＝

英語　一般　解答用紙

1	第1問	1番	a	正	誤	b	正	誤	c	正	誤	d	正	誤
		2番	a	正	誤	b	正	誤	c	正	誤	d	正	誤
		3番	a	正	誤	b	正	誤	c	正	誤	d	正	誤
	第2問	問1	a	正	誤	b	正	誤	c	正	誤	d	正	誤
		問2	a	正	誤	b	正	誤	c	正	誤	d	正	誤

※ １点×５

2	(1)	①		②		③	
	(2)	①				②	

※ １点×５

【解答

＝令和４年度＝

数学　一般　解答用紙

1	⑴		⑵		※　１点×６
	⑶		⑷	$x=$	
	⑸		⑹	$a=$	
2	⑴	①	②	人	※　１点×４
	⑵	①	②		
3	⑴		⑵		※　１点×２

【解答

問五
問六
問七
問八 はじめ 終わり
問九
問十

1点×12（問八は完答

二

問一	問二	問三	問四	問五	問六	問七
			a　b		はじめ　終わり	

1点×8（問六は完答）

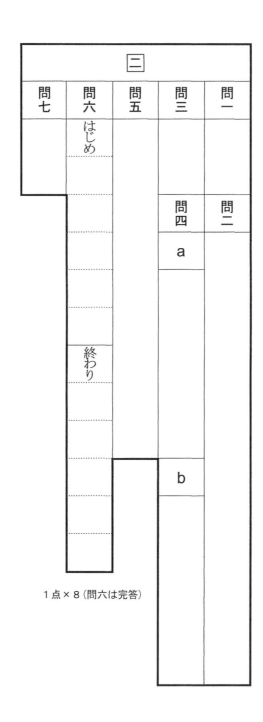

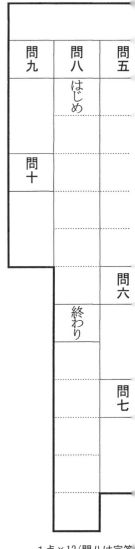

3　次の年表を見て、あとの問いに答えなさい。

645年	大化の改新が始まる	
710年	都を平城京に移す	
	………	a
794年	都を平安京に移す	
	………	b
1192年	源頼朝が征夷大将軍になる	
	………	c
1338年	足利尊氏が征夷大将軍になる	
	………	d
1467年	応仁の乱が起こる	
	………	e
1603年	徳川家康が征夷大将軍になる	
	………	f
1716年	徳川吉宗の享保の改革が始まる	（A）
	………	g

(1)　次のⅠの屏風絵とⅡの像の製作された時代の組み合わせとして、下のア～クから正しいものを選び、記号を書きなさい。

Ⅰ　唐獅子図屏風（狩野永徳作）

Ⅱ　興福寺の阿修羅像

ア　ⅠとⅡはいずれもａ　イ　ⅠとⅡはいずれもｂ　ウ　ⅠとⅡはいずれもｄ
エ　Ⅰはｂ、Ⅱはｃ　オ　Ⅰはｃ、Ⅱはｄ　カ　Ⅰはｅ、Ⅱはａ
キ　Ⅰはｆ、Ⅱはｂ　ク　Ⅰはｆ、Ⅱはｄ

⑵　年表のｂの時代の記述として最もふさわしいものを、ア～オのなかから１つ選んで記号を書きなさい。

ア　農民は荘園領主と地頭との二重の支配を受けることになり、地頭のきびしい支配を荘園領主に訴えるなどの動きも見られた。

イ　公家や寺社などがもっていた土地の複雑な権利が否定され、検地帳の登録された農民だけが土地の所有権を認められた。

ウ　国司のなかには任命された国に行かないで代理を送るものも出て、地方の行政は乱れていき、国司の不正を抗議する事件などもおこり始めた。

エ　池をつくるなどの土地の開発は、しだいに村の農民が中心になっておこなうようになり、民衆の団結が強まっていった。

オ　人口が増えて口分田が不足してきたこともあり、朝廷は、あらたに開墾した土地であれば、開墾した者が永久に所有することを認めた。

⑶　年表のｅの時代に、ポルトガルやスペインの人々が平戸など九州各地に来航し、貿易がさかんになったが、この貿易を何というか、漢字４文字で書きなさい。

⑷　年表の（Ａ）の改革の内容としてふさわしくないものを、ア～オのなかから１つ選んで記号を書きなさい。

ア　旗本や御家人に質素、倹約の生活と武芸を勧めた。

イ　旗本の大岡忠相を町奉行に取り立てるなど、有能な人材を登用した。

ウ　株仲間を解散させて商人の自由な取り引きを認め、物価の引き下げをはかった。

エ　公事方御定書という裁判の基準となる法律を定め、庶民の意見を聞く目安箱を設置した。

オ　新田の開発を進めて米の値段の安定につとめたり、豊作や不作に関係なく一定の年貢を取り立てたりした。

4 次の(1)～(4)の文を読んで、あとの問いに答えなさい。

(1) 1904 年、日露戦争が始まると、日本軍は苦戦を重ねながらも戦況を有利に進め、イギリスやアメリカも戦費の調達に協力して日本を支援した。日本海海戦で勝利をおさめたのを機に、アメリカの仲介によりポーツマス条約が結ばれた。

問）この条約の内容としてふさわしくないものを、ア～オのなかから１つ選んで記号を書きなさい。

ア　遼東半島、台湾、澎湖諸島を日本にゆずりわたす。

イ　北緯 50 度以南の樺太（サハリン）を日本に割譲する。

ウ　沿海州、カムチャツカ半島沿岸の日本の漁業権を認める。

エ　旅順、大連の租借権、長春以南の南満州鉄道の利権を日本にゆずりわたす。

オ　韓国における日本の優越権を認める。

(2) 栃木県の足尾銅山は、明治に入ってから飛躍的に生産量を増やし、製銅業の拠点のひとつになったが、渡良瀬川に鉱毒が流れ出し、下流の田畑の作物が枯れ、魚が死ぬなどの被害が広がった。

問）当時の衆議院議員で、農民とともに鉱山の操業停止や被災民の救済を訴えた人物の名を漢字で書きなさい。

(3) 国際連盟の常任理事国となった日本は、アメリカ・イギリスなどと国際協調を重視する外交を進めた。政府は、中国への武力行使を抑制する政策をとり、陸軍や海軍の軍縮もおこなった。

問）次の（あ）～（う）は、(3)のころの記述である。古い方から順に並べた組み合わせを、ア～カのなかから１つ選んで記号を書きなさい。

（あ）蒋介石が南京に国民政府をつくる。

（い）ニューヨークでの株価の大暴落をきっかけに世界恐慌が起こる。

（う）ソビエト社会主義共和国連邦が成立する。

ア（あ）・（い）・（う）　イ（あ）・（う）・（い）　ウ（い）・（あ）・（う）

エ（い）・（う）・（あ）　オ（う）・（あ）・（い）　カ（う）・（い）・（あ）

⑷ 1950 年、ソ連の支援を受けた北朝鮮が、武力統一をめざし、北緯 38 度線を越えて南下したのをきっかけに、朝鮮戦争が始まった。アメリカは日本本土や沖縄の米軍基地を使い、大量の物資を日本に発注した。

問）この年に起こったできごとを、ア～エのなかから１つ選んで記号を書きなさい。

ア　アラブの産油国が、イスラエルを支援するアメリカなどに対して石油の輸出を禁じたため、石油危機がおこった。

イ　アメリカは日本国内の治安を維持するという理由で、日本政府に警察予備隊をつくらせた。

ウ　アメリカの冷戦政策を支持する日本の保守勢力は、革新勢力の動きに危機感をいだいて、自由民主党を結成した。

エ　日本政府は韓国とのあいだに日韓基本条約を結び、韓国政府を朝鮮半島の唯一の政府として承認した。

5 **次の⑴～⑷の文中の下線（A）、（B）、（C）、（D）のなかにそれぞれ一カ所ずつ誤りがある。誤りの語句の記号（アルファベット）と【語群】から最もふさわしい語句を選び、解答は例にならって、アルファベット－カタカナの順で書きなさい。例）A－ア**

⑴ 国会は国権の最高機関であって、三権のなかでも中心的な地位を占める。国会は、（A）内閣総理大臣を指名し、とくに衆議院は内閣不信任決議を行うことができる。内閣は、最高裁判所の長官を指名し、その他の裁判官を任命する。国会は、（B）検察審査会を設けて問題のある裁判官をやめさせることができる。最高裁判所の裁判官に対して、国民は任命の可否についての（C）国民審査を行う。

国会も内閣や裁判所による統制を受ける。内閣には（D）衆議院の解散権が与えられている。裁判所は、国会の定めた法律に対する違憲審査を行う。内閣もまた、裁判所による違憲審査の対象となるなど裁判所の統制を受ける。

⑵ 政府の収入は主として税金によってまかなわれている。所得税には所得が多くなればなるほど、税率が高くなる（A）累進課税の方法がとられている。これに対して、（B）間接税は低所得者ほど所得にしめる税負担の割合が高くなる傾向がある。

地方公共団体が独自性を発揮して活動するには、それを可能にする財政が必要である。地方税などの財源のみでは、地方公共団体の支出をまかなうことはできない。不足分は、義務教育や道路整備など特定の費用の一部について、国から（C）国庫支出金が支払われ、地方公共団体間の財政格差をなくすために地方交付税交付金が配分される。地方公共団体の借金である（D）国債の発行残高も高い水準にある。

⑶　世界の国々は、ふつう中央銀行とよばれる特別の働きをする銀行をもっている。日本の中央銀行は（A）日本銀行である。ここでは、（B）発券銀行として、紙幣を発行するほか、政府の銀行として政府の資金の出し入れを行ったり、銀行の銀行として、一般の銀行に不足する資金の貸し出しを行ったりしている。

　中央銀行が一般の銀行の資金量を変化させ、貸出量を操作することによって、景気や物価に影響を与えようとすることを（C）財政政策という。その中心は（D）公開市場操作で、市中銀行に対して国債などを売買している。

⑷　これまで日本の企業の多くでは、就職してから定年まで同一の企業で働く（A）年功序列を保障してきたが、経済の（B）グローバル化が進み、競争が激しくなると、これを見直す企業も出てきた。例えば（C）非正規労働者を増やすなど、その動きは、（D）バブル経済の崩壊以降、一層強まってきた。

【語群】

ア　天皇	イ　正規労働者	ウ　最高裁判所長官	エ　参議院
オ　金融政策	カ　消費税	キ　逆進性	ク　投資銀行
ケ　裁判員制度	コ　地方債	サ　下級裁判所	シ　直接税
ス　弾劾裁判所	セ　公共事業	ソ　終身雇用	タ　両院協議会

教英出版

＝令和４年度＝

英　語

（45分）

一　般

注　意　事　項

1　問題が配付されてもページをめくらないでください。

2　答えはすべて解答用紙の決められた欄に記入してください。

3　問題は１ページから５ページまであります。

※教英出版注
音声は，解答集の書籍ＩＤ番号を教英出版ウェブサイトで入力して聴くことができます。

1 聞き取りテスト

指示に従って聞き取りテストの問題に答えなさい。
「答え方」
問題は第１問と第２問の２つに分かれています。
第１問は，１番から３番までの３つあります。それぞれについて，最初に会話文を読み，続いて，会話についての問いと，問いに対する答え，a，b，c，d を読みます。そのあと，もう一度，その会話文，問い，問いに対する答えを読みます。必要があればメモをとってもよろしい。
問いの答えとして正しいものは解答欄の「正」の文字を，誤っているものは解答欄の「誤」の文字を，それぞれ〇で囲みなさい。正しいものは，各問いについて１つしかありません。
第２問は，最初に英語の文章を読みます。続いて，文章についての問いと，問いに対する答え，a，b，c，d を読みます。問いは問１と問２の２つあります。そのあと，もう一度，文章，問い，問いに対する答えを読みます。必要があればメモをとってもよろしい。
問いの答えとして正しいものは解答欄の「正」の文字を，誤っているものは解答欄の「誤」の文字を，それぞれ〇で囲みなさい。正しいものは，各問いについて１つしかありません。
それでは，読みます。

メモ欄

2 次の問いに答えなさい。

(1) 次の(　　　)にあてはまる最も適当な文を，下のア～エからそれぞれ1つずつ選び，記号で答えなさい。

① *A:* Is your father a teacher?

B: (　　　　　)　He teaches music at this school.

ア　Yes, he is.

イ　No, he isn't.

ウ　Yes, he does.

エ　No, he doesn't.

② *A:* Would you like some more coffee?

B: (　　　　　)　I've had enough.

ア　Yes, please.

イ　No, thank you.

ウ　That's right.

エ　No, you don't.

③ *A:* Hello.　This is Hiroshi speaking.　Can I talk to Helen?

B: Sorry.　She is out.

A: (　　　　　)

ア　All right. I won't come in.

イ　Can you call me later?

ウ　Can I leave a message?

エ　Can I go out?

(2) 次の 2 つの文の内容がほぼ同じになるように，(　　　)にあてはまる最も適当な語をそれぞれ１つずつ書きなさい。

① Hiroki will be happy when he hears the news.
The news will (　　　) Hiroki happy.

② The teacher said nothing and went out of the classroom.
The teacher went out of the classroom without (　　　) anything.

3 次の文章を読み，(a)～(d)にあてはまる最も適当な語を，下のア～カからそれぞれ１つずつ選び，記号で答えなさい。ただし，同じ記号を２回以上用いてはいけない。

Japan is (a) for its many manga. Some manga are so popular that their authors become popular, too. Mizuki Shigeru, the author of *Ge Ge Ge no Kitaro*, is one of those people. His life story was even (b) into a few different TV series.

Mizuki was born in 1922 and was raised in Tottori Prefecture. When he was a child, he didn't like to follow the rules and did things at his own pace. He didn't like to study, but he was good at art and was (c) in *yokai*, or ghosts. Basically, he only did things that he wanted to do. But he worked very hard on those things.

When Mizuki was 21 years old, he joined the Japanese army. He did not follow the rules, so the older soldiers hit him in the face many times. Soon he was (d) to a dangerous island in Papua New Guinea. Most soldiers there died.

〈注〉 author 著者 life history 伝記

ア interested イ sent ウ come エ known
オ made カ given

4 次の印刷の始まりについての文を読み，あとの問いに答えなさい。

Before (A) were books, we told stories. Stories were the way we passed on knowledge to our children and their children. Storytellers were an important part of life. We still do ①this today.

Older people shared information through stories and acting. They talked about plants, hunting, weather, seasons, history, and many other things.

At some point, we realized we needed to record our stories and knowledge. People have great memories, but sometimes there is too much to remember.

People needed a way to record things. They needed to write things down. (B) impossible to remember everything !

At first, we drew pictures or used our handprints to record information.

But people could not share this knowledge widely because the information was only in one place. People needed a way to make copies of things and share them.

The ②〔stamps / was / oldest / use / way / to〕. People cut marks and lines on soft materials in the shapes they wanted. Then they put it in a liquid and pressed it on things.

The stamps (C) for art, to write messages, and to put names on things. These stamps could put patterns on clothes and print pictures and designs. Some people made a few really big stamps to print books.

Later, the Chinese made many small wooden blocks to print Chinese writing. By using one block for each character, they could use the same blocks again and again.

In 1234, the Koreans began to make many small metal blocks for printing. This was the beginning of modern printing.

The first letterpress printing machine was made by Johannes Gutenberg in Germany about 1450.

〈注〉 handprints 掌紋（手のひらを押してできる跡） liquid 液体 patterns 模様 wooden block 版木 character 文字 letterpress printing machine 活版印刷機

(1) (A), (B), (C)にあてはまる最も適当な語(句)を，次のア～エからそれぞれ1つずつ選び，記号で答えなさい。

a　ア　they　イ　there　ウ　these　エ　those

b　ア　They're　イ　That's　ウ　It's　エ　It

c　ア　were used　イ　were　ウ　used　エ　to use

(2) 下線部①の内容として最も適当なものを，次のア～エから1つ選び，記号で答えなさい。

ア　本を書く　イ　絵を描く

ウ　狩りをする　エ　語って伝える

(3) ②の〔　　〕内の語を正しい順に並べかえ，5番目に来る語を書きなさい。

(4) 本文の内容としてふさわしいものを，次のア～エから1つ選び，記号で答えなさい。

ア　ドイツのグーテンベルクが印刷を思いついた最初の人だった。

イ　近代的な印刷は中国で始まった。

ウ　情報を伝える最良の方法は話すことである。

エ　印刷という発想が最初に具体化したのがスタンプである。

※教英出版注
音声は，解答集の書籍ＩＤ番号を教英出版ウェブサイトで入力して聴くことができます。

これから英語の聞き取りテストを行います。
それでは，聞き取りテストの説明をします。問題は第１問と第２問の２つに分かれています。

第１問。

第１問は，１番から３番までの３つあります。それぞれについて，最初に会話文を読み，続いて，会話についての問いと，問いに対する答え，ａ，ｂ，ｃ，ｄを読みます。そのあと，もう一度，その会話文，問い，問いに対する答えを読みます。必要があればメモをとってもよろしい。
問いの答えとして正しいものは解答欄の「正」の文字を，誤っているものは解答欄の「誤」の文字を，それぞれ○で囲みなさい。正しいものは，各問いについて１つしかありません。それでは，読みます。

(第１問)

１番

Mother: Are you all right, Katsumi ? You look so sleepy.
Katsumi: Yes. Mom. I went to bed after midnight and had to get up very early this morning. I still have something to do before breakfast.
Mother: When can you come down for breakfast ?
Katsumi: Very soon. Mom, can you water the flowers for me this morning ?

Question: Where is Katsumi ?
a He is in his room.
b He is in the garden.
c He is in the kitchen.
d He is in the living room.

それでは，もう一度読みます。(会話文と問いを繰り返す。)

２番

Jane: What are you doing, Mike ?
Mike: Oh, Jane. I'm studying for the test.
Jane: But you told me yesterday that you would help me buy a new bag.
Mike: I'll help you, but can you wait for 30 minutes ? Jane, how about walking around in the park until I'm ready ? The cherry blossoms are at their best. Come back in thirty minutes, please.

Question: Where are Jane and Mike going ?
a They are going to school.
b They are going to the park.
c They are going to a restaurant.
d They are going to a shop.

それでは，もう一度読みます。(会話文と問いを繰り返す。)

３番

Ken: It's very hot today, Meg. Let's buy something cold at that shop.
Meg: I'd like to, but I don't have any money with me now.
Ken: Last time I didn't, and you paid for me. Let me pay for you this time.
Meg: Great thanks, Ken. Then let's go.

Question: What would happen after this ?
a They would go home without having anything to drink.
b Only Meg would buy something cold to drink.
c Only Ken would buy something cold to drink.
d Both Meg and Ken would buy something cold to drink.

それでは，もう一度読みます。(会話文と問いを繰り返す。)

第２問。

第２問は，最初に英語の文章を読みます。続いて，文章についての問いと，問いに対する答え，ａ，ｂ，ｃ，ｄを読みます。問いは問１と問２の２つあります。そのあと，もう一度，文章，問い，問いに対する答えを読みます。必要があればメモをとってもよろしい。
問いの答えとして正しいものは解答欄の「正」の文字を，誤っているものは解答欄の「誤」の文字を，それぞれ○で囲みなさい。正しいものは，各問いについて１つしかありません。それでは読みます。

(第２問)

Tatsuo received a telephone call from his grandmother. Tatsuo's grandfather died last year and she lived alone. She wanted him to visit her. She said she had something she wanted to give him, but she didn't say what it was. On Sunday, Tatsuo visited her. She was very happy to see him. She gave him what he wanted for a long time. It was a camera. Tatsuo didn't know how she came to know what he wanted.

問１ Why did Tatsuo's grandmother want him to visit her ?

a She was very ill and wanted to talk to him.
b She had something she wanted him to do for her friend.
c She lived alone and wanted someone to talk to.
d She wanted to give him something.

問２ Which was true ?

a Tatsuo's grandmother wrote to him.
b Tatsuo's grandparents lived happily.
c Tatsuo was not happy when he saw his grandfather.
d Tatsuo was happy with the present he got from his grandmother.

それでは，もう一度読みます。(英文と問いを繰り返す。)

これで，聞き取りテストを終わります。解答の済んだ人は２の問題以降に進みなさい。

＝令和三年度＝

国語

（45分）

一般

星城高等学校

注意事項

一　問題が配付されてもページをめくらないでください。

二　答えはすべて解答用紙の決められた欄に記入してください。

三　問題は１ページから８ページまであります。

一　次の文章を読んで、あとの問いに答えなさい。

記憶というのは、私たちにあまりに密着しているため、普段はあまり意識しないかもしれないが、「［　①　］、自分に記憶がなくなったら」と想像することで、改めてその偉大さに気づくことができる。

記憶というと、記憶力の悪さやその衰えを気にする人が多く、私たちの生活のさまざまな局面で記憶が重要な役割を担っているということは、あまり意識されていない。その証拠に、世に出回っている記憶関係の本も、どうしたら記憶力を高められるかといった類《たぐい》のものが圧倒的に多く、②そうした本が売れ筋となっている。

［　A　］、記憶は、私たちの生活に③潤いを与えてくれる重要な役割を担っている。過去を懐かしんだり、未来を夢みたりできるのも、記憶のお陰である。

本や映画を見て、懐かしい思いに浸ったり、感動し、ときに涙を流したりするのも、自分の過去の経験と重ね合わせることができるからだ。

もし、過去を懐かしむことができなかったら、私たちの人生は、どんなに味気ないものになるだろう。目の前の現実をひたすら生きるだけだとしたら、それはまるで必要なⅠキノウを果たすだけのロボットのような生活だ。

過去の記憶が前向きなものに整理されていない人は、過去を懐かしむことができないだけでなく、未来を夢みることもできない。未来予想図は、過去の実績をもとに、思い描かれるものだからだ。

過去の栄光には、誇らしい気分にさせてくれ、自分に自信をもたせてくれる面がある。自分の過去を自慢げに語る人がいる。その人にとって、過去の記憶は、誇りと自信の源泉になっているのだろう。

一方で、過去の栄光を投げやりに、④自嘲《じちょう》気味に語る人もいる。今の自分の現実が納得のいかないものである場合、「あの輝いていた頃の自分に比べて、今の自分は……」といった感じに落ち込むことになる。

このように、過去の栄光を誇らしく思ったり、過去を悔やんだりするのも、記憶のお陰である。自分に自信がもてたり、もてなかったりするのも、その根拠は記憶にある。

良いことなど何もなかったという人もいる。[B]、私が面接を進めていくと、そんなに悪いこと⑤ずくめの人生ではないことがみえてくる。

そうかと思えば、客観的な出来事を並べてみると、かなり恵まれない人生であっても、ゆったりと充足した感じで人生を振り返る人もいる。

記憶の中の過去は、非常に⑥主観的に色づけられている。考えてみれば、そもそも幸福感も不幸感も、まさに主観的世界のことである。

かつて一緒に旅行をした友だちと、旅行の思い出を語り合っていると、記憶していることがあまりにも違うのに驚くことがある。こちらが鮮明に記憶していることについて、向こうはまったく記憶にないという。逆に、向こうが記憶していることをこっちはあまり覚えていない。なぜ、そんなことが起こるのか。

そこには、記憶する人の気分と一致する感情価をもつ事柄が記憶に定着しやすいという、気分一致効果が絡んでいる。

たとえば、⑦こんな心理実験がある。

ある部屋では、楽しいことを思い出させることで、幸せな気分に誘導する。[C]、それぞれの部屋の人たちに、同じ物語を読ませる。その物語には、楽しいエピソードや悲しいエピソードがいろいろと描かれている。

翌日になって、前日に読んだ物語について、思い出すことを箇条書きでできるだけたくさん思い出してもらった。その結果、楽しい気分で読んだ人と悲しい気分で読んだ人で、思い出すエピソードの量に差はみられなかったが、思い出す内容にはⅡ顕著な違いがみられた。楽しい気分で読んだ人は楽しいエピソードを多く思い出し、悲しい気分で読んだ人は悲しいエピソードを多く思い出したのだ。

ここからわかるのは、自分の気分に馴染《なじ》むエピソードは記憶に刻まれやすく、自分の気分にあまり馴染まないエピソードは記憶に刻まれにくい、ということである。

こうした実験結果から言えるのは、記憶というのはとても主観的なものであり、私たちは目の前の現実を自分の気分に合わせて都合よく歪《ゆが》めて記憶しているということだ。

気分が異なれば、同じ物語を読んでも記憶していることが違うのである。同じ話を聞いても覚えていることが違ったり、同じ場に居合わせたはずなのにそこで起こった出来事についての記憶にズレがあったりするのは、そのときの気分の違いによるところが大きいのではないか。

⑧愚痴っぽい人がいる。会えば必ず嘆きが始まる。こんな嫌なことがあった、こんな目に遭《あ》ってほんとうに嫌になるなどと、ネガティブなことばかりを口にする。ポジティブなエピソードについてはめったに語ることがない。

でも、そういう人はほんとうにそんなに嫌な目にばかり遭っているのだろうか。その人の身のまわりでは、ポジティブな出来事はまったく起こっていないだろうか。

どうもそうではないようだ。家族や職場の人の話を聞くと、その人はけっして嫌な目にばかり遭っているわけではなく、ポジティブな出来事も経験している。愚痴っぽい人は、経験するさまざまなエピソードの中から、わざわざ嫌なエピソードばかりを選んで記憶しているのである。そして嘆く。

[D]、本人にはそんな自覚はない。自分はほんとうに嫌な目にばかり遭っていると思い込んでいる。そこには、先ほど紹カイ[Ⅲ]した[E]が絡んでいる。

愚痴っぽくてネガティブな気分で過ごしているから、ネガティブな出来事ばかり記憶に刻む。ポジティブな出来事も経験しているはずなのに、それはあまり記憶に刻まれない。自分の気分に馴染《なじ》む出来事が記憶に刻まれやすいからだ。

このような気分一致効果は、記銘《きめい》時（記憶に刻む時点）のみならず、想起事（記憶を引き出す時点）にも作用することがわかっている。そのときの気分に馴染む出来事が記銘される、つまり記憶に刻まれるだけでなく、そのときの気分に馴染む出来事が想起される、つまり記憶が引き出されるのである。

（榎本博明著『なぜイヤな記憶は消えないのか』ＫＡＤＯＫＡＷＡより）

問一　傍線部Ⅰのカタカナは漢字に直して書きなさい。また、傍線部Ⅱの漢字はその読みをひらがなで書きなさい。
また、傍線部Ⅲの「カイ」と同じ漢字を含む熟語を次のア〜エの中から一つ選び、記号で答えなさい。

ア　会議　　イ　介護　　ウ　世界　　エ　開催

問二　[①]に入るひらがな二文字の副詞を書きなさい。

問三 傍線部②「そうした」が指している部分を「〜の本」につなげる形で、本文中から二十文字で抜き出して書きなさい。

問四 本文中の[A]〜[D]には、それぞれ接続詞が入るが、一つだけ逆接の接続詞でないものがある。それをA〜Dの中から一つ選び、記号で答えなさい。

[A]　　[B]　　[C]　　[D]

問五 傍線部③「潤いを与えてくれる」とあるが、その説明として**間違っているもの**を次のア〜エの中から一つ選び、記号で答えなさい。

ア　懐かしい思いに浸らせてくれる。
イ　誇らしい気分にさせてくれる。
ウ　未来を夢見させてくれる。
エ　過去を忘れさせてくれる。

問六 傍線部④「自嘲」の意味として正しいものを、次のア〜エの中から一つ選び、記号で答えなさい。

ア　自分で自分を軽べつしあざ笑うこと。
イ　自分で自分を賢くないものと思うこと。
ウ　自分で自分を懐かしく思うこと。
エ　自分で自分を嫌に思うこと。

問七 傍線部⑤「ずくめ」の意味として正しいものを、次のア〜エの中から一つ選び、記号で答えなさい。

ア　ばかり　　イ　など　　ウ　のような　　エ　らしい

問八 傍線部⑥「主観的」の対義語を本文中から抜き出して書きなさい。

問九　傍線部⑦「こんな心理実験」とあるが、実験の内容にあたる部分を本文中から抜き出し、最初と終わりの五文字をそれぞれ書きなさい。（句読点も一字とする。）

問十　傍線部⑧「愚痴っぽい人」の例から、筆者が導き出した結論に**合致しないもの**を次のア～エの中から一つ選び、記号で答えなさい。

ア　愚痴っぽい人はわざわざ嫌なエピソードばかりを選んで記憶している。
イ　ネガティブなエピソードばかりを語るのは、自分を奮い立たせるためである。
ウ　自分の気分に馴染む出来事が記憶に刻まれやすい。
エ　自分の気分に馴染む出来事は、記憶から引き出しやすい。

問十一　空欄［　E　］に入る言葉を本文中から抜き出し、六文字で書きなさい。

問十二　本文の内容と合致するものを次のア～エの中から一つ選び、記号で答えなさい。

ア　記憶の重要な役割は、記憶力であり、日々の生活では記憶を維持することをまず考えるのが大事である。
イ　今の自分の現実に照らすと、過去の栄光は、自分に自信をもたらしてくれるものにはなり得ない。
ウ　そのときの気分の違いによって記憶にズレが生じると考えてよいのではないか。
エ　気分一致効果は、記銘時と想起時のどちらにも作用し、どちらか一方に強く働く傾向がみられる。

二　次の文章を読んで、あとの問いに答えなさい。

【原文】　人の心素直《すなほ》ならねば、①偽《いつは》りなきにしもあらず。されどもおのづから正直《しやうぢき》の人《ひと》、などかなからむ。②己《おのれ》素直ならねど、人の賢《けん》を見て羨《うらや》むは尋常《よのつね》なり。至りて愚《おろ》かなる人は、たまたま賢なる人を見て、これを憎む。大《おほ》きなる利を得《え》むがために少しきの利を受けず、偽り飾りて名を立てむとすとそしる。己が心に違《たが》へるによりて、このあざけりをなすにて知りぬ。③この人は下愚《かぐ》の性《せい》移《うつ》るべからず。偽りて小利《せうり》をも辞《じ》すべからず、仮にも賢を学ぶべからず。

狂人《きやうじん》のまねとて大路《おほち》を走らば、すなはち狂人なり。悪人のまねとて人を殺さば、悪人なり。④驥《き》を学ぶは驥のたぐひ、舜《しゆん》を学ぶは舜の徒《ともがら》なり。

⑤偽りても賢を学ばむを賢といふべし。

【現代語訳】　人間の心はまっすぐではないから、（　※　）。ただし、生まれつきの正直者がいないわけではない。不正直なのに、他人の正直を羨ましく思うのが人間というもの。大ばか者は、まれにいる正直者を見ると、かえって憎しみを抱《いだ》く。内心はもっとでかい利益をねらっているので、小さい利益はわざと受け取らず、いいかっこうをして評判をあげる魂胆《こんたん》なのだと言う。自分の本心とは合わないからといって、こう嘲笑《ちょうしょう》するのでよくわかる。この人は死んでも直らない。たとえ嘘でも、小さな利益を断れないし、賢人《けんじん》のまねさえできない。

狂人のまねだといって大通りを走れば、本物の狂人になる。悪人のまねだといって人を殺せば、本物の悪人になる。駿馬《しゅんめ》をまねる馬は駿馬の仲間、中国の聖人舜《せいじんしゅん》をまねる人は聖人の仲間に入る。

（　　　　※　　　　）

（角川書店編　ビギナーズ・クラシックス　徒然草（第八十五段））

※は、問題の関係で空欄としている。

問一　傍線部①「偽りなきにしもあらず」の現代語訳として適当なものを、次のア～エの中から一つ選び、記号で答えなさい。

ア　嘘をつくことはありえない　　イ　嘘をついてはいけない　　ウ　嘘をつく　　エ　嘘をつかない

問二　傍線部②「己素直ならねど」は、助詞が省略されている。補うべき助詞として正しいものを次のア～エの中から一つ選び、記号で答えなさい。

ア　は　　イ　と　　ウ　へ　　エ　を

問三　傍線部③「この人」とは誰のことを指すのか。次のア～エの中から一つ選び、記号で答えなさい。

ア　正直の人　　イ　素直な人　　ウ　愚かなる人　　エ　賢なる人

問四　傍線部④「驥を学ぶは驥のたぐひ、舜を学ぶは舜の徒なり。」のような表現技法を何というか、次のア～エの中から一つ選び、記号で答えなさい。

ア　倒置法　　イ　対句法　　ウ　比喩法　　エ　擬人法

問五　傍線部⑤「偽りても賢を学ばむを賢といふべし。」の現代語訳として適当なものを次のア～エの中から一つ選び、記号で答えなさい。

ア　いい加減な気持ちで賢人になろうとしても、決して賢人にはなれない。

イ　嘘をついてもいいから、賢人から賢さを盗むべきである。

ウ　たとえ本心からではなくても、賢人を見習おうと努める者は、賢人と呼んでいいのだ。

エ　嘘を言ったとしても、もともと賢人ならば賢人として扱うべきである。

問六　この話と合致することわざとして適当なものを次のア～エの中から一つ選び、記号で答えなさい。

ア　悪事千里を走る　　イ　朱に交われば赤くなる　　ウ　魚心あれば水心　　エ　うそも方便《ほうべん》

問七　『徒然草』は、古典の中でも『方丈記』、『　A　』とともに三大随筆と言われている。『　A　』に入る作品名を次のア～エの中から一つ選び、記号で答えなさい。

ア　源氏物語　　イ　古事記　　ウ　枕草子　　エ　伊勢物語

問八　昨今、SNS上での誹謗《ひぼう》中傷が社会問題視されている。ではこの「誹謗中傷」の意味に当たる語を原文より三文字で抜き出して書きなさい。

＝令和３年度＝

数　学

（45分）

一　般

注　意　事　項

1 問題が配付されてもページをめくらないでください。

2 答えはすべて解答用紙の決められた欄に記入してください。

3 問題は 1 ページから 5 ページまであります。

1 次の問いに答えなさい。

(1) $6 \div (-3)^2 - \dfrac{1}{3}$ を計算しなさい。

(2) $\sqrt{2}(\sqrt{12} - \sqrt{3})$ を計算しなさい。

(3) $(x+2)(x-2)$ を展開しなさい。

(4) $x(y+1)-y-1$ を因数分解しなさい。

(5) $a=\dfrac{1}{\sqrt{5}}+2$, $b=\dfrac{1}{\sqrt{5}}-2$ のとき，$a^2+2ab+b^2$ の値を求めなさい。

(6) $x=2$ のとき$y=4$ で，xの増加量が 2 のときのyの増加量が -3 である一次関数の式を求めなさい。

(7) 高さh，底面の半径 r の円錐の体積を V_1 とし，この円錐の高さを半分に，底面の半径を 2 倍にした円錐の体積を V_2 とするとき，V_2 は V_1 の何倍になるか求めなさい。

2 次の問いに答えなさい。

(1) 二次方程式 $x^2+ax-12=0$ の 1 つの解が -2 のとき，a の値は $\boxed{\quad ① \quad}$ で，他の解は $\boxed{\quad ② \quad}$ である。①，②にあてはまる数を求めなさい。

(2) 関数 $y=ax^2$ について，x の値が -1 から 3 まで増加するときの変化の割合が -4 であった。a の値を求めなさい。

(3) 2 つの自然数 m，n がある。m を n で割ると商が 4 で余りが 3，m を 7 で割ると商が 3 で余りが n という関係がある。m，n の値を求めなさい。

(4) 男子 3 人，女子 2 人の中から 2 人の代表をくじで決めるとき，次の確率を求めなさい。

① 男子 1 人，女子 1 人が選ばれる。

② 少なくとも 1 人は女子が選ばれる。

3 放物線$y=\frac{1}{2}x^2$上の2点A，Bのx座標は，それぞれ2と-1である。次の問いに答えなさい。ただし，座標の1目盛りを1cmとする。

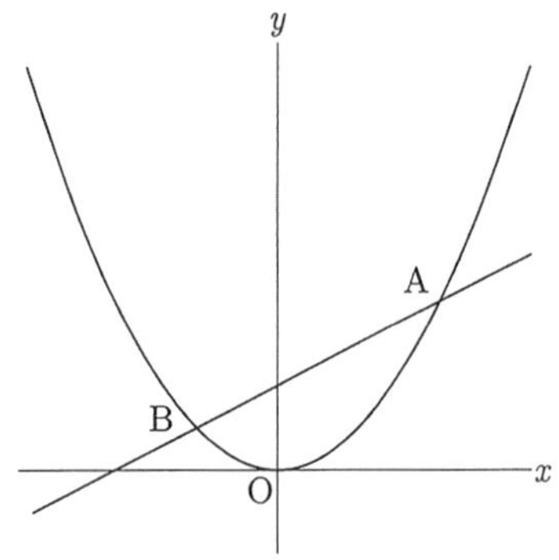

(1) 直線ABの式を求めなさい。

(2) 点Oを通り直線ABに平行な直線が放物線と交わる点をPとするとき，△PABの面積を求めなさい。

4 図のように，平行四辺形ABCDがあり，点Eは辺CDの中点，点Fは辺AD上でAF：FD=1：2である。

対角線ACと線分BE，BFとの交点をそれぞれP, Qとするとき, AQ:QPを求めなさい。

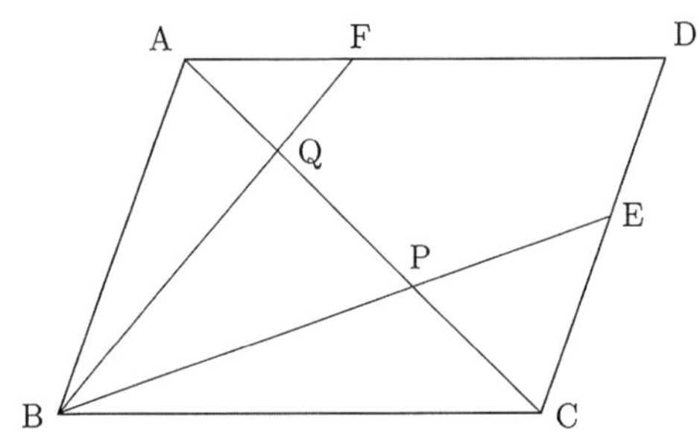

5 次の問いに答えなさい。

(1) 図のように，円Oの円周上に点A，Cがあり，点Bは，点Cにおける円Oの接線と直線AOとの交点である。∠ABC=44°のとき，∠xの大きさを求めなさい。

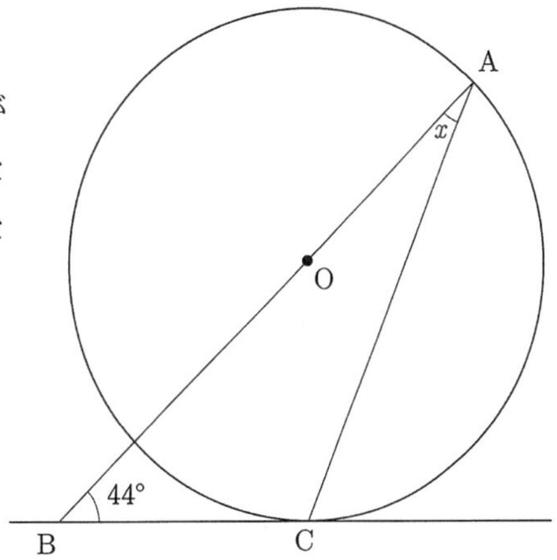

(2) 図のように，線分AB上に点D，線分AC上に点Eがあり，線分BEと線分CDの交点をFとする。∠A=48°，∠B=37°，∠C=43°のとき，∠xの大きさを求めなさい。

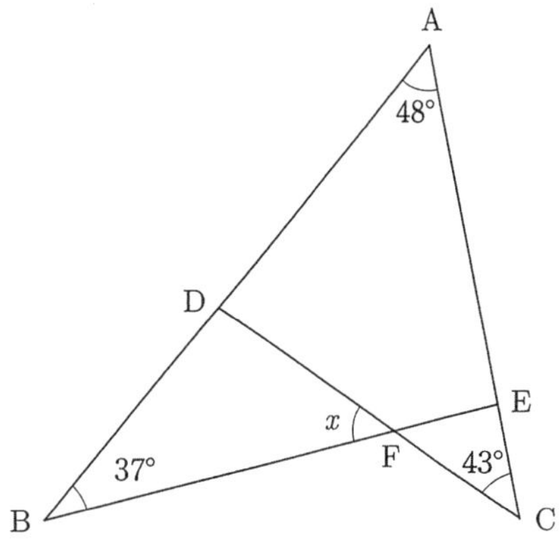

次のことをふまえ，6,7の問いに答えなさい。

直角三角形において，次の関係が成り立つ。

$a^2+b^2=c^2$

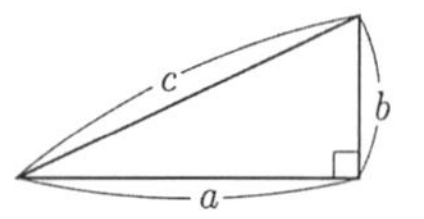

6 図のように，ABを直径とする円Oに四角形ABCDが内接しており，AB=7cm，CD=2cm，DA=3cmである。直線ADとBCの交点をPとするとき∠PCD=∠PABとなった。このとき，次の問いに答えなさい。

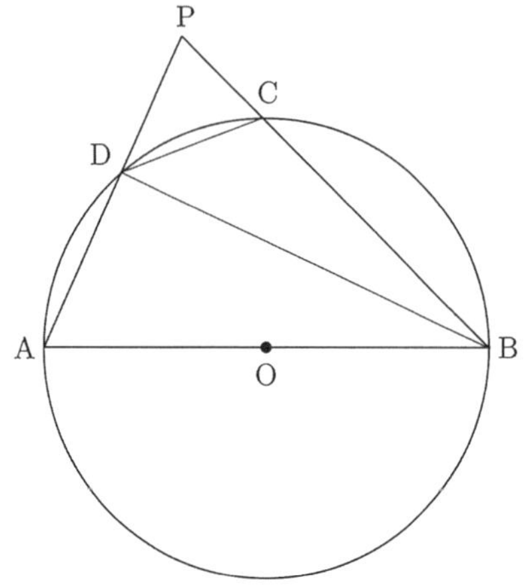

(1) 線分BDの長さを求めなさい。

(2) △PDCの面積は△PABの面積の何倍かを求めなさい。

7 図のように，直方体ABCD−EFGHの辺EF上に点Pがある。DC=4cm，CG=2cmである。△CDPが正三角形であるとき，次の問いに答えなさい。

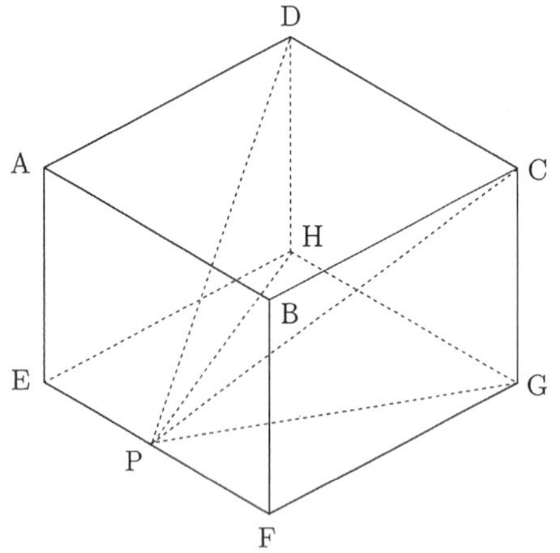

(1) 辺FGの長さを求めなさい。

(2) 四角錐PCDHGの体積を求めなさい。

2021(R3) 星城高
教英出版

＝令和３年度＝

英 語

（50分）

一　般

注 意 事 項

1　問題が配付されてもページをめくらないでください。

2　答えはすべて解答用紙の決められた欄に記入してください。

3　問題は１ページから５ページまであります。

1　聞き取りテスト

★教英出版編集部注
問題音声は教英出版ウェブサイトで。
リスニングＩＤ番号は解答集の表紙を参照。

指示に従って聞き取りテストの問題に答えなさい。

「答え方」

問題は第１問と第２問の２つに分かれています。

第１問は，１番から３番までの３つあります。それぞれについて，最初に会話文を読み，続いて，会話についての問いと，問いに対する答え，a，b，c，d を読みます。そのあと，もう一度，その会話文，問い，問いに対する答えを読みます。必要があればメモをとってもよろしい。

問いの答えとして正しいものは解答欄の「正」の文字を，誤っているものは解答欄の「誤」の文字を，それぞれ○で囲みなさい。正しいものは，各問いについて１つしかありません。

第２問は，最初に英語の文章を読みます。続いて，文章についての問いと，問いに対する答え，a，b，c，d を読みます。問いは問１と問２の２つあります。そのあと，もう一度，文章，問い，問いに対する答えを読みます。必要があればメモをとってもよろしい。

問いの答えとして正しいものは解答欄の「正」の文字を，誤っているものは解答欄の「誤」の文字を，それぞれ○で囲みなさい。正しいものは，各問いについて１つしかありません。

それでは，読みます。

メモ欄

2 次の問いに答えなさい。

(1) 質問の答えとして最もふさわしいものを，次のア〜エからそれぞれ１つずつ選び，記号で答えなさい。

① How often do you go to the library in a month ?

ア Yes, I often do.

イ No, I won't.

ウ Three and a half hours.

エ Well, three or four times.

② What do you do in your free time ?

ア I take this. How much ?

イ I don't like oranges. I like bananas better.

ウ I play sports like tennis and basketball.

エ Nothing. I'm all right. Don't do anything, please.

③ Can I go home a little earlier than usual ?

ア Yes, but anything wrong ?

イ Yes, you're, but only once.

ウ No, you have to get up at once.

エ No, not yet. You can do it over there.

(2) 次の２つの文の内容がだいたい同じになるように，(　　　)にあてはまる最も適当な語をそれぞれ１つずつ書きなさい。

① { We can see many beautiful pictures in this museum.
Many beautiful pictures can be (　　　) in this museum.

② { If you use this key, you can open the door.
Use this key, (　　　) you can open the door.

3 次の文章を読み，あとの(1)～(7)までの問いに答えなさい。

My dream was to win the marathon in the world championships. In high school, I got third place in the national competition and was chosen to join a special training program. I ran every day and only thought about the marathon. I became so fast, and I was sure I could go to the world championships. But I was (A). Just before our team left, I hurt my leg. That was the end of my career as a marathon runner. After ①<u>that</u>, I became empty inside, just like an empty box. I didn't even have the energy to get out of bed.

The person who saved me was my coach. He waited until I was ready to start a new life. He never told me to do anything but was always by my side. After a few months, I noticed that I wasn't an empty box anymore. Little (B) little, my coach helped me find myself again. He became the love of my life, and we got married. He still coached runners, but he never talked about running in front of me. Maybe he didn't want to make me feel bad.

A few years later, another person came into my life: a baby that looked just like my husband. I was so happy. But suddenly my happiness ended.

②<u>The love of my life died.</u> He left for work one day and never came home. I became afraid. I lost my love. "What if I lose my baby, too? Then, I will become that empty box again," I thought. "I have to do everything to make my child happy." After that, I worked very hard. I worked so hard that ③(I/time/didn't/have/feel/to) sad that my child's father had died.

Five years passed. One day, I was getting ready to move to a new city, and I found the love of my life's diary. It was in the closet. In the diary, he said, "I really want to see her run one more time ...." This made me cry so hard. Why didn't he tell me ④<u>this</u> when he was alive? After reading his diary, I made ⑤<u>a decision</u>. I was going to run again. So I started to prepare for a local marathon. I wanted to show him that I was doing okay.

〈注〉 the national competition 全国大会　saved 救ってくれた　noticed 気づいた
had died 死んでしまった　closet 押し入れ　local 地元の

(1) (A)にあてはまる最も適当な語を，次のア～エから 1 つ選び，記号で答えなさい。

ア right　　イ wrong　　ウ left　　エ poor

(2) 下線部①の内容として最も適当なものを，次のア～エから 1 つ選び，記号で答えなさい。

ア 全国大会で 3 位になったこと
イ 特別なトレーニング計画に選ばれたこと
ウ 脚のケガをしたこと
エ チームが出発したこと

(3) (B)にあてはまる最も適当な語を，次のア～エから 1 つ選び，記号で答えなさい。

ア by　　イ in　　ウ with　　エ to

(4) 次の文が下線部②の内容と同じになるように，(　　)にあてはまる最も適当な語を，次のア～エから 1 つ選び，記号で答えなさい。

My (　　) died.

ア baby　　イ husband　　ウ wife　　エ father

(5) 本文の内容に合うように，③の(　　)内の語を正しく並べかえなさい。

(6) 下線部④の内容として正しいものを，次のア～エから 1 つ選び，記号で答えなさい。

ア マラソンの世界大会で優勝したかったこと
イ マラソンの全国大会で優勝したかったこと
ウ 二人の間にできた子供が走る姿を見たかったこと
エ 私が走る姿をもう一度見たかったこと

(7) 下線部⑤の内容として正しいものを，次のア～エから 1 つ選び，記号で答えなさい。

ア 子供を立派なマラソンの選手にすること
イ 自分がまたマラソンの選手として走ること
ウ 子供と自分が一緒にマラソンの大会で走ること
エ 自分がマラソンのコーチになること

4 次の会話文を読み，あとの(1), (2)の問いに答えなさい。

Hideki: Do you have any pets, Kate?

Kate: Yes, I have a cat. Her name is Miki. I love her. When she hears me arrive home, she comes to the door and waits (A) me. She's very cute. How (a) you?

Hideki: Yes, I also have a pet, but it's not a cat but a dog. His name is Ryu. He's very friendly. I usually take him (B) a walk early in the morning.

Kate: Oh, you like dogs. (b) do you think of cats?

Hideki: Well, I don't like them. In fact, I hate them. When I was a young boy, my mother bought me two goldfish. I put them in a goldfish bowl and (c) good care of them. Every morning I fed them and was happy to see them growing bigger and bigger. One day, when I got home, I saw a cat run out of my room. When I looked at the bowl, I was shocked to see it was empty. That's the reason I hate them.

Kate: You (d) your important goldfish because of the cat. I'm very sorry to hear that.

〈注〉 goldfish bowl (ガラス製の)金魚鉢

(1) (A), (B)に共通にあてはまる１語を書きなさい。

(2) (a)～(d)にあてはまる最も適当な語を，次のア～エからそれぞれ１つずつ選び，記号で答えなさい。

a	ア do	イ are	ウ is	エ about
b	ア Which	イ What	ウ Who	エ How
c	ア took	イ gave	ウ did	エ paid
d	ア bough	イ watched	ウ liked	エ lost

放送原稿

★教英出版編集部注
問題音声は教英出版ウェブサイトで。
リスニングＩＤ番号は解答集の表紙を参照。

これから英語の聞き取りテストを行います。
それでは，聞き取りテストの説明をします。問題は第１問と第２問の２つに分かれています。

第１問。

第１問は，１番から３番までの３つあります。それぞれについて，最初に会話文を読み，続いて，会話についての問いと，問いに対する答え，ａ，ｂ，ｃ，ｄを読みます。そのあと，もう一度，その会話文，問い，問いに対する答えを読みます。必要があればメモをとってもよろしい。
問いの答えとして正しいものは解答欄の「正」の文字を，誤っているものは解答欄の「誤」の文字を，それぞれ○で囲みなさい。正しいものは，各問いについて１つしかありません。それでは，読みます。

(第１問)

１番

Nick : Keiko, do you know who that man is ?
Keiko : Which one ?　The man with an umbrella in his hand ?
Nick : Yes, that man.

Question :　What is Keiko going to say next ?
　a　He is reading a book.
　b　He doesn't want to walk in the park.
　c　He is Mr. Kuroda.　He is an artist.
　d　He has a lot of things to do.

それでは，もう一度読みます。(会話文と問いを繰り返す。)

２番

Ben : Meg, I feel thirsty.　I want something to drink.
Meg : Me, too, Ben.　We still have 30 minutes till our train comes.
Ben : Then why don't we go to that coffee shop over there ?
Meg : That's great.

Question :　Where are they ?
　a　In a hospital.
　b　In a baker's.
　c　In a station.
　d　In an airport.

それでは，もう一度読みます。(会話文と問いを繰り返す。)

３番

Jane : I hope you can come here to stay with us next year, Mark.
Mark : Oh, Jane.　I can't wait so long.　I'd like to come sooner.
Jane : When can you come then ?
Mark : Let me ask my parents.

Question :　When will Mark stay with Jane ?
　a　Next year.
　b　Next month.
　c　Next week.
　d　He has no idea.

それでは，もう一度読みます。(会話文と問いを繰り返す。)

第２問。

第２問は，最初に英語の文章を読みます。続いて，文章についての問いと，問いに対する答え，ａ，ｂ，ｃ，ｄを読みます。問いは問１と問２の２つあります。そのあと，もう一度，文章，問い，問いに対する答えを読みます。必要があればメモをとってもよろしい。
問いの答えとして正しいものは解答欄の「正」の文字を，誤っているものは解答欄の「誤」の文字を，それぞれ○で囲みなさい。正しいものは，各問いについて１つしかありません。それでは読みます。

(第２問)

Ken got up at five o'clock in the morning.　He looked out of the window and was happy to find it was a sunny day.　He went fishing in the river near his house.　He had prepared what he needed for fishing the day before.　He asked Koji to go with him, but Koji said he couldn't come.

It took 15 minutes to walk to the river.　He met three people before he got there.　Before noon, he left the river for home.　He had caught ten fish.　He was pleased.

問１　Where did Ken go fishing ?

a　In the river near his house.
b　In the river in the next town.
c　In the sea near his house.
d　In the sea in which he doesn't like any sports.

問２　How many fish did he catch ?

a　5 fish.
b　10 fish.
c　15 fish.
d　He didn't catch any.

それでは，もう一度読みます。(英文と問いを繰り返す。)

これで，聞き取りテストを終わります。解答の済んだ人は２の問題以降に進みなさい。

＝令和３年度＝

理　科

（45分）

一　般

注意事項

1　問題が配付されてもページをめくらないでください。

2　答えはすべて解答用紙の決められた欄に記入してください。

3　問題は１ページから８ページまであります。

1　7種の植物（トウモロコシ，ゼニゴケ，ツユクサ，タンポポ，イヌワラビ，アブラナ，クロマツ）を下の図1ように仲間分けした。あとの問いに答えなさい。

図1

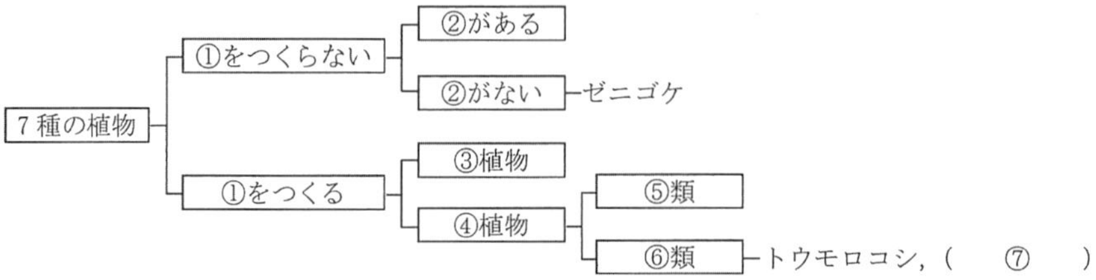

図2

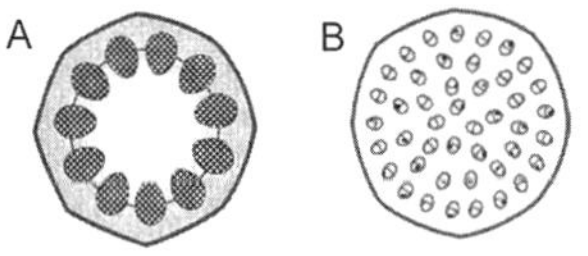

⑴　図1の①に当てはまる語句として適当なものを，下のア～オから1つ選び，記号で答えなさい。

ア　子房　　イ　種子　　ウ　維管束　　エ　胞子　　オ　仮根

⑵　図1の②に当てはまる語句として適当なものを，下のア～オから1つ選び，記号で答えなさい。

ア　子房　　イ　種子　　ウ　維管束　　エ　胞子　　オ　仮根

⑶　図1の③，④，⑤に当てはまる語句の組み合わせとして正しいものを，下のア～オから1つ選び，記号で答えなさい。

ア　③　裸子　④　被子　⑤　双子葉

イ　③　被子　④　裸子　⑤　単子葉

ウ　③　種子　④　被子　⑤　双子葉

エ　③　シダ　④　被子　⑤　双子葉

オ　③　裸子　④　被子　⑤　単子葉

(4) 図1の⑤類と⑥類の違いを説明した文章として正しいものを，下のア～オから1つ選び，記号で答えなさい。

ア　子葉の枚数が⑤類は1枚，⑥類は2枚である

イ　胚珠が⑤類ではむきだしであり，⑥類では子房の中にある

ウ　根のつくりが⑤類ではひげ根であり，⑥類では主根と側根である

エ　葉脈が⑤類では網状脈，⑥類では平行脈である

オ　⑤類は根，茎，葉の区別があるが，⑥類ではない

(5) 図2は植物の茎の横断面を拡大した模式図である。図1の⑥類の茎の横断面を観察するとどのようにみえるか。下のア～オから1つ選び，記号で答えなさい。

ア　A　　イ　B

ウ　茎の上の方はA，下の方はB　　エ　茎の下の方はA，上の方はB

オ　A，Bのどちらでもない

(6) ⑦に当てはまる植物名として適当なものを，下のア～オから1つ選び，記号で答えなさい。

ア　ツユクサ　　イ　タンポポ　　ウ　イヌワラビ

エ　アブラナ　　オ　クロマツ

2 下の図ように，電源装置，抵抗器 A，スイッチ，電流計，電圧計を接続した回路を作成した。この回路を用いて，電源装置の電圧を変えたときの，抵抗器 A にかかる電圧と流れる電流を測定した。その結果は表 1 のようになった。あとの問いに答えなさい。

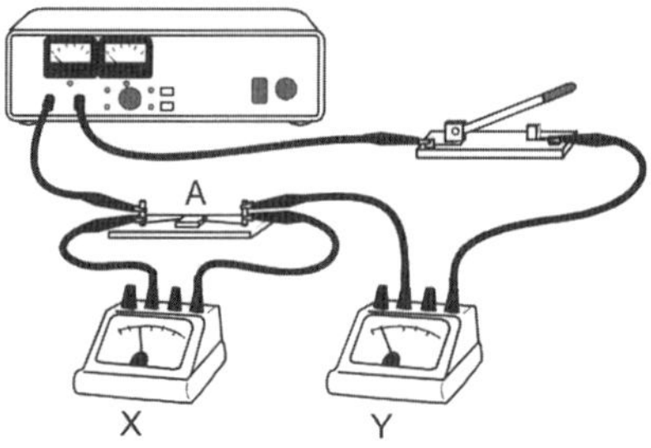

表 1　抵抗器 A を使って測定

電圧〔V〕	0	2.0	4.0	6.0	…………
電流〔mA〕	0	80	160	240	…………

⑴　図の実験器具の接続の仕方で正しいものを，下のア～オから 1 つ選び，記号で答えなさい。

ア　X も Y も電流計である。

イ　X も Y も電圧計である。

ウ　X は電圧計で Y は電流計である。

エ　X は電流計で Y は電圧計である。

オ　X と Y どちらが電流計でも電圧計でもかまわない。

⑵　電圧の測定値が 9.0V であるとき，抵抗器 A に流れる電流の大きさは何 mA になるか答えなさい。

⑶　抵抗器 A の抵抗の大きさは何 Ω か答えなさい。

⑷　図のように実験器具を接続し，電圧計が示す値を 4.0V にしたまま，10 分間電流を流したとき，抵抗器Aで消費する電力量は何Jか答えなさい。

(5)　抵抗器Aを抵抗器Bにかえて同じ実験をすると，表2のような結果になった。抵抗器Aと抵抗器Bを直列につないだとき，全体の抵抗の大きさとして正しいものを，下のア～オから1つ選び，記号で答えなさい。

表2　抵抗器Bを使って測定

電圧〔V〕	0	2.0	4.0	6.0	…………
電流〔mA〕	0	40	80	120	…………

ア　20Ω　　イ　25Ω　　ウ　50Ω　　エ　60Ω　　オ　75Ω

3 下の図は，日本付近の天気図の一部を示している。あとの問いに答えなさい。

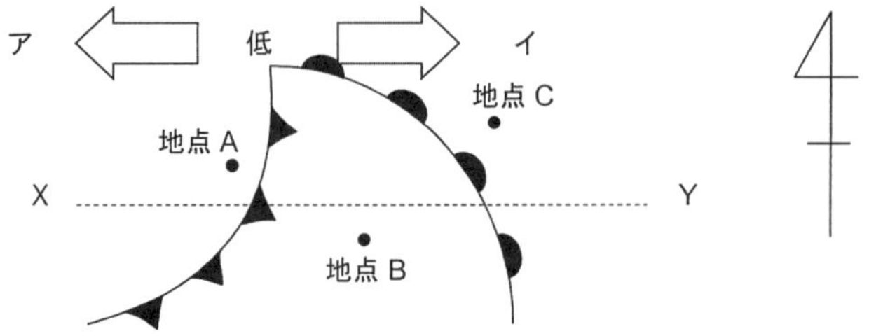

⑴　前線をともなった図のような低気圧を何というか。下のア～オから 1 つ選び，記号で答えなさい。

ア　熱帯低気圧　　　イ　停滞低気圧　　　ウ　温帯低気圧
エ　寒冷低気圧　　　オ　温暖低気圧

⑵　図中の X-Y の断面を見ると，大気の様子はどうなっているか。下のア～エから 1 つ選び，記号で答えなさい。

ア
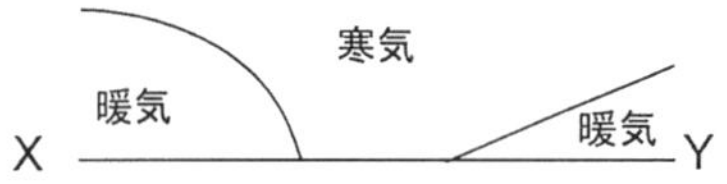

イ
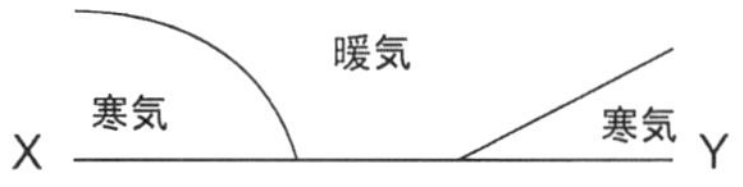

ウ
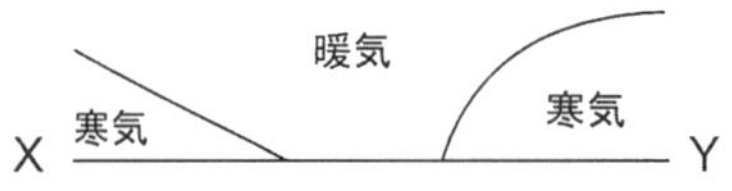

エ
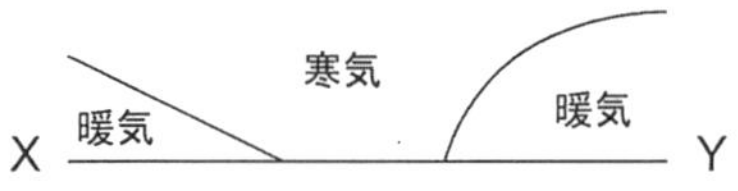

⑶　この図から予測される事がらとして正しい説明を，下のア～オから 2 つ選び，記号で答えなさい。

ア　時間がたつと，この低気圧は，アの方向へ移動する。
イ　時間がたつと，この低気圧は，イの方向へ移動する。
ウ　地点 A は曇りで，地点 B より気温が高い。
エ　時間がたつと，地点 B は気温が下がり，激しい雨になる。
オ　地点 C は気温が高く，雨が降っている。

(4) 寒冷前線が温暖前線に追いついてできる前線を何というか答えなさい。

(5) 地点Aの上空にある雲を何というか。下のア～オから 1 つ選び，記号で答えなさい。

ア　乱層雲　　イ　高積雲　　ウ　巻積雲
エ　巻層雲　　オ　積乱雲

(6) 前線について，次の文の(　①　)と(　②　)に入る語句の組み合わせとして正しいものを，下のア～オから1つ選び，記号で答えなさい。

> 暖気と寒気の勢力がほぼ同じで，上空の風の向きが前線と平行になると前線は動かなくなる。このような前線は(　①　)と呼ばれ，その付近では厚い雲ができ，動きの遅いことが特徴である。初夏にできやすい梅雨前線はこの前線の一種であり，小笠原気団と(　②　)がぶつかることによって発生する。

ア { ①　停滞前線　②　揚子江気団 }
イ { ①　停滞前線　②　シベリア気団 }
ウ { ①　停滞前線　②　オホーツク海気団 }
エ { ①　へいそく前線　②　揚子江気団 }
オ { ①　へいそく前線　②　シベリア気団 }
カ { ①　へいそく前線　②　オホーツク海気団 }

4 下の図のように，うすい塩酸に亜鉛板と銅板を入れた電池に，モーターを接続した装置を作成したところ，モーターが回転した。あとの問いに答えなさい。

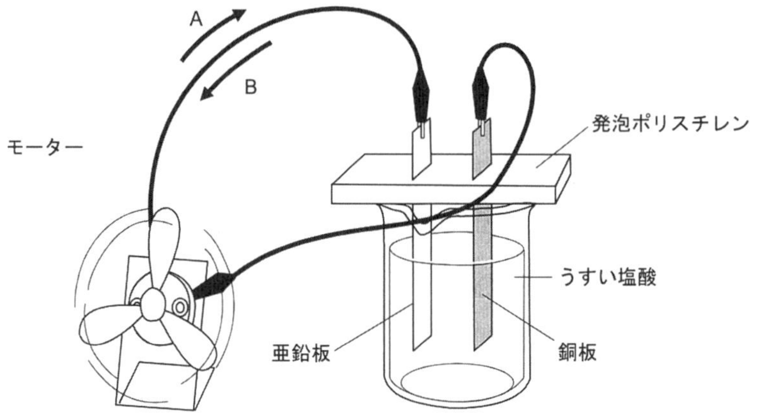

(1) 亜鉛板につないだ導線中の電子の移動の向きは，図中のA，Bのどちらか。また，電池の＋極は亜鉛板，銅板のどちらか。正しい組み合わせを，下のア～オから１つ選び，記号で答えなさい。

ア ｛電子：A　＋極：銅板｝
イ ｛電子：A　＋極：亜鉛板｝
ウ ｛電子：B　＋極：銅板｝
エ ｛電子：B　＋極：亜鉛板｝
オ ｛電子：Aの時もBの時もある　＋極：亜鉛板の時も銅板の時もある｝

(2) この実験では気体が発生する。気体が発生するのは亜鉛板，銅板どちらか。また，発生する気体を化学式で表した。正しい組み合わせを，下のア～オから１つ選び，記号で答えなさい。

ア　亜鉛板と銅板から O_2　　イ　亜鉛板から Cl_2
ウ　銅板から H_2　　エ　亜鉛板から H_2
オ　亜鉛板から Cl_2，銅板から H_2

(3) この実験で気体の発生とともに生じるイオンのイオン式を，下のア～オから１つ選び，記号で答えなさい。

ア　Zn^{+}　　イ　Cl^{-}　　ウ　Cu^{2+}
エ　H^{+}　　オ　Zn^{2+}

(4)　装置を次のA，B，Cのように変更すると，モーターの回転はどうなるか。正しい組み合わせを下のア～オから１つ選び，記号で答えなさい。

A　亜鉛板と銅板を入れかえた。

B　うすい塩酸をエタノールの水溶液にかえた。

C　亜鉛板を銅板にかえ，銅板と銅板にした。

ア
- A　回転した
- B　回転した
- C　回転した

イ
- A　回転した
- B　回転した
- C　回転しなかった

ウ
- A　回転した
- B　回転しなかった
- C　回転しなかった

エ
- A　回転しなかった
- B　回転した
- C　回転した

オ
- A　回転しなかった
- B　回転しなかった
- C　回転した

(5)　水に溶かすとその水溶液に電流が流れる物質を何というか。下のア～オから１つ選び，記号で答えなさい。

ア　電離　　イ　電解質　　ウ　イオン

エ　非電解質　　オ　電気分解

＝令和３年度＝

社　会

（45分）

一　般

注意事項

1 問題が配付されてもページをめくらないでください。

2 答えはすべて解答用紙の決められた欄に記入してください。

3 問題は１ページから９ページまであります。

1 次の地図に関係する文を読んで，あとの問いに答えなさい。

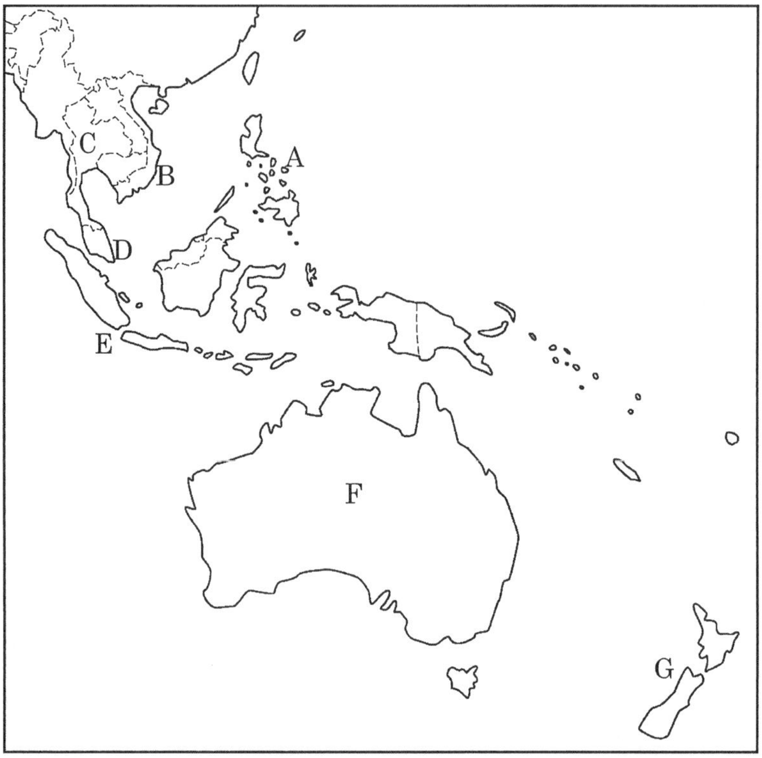

（ ① ）には，18 世紀後半から移民がやってくるようになった。そのころ，約 30 万人いた先住民族アボリジニの数は，現在ではこの国の人口約 2100 万人のおよそ 1 %になっている。また，本国の産業革命以後，羊毛が重要な輸出品になり，19 世紀中ごろには金鉱が発見されて，人口が急速に増加した。

東アジア，東南アジアの国々の多くは複数民族で構成される（ あ ）国家であるが，（ ② ）も人口の約 6 割がマレー系，約 3 割が華人系，約 1 割がインド系である。植民地時代からゴムのプランテーションやすずの採掘がおこなわれており，イスラム教が国教として信仰されている。

1949 年に独立を承認された（ ③ ）の人口は，中国，インド，アメリカに次ぐ世界第 4 位である。ASEAN の盟主であり，首都に ASEAN の本部がある。ユネスコの世界遺産に登録された仏教寺院の遺跡群があり，人口の 8 割以上はイスラム教徒である。

1976 年に南北が統一された（ ④ ）も，かつて植民地支配を経験している。統治体制は共産党による一党独裁制である。この国の貿易の最大相手国である中国とは，領土・領海紛争問題で対立が続いている。

（1）文中の（　あ　）に入る適語を漢字3文字で答えなさい。

（2）（　①　）を，かつて植民地として支配していた国を，次のア～キの中から一つ選び，記号を書きなさい。

ア　アメリカ　　イ　イギリス　　ウ　中国　　エ　オランダ

オ　フランス　　カ　ドイツ　　キ　ロシア

（3）（　②　）に該当する国の首都の年平均気温と年間降水量を表したグラフはどれか，次のア～エの中から一つ選び，記号を書きなさい。

（ア）

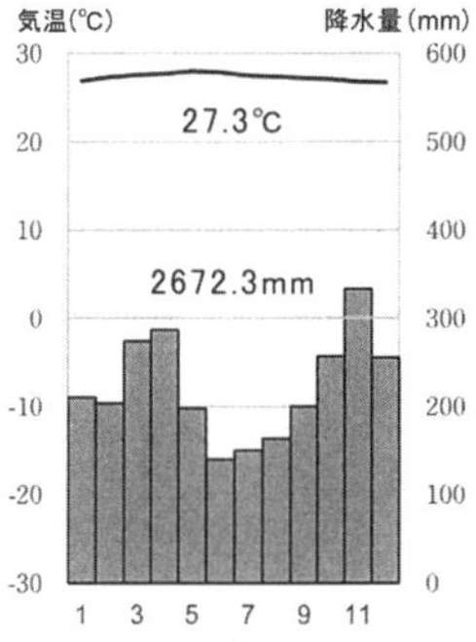

（イ）

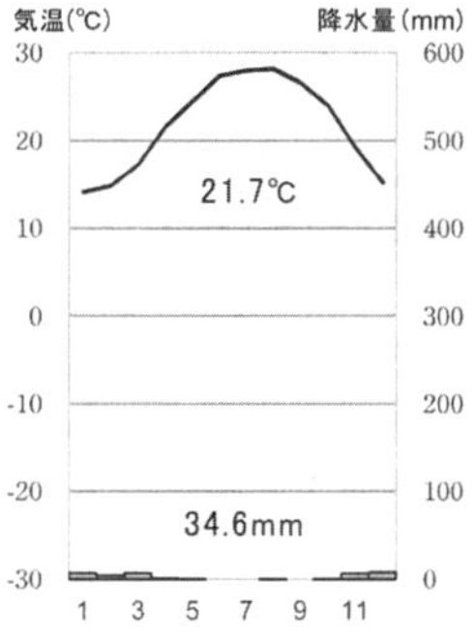

（ウ）

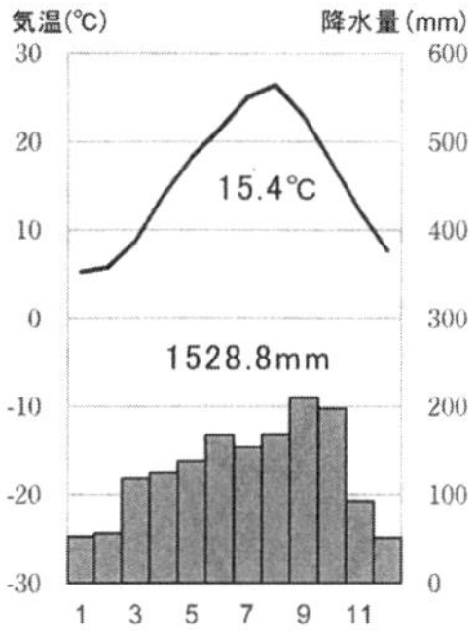

（エ）

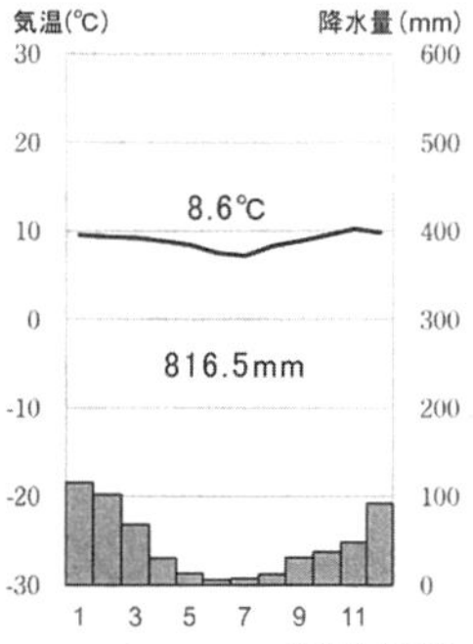

（理科年表）

（4）地図中のA～Gに示した国の中で、（　③　）・（　④　）に該当する国の組み合わせとして正しいものを，ア～クの中から一つ選び，記号を書きなさい。

ア　③F，④D　　イ　③B，④A　　ウ　③E，④C　　エ　③D，④A

オ　③E，④B　　カ　③A，④B　　キ　③G，④A　　ク　③F，④C

（5）次のⅠ～Ⅲのグラフはそれぞれ，ある品目の日本における貿易輸入相手国を示しています。品目とグラフの組み合わせとして正しいものを，ア～カの中から一つ選び，記号を書きなさい。

Ⅰ

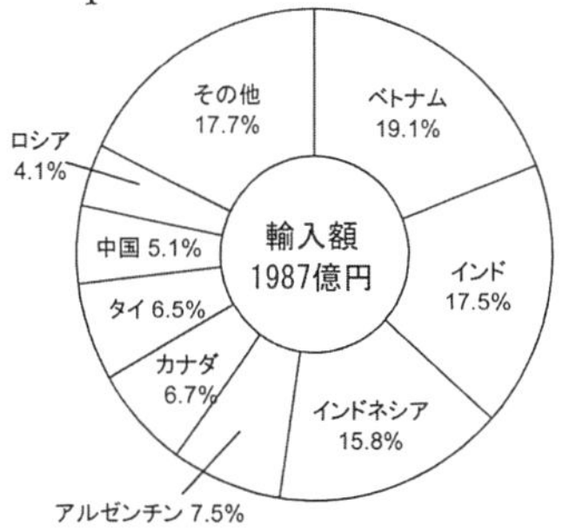

Ⅱ

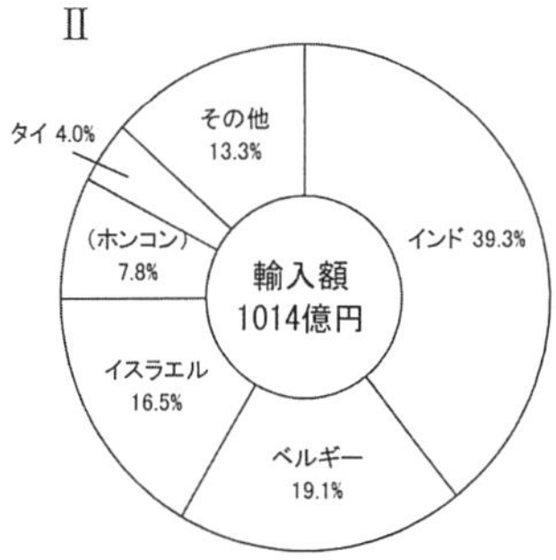

Ⅲ

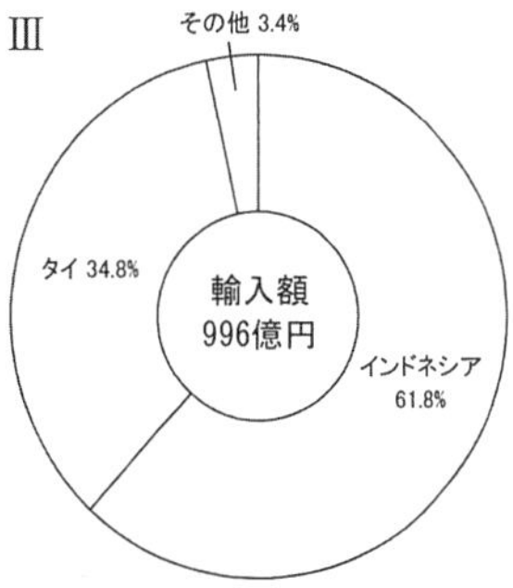

（2018年財務省調べ）

ア　Ⅰダイヤモンド　Ⅱえび　Ⅲ天然ゴム　　イ　Ⅰダイヤモンド　Ⅱ天然ゴム　Ⅲえび

ウ　Ⅰ天然ゴム　Ⅱダイヤモンド　Ⅲえび　　エ　Ⅰ天然ゴム　Ⅱえび　Ⅲダイヤモンド

オ　Ⅰえび　Ⅱ天然ゴム　Ⅲダイヤモンド　　カ　Ⅰえび　Ⅱダイヤモンド　Ⅲ天然ゴム

2 次の地図に関連するあとの問いに答えなさい。

（1） 次の表は、ある農産物の生産比率を示したものである。（　あ　）に入る府県の地図上の記号と，その府県名を書きなさい。

ある農産物の生産比率(年間88万t)

(あ)20%	愛媛 15%	静岡 14%	熊本 11%	長崎 7%	佐賀 6%	愛知 3%	広島 3%	福岡 3%	その他 18%

(2014年農林水産統計表ほか)

（2） 地図中の各府県の説明文として，正しく説明しているものを，次のア～クから二つ選び，記号を書きなさい。

ア　Aには白山国立公園がある。また，小浜市を中心にめがねフレームなど，全国生産の90%以上を生産している。越前和紙や越前漆器，若狭塗などの伝統工芸品も生産されている。

イ　Bには奈良時代に最澄が開いた金剛峯寺がある。また，江戸時代には多くの近江商人を輩出した。現在は，医薬品を含めた地場産業が存在する。環境先進県としても知られている。

ウ　Cにある尾鷲は多雨地帯であり，年降水量の平均は4,000ミリ程度に達する。また，熊野は伝統工芸の筆の生産で知られている。四日市では，かつて石油化学コンビナートが排出した亜硫酸ガスによる大気汚染でぜんそくの被害が広がった。

エ　Dの北部は大阪や京都への交通が便利で，ベッドタウンとなっている。法隆寺地域の仏教建造物や古都の文化財，紀伊山地の霊場と参詣道がユネスコの世界遺産に登録されている。南部の基幹産業は林業で，吉野杉のブランドで知られている。

オ　Eの南部にはさまざまな寺院があり，観光業が盛んである。舞鶴港は中国や韓国，ロシアへの定期コンテナの航路がある。伝統工芸品は西陣織，京友禅，信楽焼や京仏壇など多彩である。

カ　Fの全域が瀬戸内式気候に属し，年間を通して温暖である。淀川河口の地は平安時代に京都と水運でむすばれた。江戸時代には，全国からの航路が集まり，経済の中心地としてさかえて，「天下の台所」と称され，諸藩の上屋敷が建ち並んだ。

キ　Gの北部は阪神工業地帯に属する一方，沖に親潮が流れるため漁業も盛んである。また，古くからスギやヒノキを中心とした林業が盛んであったが，間伐の遅れによる森林の荒廃や林業労働力の高齢化が著しくなっている。

ク　Hの中央部には中国山地が東西に横たわっている。瀬戸内海沿岸部は日本有数の重化学工業地帯であるが，中部や北部は農林水産業が主であり，過疎地や豪雪地帯を抱えることから，日本の縮図といわれることがある。

（3）地図中のDにある近鉄奈良駅と東大寺との間の距離はおよそ 2.0 kmである。2 万5000 分の 1 の地図と 5 万分の 1 の地図とでは，2 万 5000 分の 1 の地図のほうが何cm長く表記されるか書きなさい。

（4）次の文中の（　い　）に入る適語を書きなさい。

地図中のEにある京都市内では，江戸時代や明治時代に建設されたものを含む古い木造住宅を（　い　）とよぶ。所有者の多くは高齢者であり，残したいとの思いをもつ一方で，維持改修費用などの問題点を懸念する声もある。市はこれらの保存と活用を図っており，空き家の利用希望者を募集するなどさまざまな施策を打ち出している。

3 次の写真Ⅰ～Ⅳを見て，あとの問いに答えなさい。

Ⅰ　唐招提寺金堂

Ⅱ　金閣

Ⅲ　日光東照宮

Ⅳ　富嶽三十六景「神奈川沖浪裏」

（１）Ⅰが建立された時代にあてはまる文章を，下のア～カから一つ選び，記号を書きなさい。

ア　平清盛は，太政大臣となって一族を高い役職や国司につけた。

イ　天皇や貴族，民衆の和歌を広く集めた『万葉集』がまとめられた。

ウ　座禅によって自分でさとりを開く禅宗が，宋から伝えられた。

エ　中大兄皇子と中臣鎌足らが蘇我氏を倒して，政権をにぎった。

オ　和歌が再び盛んになり，紀貫之らにより『古今和歌集』がまとめられた。

カ　冠位十二階の制度によって，世襲による役人の採用をさけることにした。

（２）Ⅱを建てた足利将軍の保護を受けた観阿弥，世阿弥親子が大成させた芸能は何か，漢字で書きなさい。

＝令和三年度＝

国語　一般　解答用紙

※印の欄には記入しないこと。

受験番号	
氏名	

評点	※ ※22点満点 （配点非公表）

問一

Ⅰ	Ⅱ	Ⅲ

問二

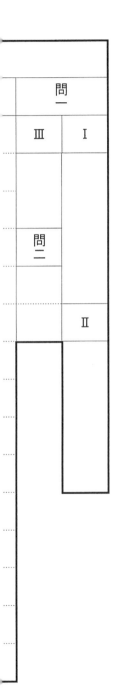

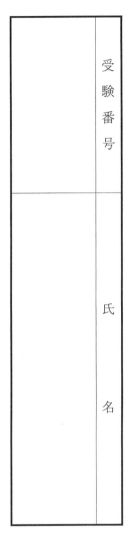

3	(1)		(2)	cm^2	
4	:				※
5	(1)	$\angle x=$ 度	(2)	$\angle x=$ 度	※
6	(1)	cm	(2)	倍	※
7	(1)	cm	(2)	cm^3	※

（※印の欄には記入しないこと。）

受　験　番　号	氏　　　　　名

評　点
※ ※22点満点 (配点非公表)

3	(5)							
	(6)		(7)					
4	(1)							
	(2)	a		b		c		d

※

（※印の欄には記入しないこと。）

受　験　番　号	氏　　　　　名

評　点
※ ※22点満点 (配点非公表)

4	(5)	

（※印の欄には記入しないこと。）

受験番号	氏名

評点
※ ※22点満点 (配点非公表)

4	(1)		(2)	A	B	
	(3)		(4)			
5	(1)		(2)	A	B	※
	(3)					
6	(1)		(2)			※

（※印の欄には記入しないこと。）

受　験　番　号	氏　　　　　名

評　点
※ ※22点満点 （配点非公表）

＝令和３年度＝

社会　一般　解答用紙

1	(1)		(2)		※
	(3)		(4)		
	(5)				
2	(1)	記号　　　　　　府県名			※
	(2)	,	(3)	cm	
	(4)				
3	(1)		(2)		※

【解答

＝令和３年度＝

理科　一般　解答用紙

1	(1)		(2)		(3)		(4)		※
	(5)		(6)						
2	(1)		(2)	mA					※
	(3)	Ω	(4)	J					
	(5)								
3	(1)		(2)		(3)	,			※
	(4)		(5)		(6)				

【解答

＝令和３年度＝

英語　一般　解答用紙

1	第1問	1番	a	正	誤	b	正	誤	c	正	誤	d	正	誤	※
		2番	a	正	誤	b	正	誤	c	正	誤	d	正	誤	
		3番	a	正	誤	b	正	誤	c	正	誤	d	正	誤	
	第2問	問1	a	正	誤	b	正	誤	c	正	誤	d	正	誤	
		問2	a	正	誤	b	正	誤	c	正	誤	d	正	誤	

2	(1)	①		②		③		※
	(2)	①				②		

【解答

＝令和３年度＝

数学　一般　解答用紙

1	(1)		(2)		※
	(3)		(4)		
	(5)		(6)		
	(7)	倍			
2	(1)	①	②		※
	(2)	$a=$	(3)	$m=$　　　, $n=$	

【解答

一

問四

問五

問六

問七

問八

問九
最初
終わり

問十

問十一

問十二

二

問一

問二

問三

問四

問五

問六

問七

問八

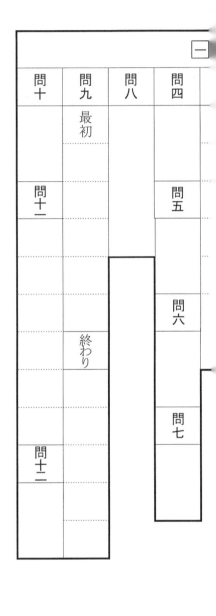

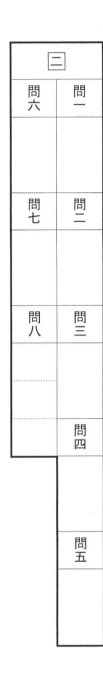

（3）Ⅲにまつられた人物が開いた幕府に関係するできごとＡ～Ｃについて，古いものから年代順に正しく配列したものを，ア～カから一つ選び，記号を書きなさい。

Ａ　大坂夏の陣で豊臣氏が滅ぶ。

Ｂ　オランダ人を出島に移す。

Ｃ　朝鮮との国交を回復する。

ア　Ａ・Ｂ・Ｃ　　イ　Ａ・Ｃ・Ｂ　　ウ　Ｂ・Ａ・Ｃ

エ　Ｂ・Ｃ・Ａ　　オ　Ｃ・Ａ・Ｂ　　カ　Ｃ・Ｂ・Ａ

（4）Ⅳの作者が生きた時代にあてはまる文章を，Ａ～Ｅから二つ選び，その組み合わせとして正しいものを，下のア～コから一つ選び，記号を書きなさい。

Ａ　将軍徳川慶喜は，天皇のもとに大名の議会をつくり，自ら議長として実権を持ち続けようと考え，政権を天皇に返すことを申し出た。

Ｂ　老中水野忠邦は，株仲間を解散させて商人の自由な取引を認め，物価の引き下げをはかった。

Ｃ　大阪町奉行所の役人大塩平八郎は，奉行所や大商人が貧しい人々の救済を考えないことにいきどおり，大阪で乱をおこした。

Ｄ　将軍徳川吉宗は，江戸に目安箱を設けて民衆の意見を政治の参考にし，公事方御定書という法令集をつくって裁判の基準にした。

Ｅ　大老井伊直弼は，尊皇攘夷運動が発展すると，これを厳しく取り締まり，吉田松陰などを処刑した。

ア　ＡとＢ　　イ　ＡとＣ　　ウ　ＡとＤ　　エ　ＡとＥ　　オ　ＢとＣ

カ　ＢとＤ　　キ　ＢとＥ　　ク　ＣとＤ　　ケ　ＣとＥ　　コ　ＤとＥ

4 次の年表を見て，あとの問いに答えなさい。

1868年～1869年　戊辰戦争…①

1894年～1895年　日清戦争…②

1904年～1905年　日露戦争

1914年～1918年　第一次世界大戦…③

1939年～1945年　第二次世界大戦…④

（1）①の戦争が終わった年に，海外でおこったできごとは何か，ア～カから一つ選び，記号を書きなさい。

ア　ヨーロッパ連合が発足する。

イ　アメリカ独立宣言が発表される。

ウ　アヘン戦争が始まる。

エ　イタリア王国が成立する。

オ　イギリスで蒸気鉄道が開通する。

カ　スエズ運河が開通する。

（2）②に関係する文中の（　A　）（　B　）に入る適語をア～オから選び，記号を書きなさい。

近代国家を目ざす日本にとって，外交上の重要な課題は幕末に欧米諸国と結んだ不平等条約を改正することであった。日本が立憲政治を実現すると，イギリスはロシアの東アジアへの進出に対抗するために，日本との条約改正に応じ，（　A　）が撤廃された。次いで，他の諸国とも同じような条約が結ばれたが，（　B　）の完全な回復は，日露戦争後のことであった。

ア　居住権　イ　治外法権　ウ　交戦権　エ　関税自主権　オ　違憲審査権

（3）③の時期におこったできごとを記述したア～オのなかで，適当でないものを一つ選び，記号を書きなさい。

ア　日本はサイパンやパラオなど，太平洋にあるドイツ領の南洋諸島を占領した。

イ　ロシアではソビエトという自治組織が結成され，帝政は倒れた。

ウ　はじめ中立であったトルコは領土獲得を条件に連合国側について参戦した。

エ　イギリスは自治を約束するかわりに，インドから兵士を動員した。

オ　日本政府は，中国政府に対して二十一か条の要求を提出した。

（4）④に関連して，日本への空襲が激しくなると，都市部の小学生は親もとを離れ，地方の農村などに集団で移住したがこれを何というか，漢字4文字で書きなさい。

5 次の設問に答えなさい。

（1）日本国憲法第７条に規定する天皇の国事行為としてふさわしくないものをア～カから一つ選び，記号を書きなさい。

ア　国会を召集すること

イ　衆議院を解散すること

ウ　国会議員の総選挙の施行を公示すること

エ　法律及び政令に，内閣総理大臣とともに連署すること

オ　外国の大使及び公使を接受すること

カ　批准書及び法律の定めるその他の外交文書を認証すること

（2）下の図は日本国憲法改正の手続きを示している。（　Ａ　），（　Ｂ　）に入る適語をア～オから選び，記号を書きなさい。

憲法改正案
↓　提出
衆参両議院において，総議員の（　Ａ　）の賛成
↓　改正の発議
国民投票　有効投票の（　Ｂ　）の賛成
↓
承認
↓
公布

ア　４分の３以上　　イ　３分の２以上　　ウ　過半数

エ　３分の１以上　　オ　４分の１以上

（3）次の文中の５か所の下線を施した語句に一つ間違いがある。それにかわる正しい語句を，ア～クから選び，記号を書きなさい。

人権とは，人が生まれながらにして持っている人間としての権利のことである。人権の保障が宣言されるまでには，人々の長年にわたる努力があった。近代の人権宣言で保障されたのは，表現の自由や信教の自由などの生存権であった。

19 世紀には財産権にもとづく自由な経済活動がさかんになったが，それとともに，貧富の差が広がり，労働者は長時間で低賃金の労働をしいられた。

20 世紀に入ると，人々の社会生活を経済的に保障しようとする社会権が人権規定のなかに取り入れられるようになった。

ア　自由権　　イ　教育の自由　　ウ　短時間　　エ　行政権

オ　公共の福祉　　カ　参政権　　キ　納税の義務　　ク　幸福追求権

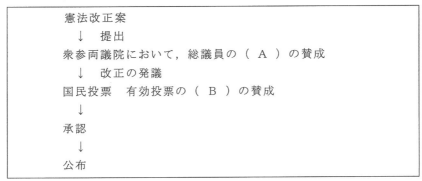

6 次の設問に答えなさい。

（１） 日本の財政に関連することについて述べた文として正しいものを，ア～カから一つ選び，記号を書きなさい。

ア　間接税には，所得が多くなるほど，税率が高くなる方法がとられている。

イ　税金を納める義務のある人を担税者，実際に負担する人を納税者という。

ウ　地方交付税交付金は，地方公共団体間の財政格差をおさえるために配分されている。

エ　政府は税収の不足を補うため，地方債を発行して借り入れをおこなっている。

オ　相続税，法人税，固定資産税は直接税であり，かつ都道府県税である。

カ　好景気のときには，政府は減税や公共投資の削減によって景気をおさえようとする。

（２） 次の文の（ａ）～（ｃ）にあてはまる語句の組み合わせとして正しいものを，下のア～クから一つ選び，記号を書きなさい。

Ａ：１ドル＝１０５円	Ｂ：１ドル＝１１５円

為替相場が，ＡからＢに変化するような状況を（ａ）といい，輸出品の価格が（ｂ）ので，輸出に（ｃ）になる。

ア	ａ 円高	ｂ 上がる	ｃ 有利	イ	ａ 円高	ｂ 上がる	ｃ 不利
ウ	ａ 円高	ｂ 下がる	ｃ 有利	エ	ａ 円高	ｂ 下がる	ｃ 不利
オ	ａ 円安	ｂ 上がる	ｃ 有利	カ	ａ 円安	ｂ 上がる	ｃ 不利
キ	ａ 円安	ｂ 下がる	ｃ 有利	ク	ａ 円安	ｂ 下がる	ｃ 不利

2021(R3) 星城高
教英出版

2021(R3) 星城高
K教英出版

＝令和二年度＝

国語

（45分）

一般

星城高等学校

注意事項

一　問題が配付されてもページをめくらないでください。

二　答えはすべて解答用紙の決められた欄に記入してください。

三　問題は１ページから８ページまであります。

一　次の文章を読んで、あとの問いに答えなさい。

仕事柄、現代の若者たちのコミュニケーション問題について、たくさんのインタビューを受ける。マスコミは当然、「いまどきの若者のコミュニケーション能力は危機に瀕《ひん》している」とか、「子どもたちのコミュニケーション能力が急速に低下している」といった①センセーショナルな文言を並べたがる。

【　A　】、実際には、多くの言語学者、社会学者に聞いても、彼らが良心的な研究者であればあるほど、そういった学問的な統計は出してこない。

もちろん「近頃の若者は、コミュニケーション能力が低下していると思いますか？」といった類の、印象だけを聞くアンケート調査なら、「低下」「a著しく低下」といった回答が多く出てくるだろうが、しかしそれを根拠づける学問的統計は、寡聞《かぶん》にして聞いたことがない。

では、【　B　】、何が問題になっているのだろうか。

私は、現今の「コミュニケーション問題」は、先に掲げた「意欲の低下」という問題以外に、大きく二つのポイントから見ていくべきだと考えている。

一つは「②コミュニケーション問題の顕在化」という視点。

もう一つは、「コミュニケーション能力の多様化」という視点。

若者全体のコミュニケーション能力は、③どちらかと言えば向上している。「近頃の若者は……」と④したり顔で言うオヤジ評論家たちには、「でも、あなたたちより、いまの子たちの方がダンスはうまいですよ」と言ってあげたいといつも私は思う。人間の気持ちを表現するのに、言葉ではなく、たとえばダンスをもって最高の表現とする文化体系であれば（いや、実際に、そういう国はいくらでもあるだろう）、日本の中高年の男性は、もっともコミュニケーション能力の低い劣った部族ということになるだろう。

リズム感や音感は、いまの子どもたちの方が明らかに発達しているし、ファッションのセンスもいい。異文化コミュニケーションの経験値も高い。けっしていまの若者たちは、表現力もコミュニケーション能力も低下していない。

事態は、実は、逆なのではないか。

全体のコミュニケーション能力が上がっているからこそ、見えてくる問題があるのだと私は考えている。それを私は、「コミュニケーション問題の顕在化」と呼んできた。

さほど難しい話ではない。

どんなに若者のコミュニケーション能力が向上したとしても、やはり一定数、口べたな人はいるということだ。

これらの人びとは、かつては、注旋盤工やオフセット印刷といった高度な技術を身につけ、文字通り「手に職をつける」ことによって生涯をb「ホショウ」されていた。しかし、いまや日本の製造業はじり貧の状態で、こういった職人の卵たちの就職が極めて厳しい状態になってきている。現在は、多くの工業高校で（工業高校だからこそ）、就職の事前指導に力を入れ面接の練習などを入念に行っている。

しかし、つい十数年前までは、「無口な職人」とは、プラスのイメージではなかったか。それがいつの間にか、無口では就職できない世知辛い世の中になってしまった。

いままでは問題にならなかったレベルの生徒が問題になる。これが「コミュニケーション問題の顕在化」だ。

あるいは、コミュニケーション教育に関する私の講習会に来ていた現役の先生からは、こんな質問を受けたこともある。

「少し誤解を受けやすい表現になってしまいますが、たとえば自閉症の子どもなら、周囲もそのように接しますし、教員も、できる限りのコミュニケーション能力をつけてあげたいと努力します。でも一方で、必ず、クラスに一人か二人、無口な子、おとなしい子がいます。こういった子は、学力が極端に劣るわけでもないし、問題行動があるわけでもない。いままでは、いわば見過ごされてきた層です。そんな子どもたちにも、小学校からコミュニケーション教育を行った方がいいでしょうか？たしかに、将来、就職とかは、不利になりそうだとは思うのですが……」

⑤これは悩ましい問題だ。

ただ、たとえばこう考えてはどうだろう。

⑥世間でコミュニケーション能力と呼ばれるものの大半は、スキルやマナーの問題と捉えて解決できる。だとすれば、それは、教育可能な事柄となる。

そう考えていけば、「理科の苦手な子」「音楽の苦手な子」と同じレベルで、「コミュニケーションの苦手な子」という捉え方もできるはずだ。そして「苦手科目のcコクフク」ということなら、どんな子どもでも、あるいはどんな教師でも、普通に取り組んでいる課題であって、それほど深刻に考える必要はない。これはのちのち詳しく触れるが、日本では、コミュニケーション能力を⑦先天的で決定的な個人の資質、あるいは本人の努力など人格に関わる深刻なものと捉える傾向があり、それが問題を無用に複雑化していると私は感じている。

　理科の授業が多少苦手だからといって、その子の人格に問題があるとは誰も思わない。音楽が多少苦手な子でも、きちんとした指導を受ければカスタネットは叩けるようになるし、縦笛も吹けるようになるだろう。誰もがモーツァルトのピアノソナタを弾ける必要はなく、できれば中学卒業までに縦笛くらいは吹けるようになっておこうよ、現代社会では、それくらいの音感やリズム感は必要だからというのが、⑧社会的なコンセンサスであり、義務教育の役割だ。

　だとすれば、コミュニケーション教育もまた、その程度のものだと考えられないか。コミュニケーション教育は、ペラペラと口のうまい子どもを作る教育ではない。口べたな子でも、現代社会で生きていくための最低限の能力を身につけさせるための教育だ。

　口べたな子どもが、人格に問題があるわけでもない。だから、そういう子どもは、あと少しだけ、はっきりとものが言えるようにしてあげればいい。

　コミュニケーション教育に、過度な期待をしてはならない。その程度のものだ。その程度のものであることが重要だ。

（平田オリザ著『わかりあえないことから　コミュニケーション能力とは何か』　講談社現代新書より）

注　旋盤工やオフセット印刷・・・旋盤工とは、工場で「旋盤」という機械を使って金属などを切削加工する職人・作業員のこと。
オフセット印刷とは、写真や色などの再現性に優れた印刷方法。現在の印刷の主流として用いられている平版印刷のひとつ。

問一　傍線部aの漢字は、その読みをひらがなで、傍線部cのカタカナは漢字に直して書きなさい。また、b【　　】の「ホショウ」の傍線部と同じ漢字が使われているものはどれか。次のア〜エの中から一つ選び記号で答えなさい。

ア　賠償　　イ　障害　　ウ　証拠　　エ　観賞

問二　傍線部①「センセーショナルな文言を並べたがる」の部分を、自立語と付属語に分け、自立語の数を数字で答えなさい。

問三　本文中の【　A　】【　B　】に入るふさわしい語を、次のア〜エの中からそれぞれ一つずつ選び、記号で答えなさい。

ア　いったい　　イ　そして　　ウ　さらに　　エ　しかし

問四　傍線部②「コミュニケーション問題の顕在化」について、端的に説明している一文の最初の五文字を答えなさい。

問五　傍線部③「どちらかと言えば向上している」と、筆者が考えた根拠について、本文中で述べている部分の最初の五文字を抜き出して書きなさい。

問六　傍線部④「したり顔」の類義語として**適切でないもの**を、次のア〜エの中から一つ選び記号で答えなさい。

ア　得意顔　　イ　わけ知り顔　　ウ　物知り顔　　エ　しかめ顔

問七　傍線部⑤「これは悩ましい問題だ」について、その対象となっているものを本文中から十一文字で抜き出して答えなさい。
（句読点も一文字とする。）

問八　傍線部⑥「世間でコミュニケーション能力と呼ばれるものの大半は、スキルやマナーの問題と捉えて解決できる」とあるが、筆者はどのような理由で解決できると考えているのか、最も適切なものを次のア～エの中から一つ選び、記号で答えなさい。

ア　人格の形成と同じで、スキルやマナーの習得によってなされるものだから。

イ　苦手科目に取り組むつもりで指導を受ければ、ある程度までならできるようになるから。

ウ　口べたな子でも、明確に話せるように指導するのが義務教育の目標だから。

エ　モーツァルトのピアノソナタを弾けるようになることと同じように考えればよいから。

問九　傍線部⑦「先天的」の対義語を答えなさい。

問十　傍線部⑧「社会的なコンセンサス」の意味を、次のア～エの中から一つ選び、記号で答えなさい。

ア　社会が認める総意　イ　社会が求める能力　ウ　社会が決めた常識　エ　社会が望む信用

問十一　本文の内容と合致するものを、次のア～エの中から一つ選び、記号で答えなさい。

ア　現代の若者のコミュニケーションの低下問題は、早急に解決していかなければならない重要な問題である。

イ　コミュニケーションの問題は、「意欲の低下」という観点から、大きく二つのポイントに分けて考えるとよい。

ウ　現代社会で生きていくためには、口べたな子を教育し、はっきりとものが言えるようにしなければならない。

エ　コミュニケーション能力を先天的で決定的な個人の資質などと深刻に考えない方がよい。

二　次の文章を読んで、あとの問いに答えなさい。

【原文】　いづれも①やうやう大人《おとな》び給《たま》ふままに、若君《わかぎみ》はあさましう物恥《ものは》ぢをのみし給《たま》ひて、女房《にようばう》などにだに、すこし御前遠《おまへとほ》きには見《み》え給《たま》ふこともなく、父《ちち》の殿《との》をも疎《うと》く恥《は》づかしくのみa思《おぼ》して、やうやう御書習《おんふみなら》はし、さるべき事《こと》どもなど教《をし》へ聞《き》こえ給《たま》へど、思《おぼ》しもかけず、②ただいと恥《は》づかしとのみ思《おぼ》して、御帳《みちやう》の内《うち》にのみ埋《うづ》もれ入《い》りつつ、絵描《えか》き、雛遊《ひいなあそ》び・貝覆《かひおほ》ひなどし給《たま》ふを、殿《との》はいとあさましきことに思《おぼ》しのたまはせて常《つね》に苛《さひな》み給《たま》へば、はてはては涙《なみだ》をさへこぼして、あさましうつつましとのみ思《おぼ》しつつ、ただ母上《ははうへ》・御乳母《おんめのと》、さらぬはむげに小《ち》さき童《わらは》などにぞ見《み》え給《たま》ふ。さらぬ女房《にようばう》などの御前《おまへ》へも参《まゐ》れば、御几帳《みきちやう》にまつはれて、恥《は》づかしいみじとのみ思《おぼ》したるを、いとめづらかなることに思《おぼ》しb嘆《なげ》くに、また、姫君《ひめぎみ》は、今よりいとさがなくて、をさをさ内《うち》にもものし給《たま》はず、外《と》にのみつとおはして、若《わか》き男《をのこ》ども・童《わらは》べなどと、鞠《まり》・小弓《こゆみ》などをのみもて③遊《あそ》び給《たま》ふ。御出居《おんいでゐ》にも、人々参《ひとびとまゐ》りて文作《ふみつく》り、笛吹《ふえふ》き、歌謡《うたうた》ひなどするにも、走《はし》り出《い》で給《たま》ひて、もろともに、人《ひと》も教《をし》へ聞《き》こえぬ琴笛《ことふえ》の音《ね》もいみじう吹《ふ》き立《た》て弾《ひ》き鳴《な》らし給《たま》ふ。ものうち誦《ずん》じ、歌謡《うたうた》ひなどし給《たま》ふを、参《まゐ》り給《たま》ふ殿上人《てんじやうびと》・上達部《かんだちめ》などは、めでうつくしみ聞《き》こえつつ、かたへは教《をし》へ奉《たてまつ》りて、この御腹《おんはら》のをば姫君《ひめぎみ》と聞《き》こえしは僻事《ひがこと》なりけりなどぞ、皆思《みなおも》ひあへる。殿《との》の見合《みあ》ひ給《たま》へる折《をり》こそ、取《と》りとどめても隠《かく》し給《たま》へ、人々の参《まゐ》るには、殿《との》の御装束《おんさうぞく》などし給《たま》ふほど、まづ走《はし》り出《い》で給《たま》ひて、かく馴《な》れ遊《あそ》び給《たま》へば、なかなか④え制《せい》し聞《き》こえ給《たま》はねば、ただ若君《わかぎみ》とのみ思《おも》ひてもて興《けう》じうつくしみ聞《き》こえ合《あ》へるを、さ思《おも》はせてのみものし給《たま》ふ。御心《おんこころ》のうちにぞ、いとあさましく、返《かへ》す返《がへ》す、とりかへばやと思《おぼ》されける。

【現代語訳】

お二人ともしだいに成長なさるにつれて、若君の方は、あきれるほど人見知りをなさるばかりで、侍女などにさえ、お側にあまりお仕えしていない者には、お顔をお見せになることもない。それどころか父の殿に対しても、親しめないで恥ずかしいとお思いになる

ばかりで、殿が、おいおい漢籍を学ばせ、男子としての教養などもお教えになるのに、ご本人はまるでその気がなく、ただひどく恥ずかしいとばかりお思いになって、御帳台の中に籠もりきっては、絵を描き、雛遊びや貝覆いといった遊びをなさる。それを殿はたいそう情けないことにお思いにもなり、口にも出して常にお叱りになるので、しまいには、若君は涙までこぼして、ただ「ひどくきまりが悪い」とお思いになりながら、もっぱら母上や乳母、そうでなければごく幼い女の童にだけお顔をお見せになる。それ以外の侍女などが御前に参上しようものなら、几帳に絡まるように身を隠して、「恥ずかしい、困った」とお思いになるばかり。そんなご様子を、殿は「全く聞いたこともない、妙なことだ」とお思いになり、嘆いていらっしゃった。

　それに対して、姫君の方は、今からとてもいたずら好きで、めったに部屋の中にいることもなく、もっぱら外にいらっしゃって、若い男や童などと一緒に鞠や小弓などでばかり遊んでいらっしゃる。客間にも、人々が参上して漢詩を作ったり笛を吹いたり歌を唱ったりしていると、その場に走り出ていらっしゃって、誰が教えたわけでもないのに一緒に琴や笛を上手に吹いたり引き鳴らしたりなさる。詩を吟じたり、楽器の譜を唱ったりなさるのを、参上なさった殿上人や上達部たちは、誉めそやしてかわいがり申し上げては、一方ではお教え申し上げて、「こちらの北の方のお子を姫君だとお聞きしたのは、若君の間違いであった」などと、皆で納得し合っていた。殿が居合わせていらっしゃる時は、この姫君を取り押さえてでもお隠しになったが、人々が参上する時に、殿が衣装を調えている間に真っ先に走り出ていらっしゃって、このように人見知りせずにお遊びになるので、なかなかおとめすることもお出来になれない。そのため、人々はすっかり若君と思い込み、おもしろがりかわいがり申し上げているのを、殿も敢えてそう思わせたままに過ごしていらっしゃる。そのご心中では、まことに情けなく、ただひたすら、「若君と姫君を取り替えたい」とお思いになるのであった。

（鈴木裕子編　ビギナーズ・クラシックス日本の古典　とりかへばや物語　角川ソフィア文庫より）

問一　傍線部①「やうやう」を現代かなづかいに直して、ひらがなで書きなさい。

問二　傍線部a「思して」、傍線部b「嘆くに」のそれぞれの主語を、次のア～エの中から一つずつ選び、記号で答えなさい。

ア　女房　　イ　若君　　ウ　父の殿　　エ　母上

問三　傍線部②「ただいと恥づかしとのみ思して」を単語に分け、単語数を数字で答えなさい。

問四　傍線部③「遊び」の終止形を答えなさい。

問五　傍線部④「え制し聞こえ給はね」で、「え……給はね」は□の表現である。この□にふさわしい語を次のア～エの中から一つ選び、記号で答えなさい。

ア　不可能　　イ　打ち消し　　ウ　禁止　　エ　強調

問六　この物語の若君と姫君の性格を表す言葉を原文から、それぞれ四文字以内で抜き出して書きなさい。

＝令和２年度＝

数　学

（45分）

一　般

注　意　事　項

1 問題が配付されてもページをめくらないでください。

2 答えはすべて解答用紙の決められた欄に記入してください。

3 問題は１ページから４ページまであります。

1　次の問いに答えなさい。

(1)　$\sqrt{15}\times\sqrt{5}-\sqrt{27}$ を計算しなさい。

(2)　$(2ab^2)^2\div(-ab)^3\times\left(\frac{1}{2}a\right)^2$ を計算しなさい。

(3)　方程式 $\frac{2x+1}{3}=\frac{4x}{5}$ を解きなさい。

(4)　$(2x-1)^2-(2x-1)-2$ を因数分解しなさい。

(5)　二次方程式 $(x-1)^2=2x+7$ を解きなさい。

(6)　$a=\sqrt{3}-2$ のとき，a^2+4a+4 の値を求めなさい。

(7)　和が 56 で，最大公約数が 7 となる 2 けたの 2 つの自然数を求めなさい。

2　次の問いに答えなさい。

(1)　2 けたの正の整数がある。この整数の十の位の数字と一の位の数字とを入れかえてできる 2 けたの整数は，もとの数より 36 大きく，もとの数との和が 110 である。もとの整数を求めなさい。

(2)　正五角形 ABCDE の頂点 A に硬貨がある。さいころを振って出た目の数だけ，矢印の方向に各頂点を硬貨が動くとき，次の問いに答えなさい。

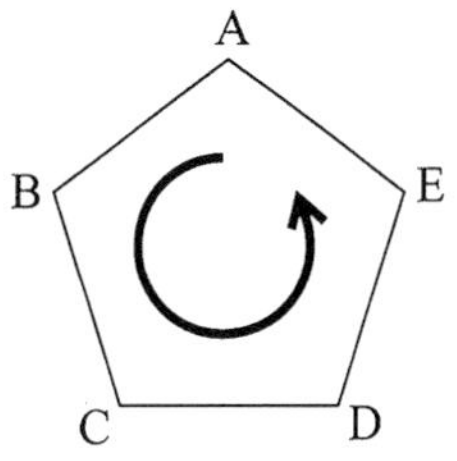

①　さいころを 1 回振ったとき，A～E のどの頂点に硬貨がくる確率が最も高いですか。その頂点を答えなさい。また，そのときの確率を求めなさい。

②　さいころを 2 回振ったとき，硬貨が頂点 D にくる確率を求めなさい。

(3)　関数 $y=\frac{a}{x}$ で，x の変域が $-4 \leqq x \leqq -1$ のとき，y の最大値が $-\frac{1}{2}$ であった。 a の値を求めなさい。

(4)　3 点 A$(-3,\ 7)$，B$(6,\ 1)$，C$(4,\ a)$ が同一直線上にあるとき， a の値を求めなさい。

(5)　地点 A から地点 B まで，分速 60m で歩いて行くのと，分速 180m で自転車で行くのとでは，かかる時間が 50 分違う。このとき，2 地点 A, B 間の道のりは何 m か。

3　関数$y=\frac{1}{2}x^2$　のグラフ上に2点A, Bがあり，それぞれのx座標は6, -2であるとき，次の問いに答えなさい。ただし,座標の1目盛りを1cmとする。

(1)　△OABの面積を求めなさい。

(2)　点Bを通る直線が△OABの面積を二等分するとき,この直線の式を求めなさい。

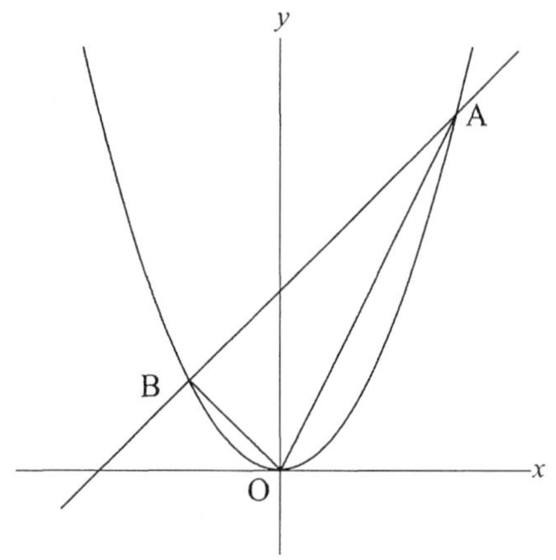

4　**次の問いに答えなさい。**

(1)　図のように, AB = AC の二等辺三角形ABCがある。線分BD は ∠ABC の二等分線で，点Eは辺BCの延長線上にあり， DC = CE を満たしている。∠BAC = 48°　のとき，$\angle x$ の大きさを求めなさい。

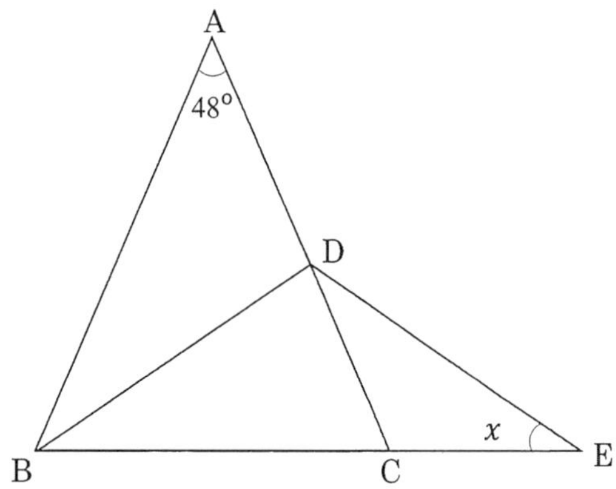

(2)　図のように，円Oの周上に3点A, B，Cがあり，線分AB，ACの中点をそれぞれM，Nとする。
AC = CB，∠NOA = 42°　のとき，$\angle x$ の大きさを求めなさい。

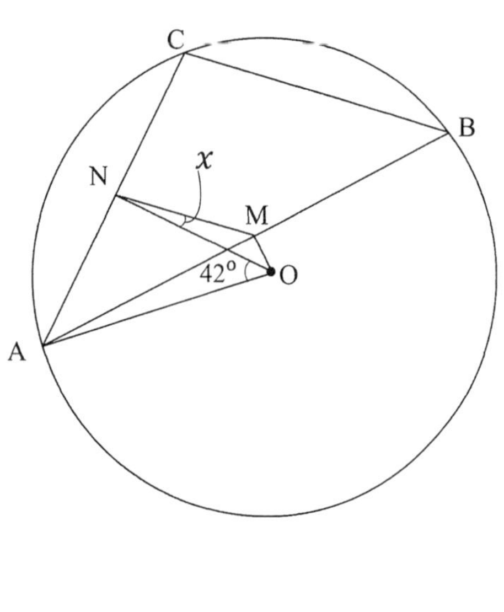

5　図のような，おうぎ形 ABC がある。その内側に半径 4 cm の半円 O が，2 点 P，B でおうぎ形に接している。
また，おうぎ形の辺 AB と半円 O の交点を Q としたとき，AQ = QO であった。
このとき，次の問いに答えなさい。

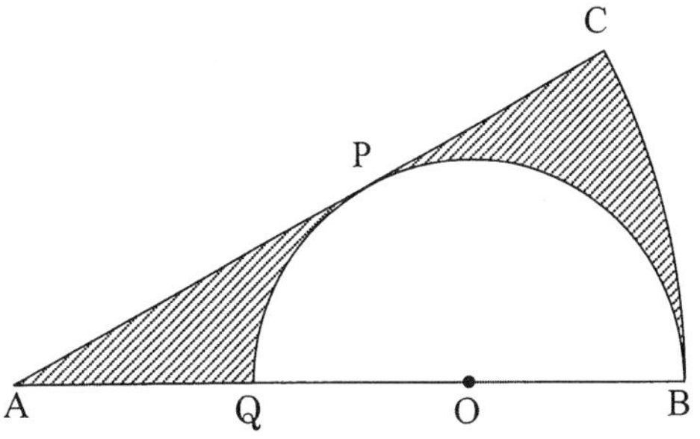

(1)　∠CAB の大きさを求めなさい。

(2)　斜線部分の面積を求めなさい。

6　図のように，AC=4cm，BC=3cm，$\angle ACB = 90^{\circ}$ の直角三角形 ABC がある。直線 AB を軸として，この図形を 1 回転してできる立体について，次の問いに答えなさい。

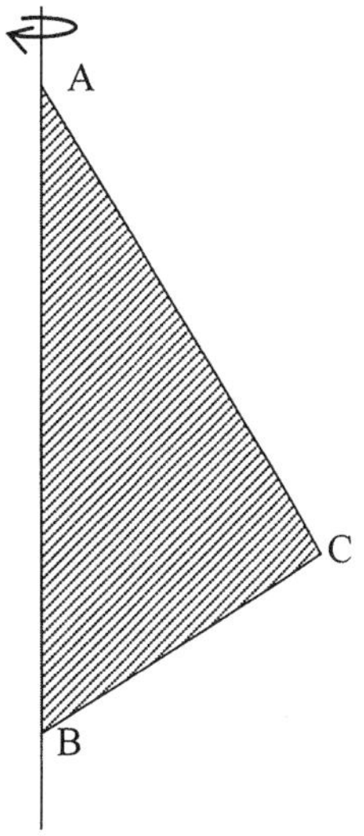

(1)　立体の体積を求めなさい。

(2)　立体の表面積を求めなさい。

7　図のように 1 辺の長さ 3cm の正方形 ABCD の辺 BC 上に点 M，辺 CD 上に点 N があり，BM = CN = 1cm である。線分 AM と BN の交点を P とするとき，四角形 PMCN の面積を求めなさい。

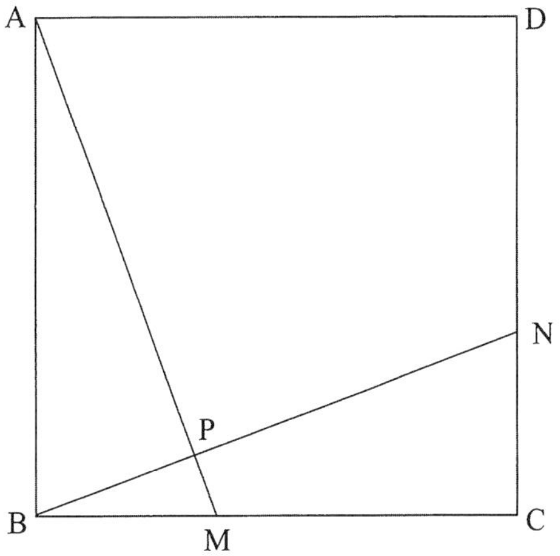

2020(R2) 星城高
教英出版

2020(R2) 星城高
K 教英出版

＝令和２年度＝

英　語

（50分）

一　般

注　意　事　項

1 問題が配付されてもページをめくらないでください。

2 答えはすべて解答用紙の決められた欄に記入してください。

3 問題は１ページから６ページまであります。

1 聞き取りテスト

★教英出版編集部注
問題音声は教英出版ウェブサイトで。
リスニングＩＤ番号は解答集の表紙を参照。

これから聞き取りテストを行います。

それでは，聞き取りテストの説明をします。問題は第1問と第2問の2つに分かれています。

第1問は，1番から3番までの3つあります。それぞれについて，最初に会話文を読み，続いて，会話についての問いと，問いに対する答え，a，b，c，dを読みます。そのあと，もう一度，その会話文，問い，問いに対する答えを読みます。必要があればメモをとってもよろしい。

問いの答えとして正しいものは解答欄の「正」の文字を，誤っているものは解答欄の「誤」の文字を，それぞれ○で囲みなさい。正しいものは，各問いについて1つしかありません。

それでは，読みます。

＜メモ欄＞

2 次の問いに答えなさい。

（1）次の英語の質問の答えとして最も適当なものを，次のア～エから１つずつ選び，記号で答えなさい。

① Do you have any plans for next Sunday?

ア I went shopping with my friend.

イ Yes, I'm going to visit my uncle living in Kyoto.

ウ Yes, I am happy to hear that.

エ Great. That'll be nice.

② When and where did the accident happen?

ア It will happen in this city tomorrow.

イ It happened before we did.

ウ My father and I enjoyed the tour.

エ I have no idea.

③ How do you stop the machine?

ア We will stop it later.

イ Just try hard, please.

ウ I cannot imagine what.

エ By switching it off.

（2）次の2つの文の内容がおおよそ同じになるように，（　　　）にあてはまる最も適当な語を，それぞれ１語ずつ書きなさい。

① Takashi and I were born in the same month of the same year.

= I am (　　　) old (　　　) Takashi.

② Let's go outside.

= (　　　) (　　　) go outside?

3 次の文章を読んで，あとの（1）～（6）までの問いに答えなさい。

Today we travel the world easily. Cars, trains, and planes (A) us quickly from city to city. Thousands of years ago, ①it was different. There was only one way to travel from Europe to Asia. It was called the Silk Road.

In fact, the Silk Road was made up of many roads. ②They (through, like, passed, places, different, many) deserts, rivers, mountains, and forests. The Silk Road dates from about 100 BC.

Traveling along the Silk Road was very hard. The best way to travel along the Silk Road was by camel. Many people used horses, too. Others, the less fortunate travelers, had to walk.

Most people traveling on the Silk Road were bringing things to sell. They carried many different things, but the most famous was silk. Silk is a material that is soft and used for making clothes.

The Silk Road was also important for carrying ideas. Philosophies like Buddhism and mathematics were carried from country to country. This was the easiest part because ideas are easy to carry! ③Anyone can do it!

Many people started their journey along the Silk Road in China. At the eastern end of the Silk Road was Xian. This was the capital of China at the time. [④] Xian had all the comforts of a big city. There was food to eat and water to drink. It was a good place for travelers to prepare for the next part of their journey.

＜注＞ philosophies 哲学　Buddhism 仏教　mathematics 数学
Xian 西安　comforts 快適さ

（1）（ A ）にあてはまる最も適当な語を，次のア～エから１つ選び，記号で答えなさい。

ア put　イ drive　ウ fly　エ take

（2）下線部①の内容として最も適当なものを，次のア～エから１つ選び，記号で答えなさい。

ア 人々の生活
イ 人々の移動方法
ウ 国際情勢
エ 国の治安

（3）下線部②が本文の内容に合うように，（　　）内の語を正しい順序に並べかえなさい。

（4）次の質問の答えとして最も適当なものを，次のア～エから１つ選び，記号で答えなさい。

Question: What was the hardest way of traveling along the Silk Road?

ア　Going by camel.

イ　Going by horse.

ウ　Going on foot.

エ　Going by car.

（5）下線部③の内容として正しいものを，次のア～エから１つ選び，記号で答えなさい。

ア　絹を運ぶのはだれでもできる。

イ　考え，思想を伝えるのはだれでもできる。

ウ　ラクダに乗るのはだれでもできる。

エ　歩くのはだれでもできる。

（6）［　④　］にあてはまる最も適当な文を，次のア～エから１つ選び，記号で答えなさい。

ア　So many people visited there for sightseeing.

イ　It was full of mysteries.

ウ　There were so many things to learn in the city.

エ　It was also the starting point for most travelers.

4 次の会話文を読んで，あとの（１）～（６）までの問いに答えなさい。

Kazuko: Nick, I hear you went to Inuyama Castle with your homestay family. (　A　) your impression?

Nick: Oh, it was fantastic. I heard it was the oldest castle in Japan. It has kept its original form since its construction in 1537. It is a national treasure. We walked up the wooden stairs and went to the top. The view was wonderful. After the castle, we walked about ten minutes and went to a beautiful garden. We visited the tearoom ①(call) 'Joan' there. The guide said it was a national treasure, too. I wanted to have tea there, but I was told that ②it was impossible. We had to go to a modern building nearby to have tea.

Kazuko: Are you interested in tea ceremony?

Nick: Yes, very much. In fact, I was interested in tea ceremony before I came to Japan.

Kazuko: Were you? Then, (　B　) not experience tea ceremony?

Nick: Kazuko, do you mean it? I've wanted to experience it for a long time. Where can I? Do you know of any good place?

Kazuko: My mother teaches tea ceremony. There's a tearoom in our garden, though it's not a national treasure.
Are you free tomorrow afternoon? Her students are coming. You can come, too, if you like.

Nick: Great thanks. I'm coming.

Kazuko: ③I'll (　　) my mother (　　) pick you up in front of the city hall at 14:00.

Nick: You're very kind. Anything to bring?

Kazuko: You don't need anything, but if you like, you can bring your camera with you. I think some students will come in kimono. You can (　C　) pictures of them. They will be happy.

＜注＞　construction　建設

（1）（　A　）にあてはまる最も適当な語句を，次のア～エから１つ選び，記号で答えなさい。

ア　What was
イ　How was
ウ　Which was
エ　Why was

（2）下線部①の語を正しい形に変えて書きなさい。

（3）下線部②の内容として正しいものを，次のア～エから１つ選び，記号で答えなさい。

ア　犬山城の天守閣まで登ること。
イ　城を建築当時のまま，保存すること。
ウ　近代的な建物でお茶を飲むこと。
エ　国宝の茶室でお茶を飲むこと。

（4）（　B　）にあてはまる最も適当な語を，次のア～エから選び，記号で答えなさい。

ア　when
イ　why
ウ　who
エ　do

（5）下線部③が，「私がお母さんに，あなたを車で迎えに行くよう，たのんでみましょう。」という意味になるように，（　　　）にあてはまる最も適当な語を，１語ずつ書きなさい。

（6）（　C　）にあてはまる最も適当な１語を書きなさい。

2020(R2) 星城高
K 教英出版

問２　What do they want to be in the future?

a　They want to be baseball players.

b　They want to be doctors.

c　They want to be school teachers.

d　They don't know what they want to be.

それでは，もう一度繰り返します。（英文と問いを繰り返す。）
これで，聞き取りテストを終わります。解答の済んだ人は２の問題以降に進みなさい。

それでは，もう一度繰り返します。（会話文と問いを繰り返す。）

3番

George: Hiroko, You went shopping yesterday.

Hiroko: Yes, I bought two things. A nice T-shirt for 1,500 yen and a beautiful hat for 1,000 yen.

Question: How much did Hiroko pay?

a 1,500 yen.
b 1,000 yen.
c 2,500 yen.
d 3,000 yen.

それでは，もう一度繰り返します。（会話文と問いを繰り返す。）

（第2問）

第2問は，最初に英語の文章を読みます。続いて，文章についての問いと，問いに対する答え，a，b，c，dを読みます。問いは問1と問2の2つあります。そのあと，もう一度，文章，問い，問いに対する答えを読みます。必要があればメモをとってもよろしい。

問いの答えとして正しいものは解答欄の「正」の文字を，誤っているものは解答欄の「誤」の文字を，それぞれ○で囲みなさい。正しいものは，各問いについて1つしかありません。それでは，読みます。

Yoshio is now 15 years old. His best friend is Tatsuya. They like sports. Yoshio likes baseball and Tatsuya likes soccer. Yoshio is in the baseball club and plays it after school. Tatsuya does not belong to any club at school. He goes to *juku* after school.

On Saturday, they often go to the park and enjoy jogging together. They talk on the grass after they jog. They often talk about their future. They both want to be school teachers, though their parents want them to be doctors.

問1 What sport does Tatsuya like?

a He likes basketball.
b He likes baseball.
c He likes soccer.
d He doesn't like any sports.

放送原稿

> ★教英出版編集部注
> 問題音声は教英出版ウェブサイトで。
> リスニングＩＤ番号は解答集の表紙を参照。

1 聞き取りテスト

これから聞き取りテストを行います。

それでは，聞き取りテストの説明をします。問題は第1問と第2問の2つに分かれています。

第1問は，1番から3番までの3つあります。それぞれについて，最初に会話文を読み，続いて，会話についての問いと，問いに対する答え，a，b，c，dを読みます。そのあと，もう一度，その会話文，問い，問いに対する答えを読みます。必要があればメモをとってもよろしい。

問いの答えとして正しいものは解答欄の「正」の文字を，誤っているものは解答欄の「誤」の文字を，それぞれ○で囲みなさい。正しいものは，各問いについて1つしかありません。それでは，読みます。

（第1問）

1番

Miss. Clark (Teacher): Tomoki, you are late, aren't you?
Tomoki (Student): Yes. I'm very sorry.
Miss. Clark (Teacher): Tell me why you're late.

Question: What is Tomoki going to say next?

a　On my way I found I had left my report and had to go home.
b　My father bought me a nice jacket.
c　I am planning to pay him a visit.
d　I am interested in music.

それでは，もう一度繰り返します。（会話文と問いを繰り返す。）

2番

Man: Excuse me, but can you tell me how to get to the post office?
Woman: Certainly. Just go down this street. Soon, you'll find a bank on your right. The post office is next to the bank.
Man: Thank you very much.

Question: What is the woman going to say?

a　It's very cold, isn't it?
b　I arrived two minutes ago.
c　I'm so busy now.
d　No problem.

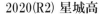

＝令和２年度＝

社 会

（45分）

一 般

注意事項

1 問題が配付されてもページをめくらないでください。

2 答えはすべて解答用紙の決められた欄に記入してください。

3 問題は１ページから９ページまであります。

1 世界の地理に関するあとの問いに答えなさい。

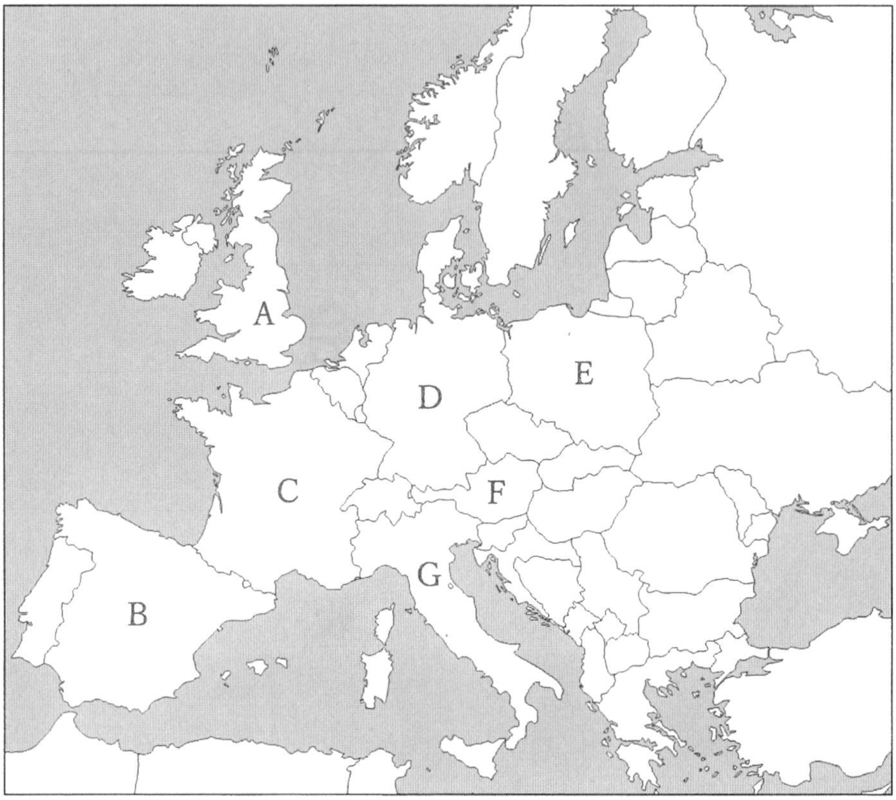

＜ヨーロッパ地図＞

（1）国際河川であるドナウ川とライン川の両方が国内に流れる国を，地図中のA～Gから2つ選び，記号で答えなさい。

（2）ヨーロッパ北部の海岸線には，氷河によって削られた「フィヨルド」と呼ばれる湾や入り江が多く見られます。この「フィヨルド」のほかにも，夏季には1日中太陽が沈まない「白夜」で知られる代表的な国を，次のア～オから1つ選びなさい。

ア　デンマーク　　イ　スロバキア　　ウ　ウクライナ
エ　ノルウェー　　オ　アイルランド

（３）次の図は，アメリカ合衆国（下表「アメリカ」と表記）が，輸出量１位の農産物について，国別の輸出量比率を表しています。以下の問いに答えなさい。

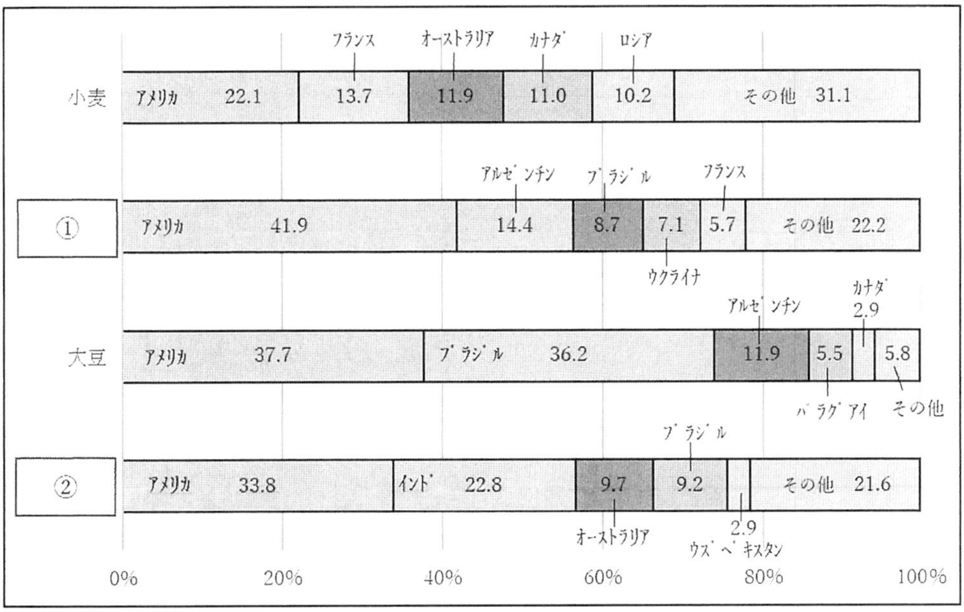

（2011年ＦＡＯ統計より，表内数値は％）

①，②に当てはまる農産物として，次のア～オより最も適当なものの組み合わせを選びなさい。

ア ①コメ ②キャベツ　　イ ①ジャガイモ ②トウモロコシ

ウ ①トウモロコシ ②綿花　　エ ①牛肉 ②コーヒー

オ ①キャベツ ②リンゴ

（４）アメリカ合衆国の農業の特徴をいいあらわす言葉として，以下の文中（　　）に入る最も適当な言葉を，漢字四文字で書きなさい。

アメリカ合衆国は，世界有数の農産物生産国であり，輸出国です。市場の動きに合わせて農産物の生産を管理し，効率の良い大量生産を行う企業的農業が特徴です。また地形や気候条件に合わせて（　　　　）の農業がおこなわれており，果物や野菜，米，酪農など，世界の食料庫として影響力をもっています。

2 日本の地理に関するあとの問いに答えなさい。

（1）次の文中の（①）・（②）・（③）に入る県を地図中から選び，正しい組み合わせを記号で答えなさい。

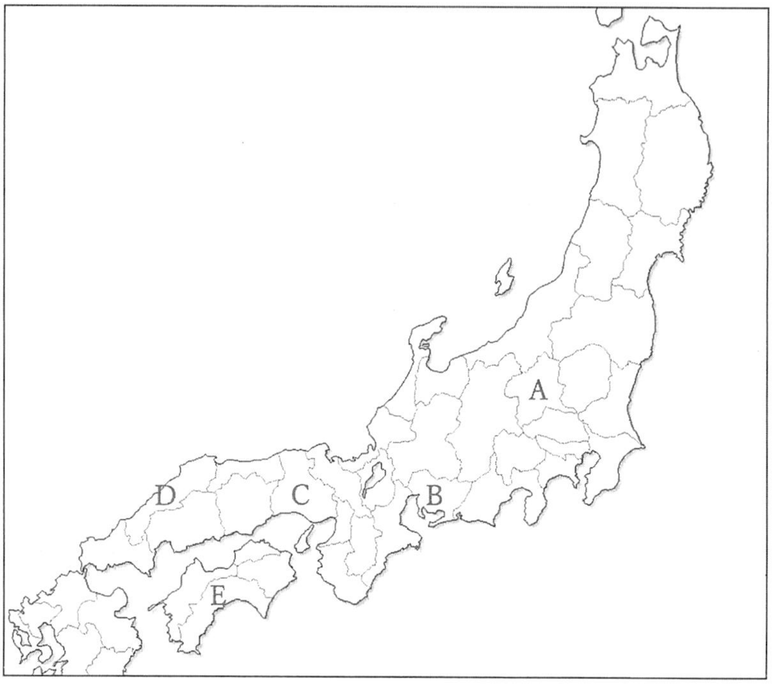

＜日本地図＞

（ ① ）では，a 日本標準時子午線が南北に通過している。南部は，日本有数の重化学工業の集積地であるほか，中部から北部にかけては過疎地や豪雪地帯も抱えている。戦国時代から近代にいたるまで，日本有数の銀山である生野銀山があった。

（ ② ）には，旧石器時代の（ Ａ ）遺跡がある。富岡市では富岡製糸工場など 4 件が「富岡製糸場と絹産業遺産群」として世界遺産に登録された。大泉町は自動車・電気機器製造がさかんで，ブラジルやペルー出身の日系人労働者が多い。

（ ③ ）には，自動車関連企業が多く存在するほか，航空宇宙産業，セラミックス産業，鉄鋼，特殊鋼産業が盛んである。また，花の生産も盛んで，きく，ばら，シクラメン，洋ランは作付面積，生産量，産出額ともに全国 1 位である。

ア ①Ａ②Ｂ③Ｃ　イ ①Ｂ②Ｃ③Ｄ　ウ ①Ｃ②Ｄ③Ｅ　エ ①Ｅ②Ａ③Ｂ
オ ①Ｂ②Ｄ③Ａ　カ ①Ｄ②Ｅ③Ｃ　キ ①Ｃ②Ｄ③Ｂ　ク ①Ａ②Ｅ③Ｄ
ケ ①Ｄ②Ｃ③Ａ　コ ①Ｃ②Ａ③Ｂ

（2）文中の（　A　）に入る遺跡名を，漢字で答えなさい。

（3）下線ａの経線は何度であるか，東経または西経を付けて答えなさい。

（4）次の表は，食料品工業製品の府県別の生産を表している。(あ)，(い)，(う）について，地図中の県の記号の組み合わせとして正しいものを，次のア～オから１つ選び，記号で答えなさい。

《おもな食料品工業製品の都道府県別生産（2017年)》

みそ			しょうゆ			飲用牛乳			清酒		
府県名	千 t	%	府県名	千 kL	%	府県名	千 kL	%	府県名	千 kL	%
長野	202.6	43.9	千葉	258.2	25.8	北海道	547.7	15.5	(う)	111.3	27.1
(あ)	40.2	8.7	(う)	143.2	14.3	神奈川	274.8	7.8	京都	70.9	17.2
(い)	27.7	6.0	(あ)	66.9	6.7	(あ)	188.3	5.3	新潟	34.6	8.4
北海道	25.2	5.5	三重	57.9	5.8	(う)	180.1	5.1	秋田	16.2	3.9
大分	17.1	3.7	(い)	52.1	5.2	茨城	179.8	5.1	埼玉	14.0	3.4
全国	461.5	100.0	全国	1002.8	100.0	全国	3539.0	100.0	全国	411.3	100.0

「日本のすがた 2019」より

ア　あＡ・いＢ・うＣ　　イ　あＢ・いＡ・うＣ　　ウ　あＥ・いＣ・うＤ

エ　あＢ・いＥ・うＡ　　オ　あＤ・いＣ・うＢ

3 次の（1）～（2）の問いに答えなさい。

（1）写真は広隆寺の弥勒菩薩像である。

これに関連する設問Ⅰ，Ⅱに答えなさい。

設問Ⅰ　この寺が創建された時代のできごととして，最もふさわしいものを，次のア～オから1つ選び，記号で答えなさい。

ア　元は対馬・壱岐をおそった後に，九州北部へ上陸したが，内紛や暴風雨のために引き上げた。

イ　明から正式な貿易船の証明としてあたえられた勘合によって，朝貢形式の日明貿易が始まった。

ウ　唐の法律にならった大宝律令によって，全国を支配する仕組みができたり，唐の都長安にならった平城京がつくられたりした。

エ　社会が乱れ，人々の心に不安な気持ちが高まったため，死後に極楽浄土に生まれ変わることを願う浄土信仰がおこった。

オ　家柄にとらわれず，才能や功績のある人物を役人に取り立てようと，冠位十二階の制度が設けられた。

設問Ⅱ　この寺が創建された時代に海外におこったできごととして，最もふさわしいものを，次のア～オから1つ選び，記号で答えなさい。

ア　ムハンマド（マホメット）がイスラム教を開く。

イ　ゲルマン民族の大移動が始まる。

ウ　ローマ帝国が東西に分かれる。

エ　第1回十字軍の遠征が始まる。

オ　コロンブスが西インド諸島に到達する。

＝令和二年度＝

国語

一般　解答用紙

※印の欄には記入しないこと。

受験番号	
氏名	

評点	※
	※22点満点 (配点非公表)

問一

a	c
しく	

問二

b	
自立語	

	(5)	m			
3	(1)	cm^2	(2)		※
4	(1)	$\angle x=$ 度	(2)	$\angle x=$ 度	※
5	(1)	度	(2)	cm^2	※
6	(1)	cm^3	(2)	cm^2	※
7	cm^2				※

(※印の欄には記入しないこと。)

受　験　番　号	氏　　　名

評　点
※ ※22点満点 (配点非公表)

4	(1)		(2)		(3)		(4)	
	(5)				(6)			

（※印の欄には記入しないこと。）

受　験　番　号	氏　　　　　　　名

評　点
※ ※22点満点 (配点非公表)

5	(1)		(2)		※
	(3)	mA	(4)	V	
6	(1)		(2)		※

(※印の欄には記入しないこと。)

受験番号	氏　　　名

評　点
※ ※22点満点 (配点非公表)

5	(1)		(2)	
	(3)		(4)	
6	(1)		(2)	

※

（※印の欄には記入しないこと。）

受　験　番　号	氏　　　　　名

評　点
※ ※22点満点 （配点非公表）

＝令和２年度＝

社会　一般　解答用紙

1	(1)		(2)		※
	(3)		(4)		
2	(1)		(2)		※
	(3)	度	(4)		
3	(1) ①		②		※
	(2) ①		②		
4	(1)		(2)		※

【解答

＝令和２年度＝

理科　一般　解答用紙

1	(1)		(2)	①		②						※
	(3)	①		②		③		④		⑤		
	(4)	①		②		③						
2	(1)		(2)	g	(3)							※
	(4)		(5)	g								
3	(1)	①		②		③						※
	(1)		(2)									※

【解答

＝令和２年度＝

英語　一般　解答用紙

1	第1問	1番	a	正　誤	b	正　誤	c	正　誤	d	正　誤	※
		2番	a	正　誤	b	正　誤	c	正　誤	d	正　誤	
		3番	a	正　誤	b	正　誤	c	正　誤	d	正　誤	
	第2問	問1	a	正　誤	b	正　誤	c	正　誤	d	正　誤	※
		問2	a	正　誤	b	正　誤	c	正　誤	d	正　誤	

2	(1)	①		②		③		※
	(2)	①			②			

3	(1)		(2)		※
	(3)				

＝令和２年度＝

数学　一般　解答用紙

1	(1)		(2)		※
	(3)	$x=$	(4)		
	(5)	$x=$	(6)		
	(7)				
2	(1)				※
	(2)	① 頂点　　　，確率	②		

【解

問五

問六

問七

問八

問九

問十

問十一

二

問一

問二

a

b

問三

問四

問五

問六

若君

姫君

（2）次の文を読んで，設問Ⅰ，Ⅱに答えなさい。

徳川幕府第５代将軍の徳川綱吉は儒学を奨励した。なかでも身分秩序を重視する朱子学が広く学ばれた。このほか，日本の歴史や古典の研究，農学，数学なども発展した。この時代に，京都や大阪などの上方では，経済力をもった町人を担い手とする a 元禄文化が生まれた。

その後，徳川吉宗が第８代将軍になったときには，幕府は財政難に苦しんでいた。そのためおこなった b 享保の改革によって，財政は一時的に立ち直った。

設問Ⅰ　下線ａの代表的人物で，『曾根崎心中』，『冥途の飛脚』，『国性爺合戦』等の作品で知られる作者は誰か，漢字で書きなさい。

設問Ⅱ　下線ｂの内容として，ふさわしくないものを次のア～カから１つ選び，記号で答えなさい。

ア　武士に質素・倹約を命じ，上げ米の制度を定めた。

イ　キリスト教に関係しない科学技術などのヨーロッパの書物の輸入を認めた。

ウ　旗本の大岡忠相を町奉行に取り立てるなど，有能な人材を登用した。

エ　公事方御定書という法律を整え，裁判の基準とした。

オ　江戸に目安箱を設けて,民衆の意見を政治の参考にした。

カ　株仲間を解散させて，商人の自由な取引を認めた。

4 次の年表を見て，あとの問いに答えなさい。

1858 年	日米修好通商条約が結ばれる　…A
（a）	
1889 年	大日本帝国憲法が発布される
（b）	
1923 年	関東大震災がおこる
（c）	
1941 年	太平洋戦争が始まる　…B
（d）	
1972 年	中国との国交が正常化される
（e）	

（1） Aについて，不平等であった関税自主権の完全な回復を，その後，アメリカとの条約で調印した外相は誰か，次のア～キから１つ選び，記号で答えなさい。

ア　桂太郎　　イ　岩倉具視　　ウ　陸奥宗光　　エ　寺内正毅

オ　大隈重信　　カ　加藤高明　　キ　小村寿太郎

（2） Bについて，昭和天皇がラジオ放送によって日本の降伏を国民に伝えたのは，西暦何年何月何日か答えなさい。

（3） 次の文は，年表中の（a）～（e）のどの時期にあたるか，記号で答えなさい。

> 長江上流域でおきた民衆の反政府運動に応じて，武昌で軍隊が反乱をおこすと，革命運動は全国に広がり，翌年，臨時大総統となった孫文は南京を首都とする中華民国を建国した。

（4）（c）の時代に関係するできごと ①～③ を，古い順に並べた組み合わせとして正しいものを，ア～カから１つ選び，記号で答えなさい。

① 満州事変　　② 治安維持法の制定　　③ 二・二六事件

ア　①・②・③　　イ　①・③・②　　ウ　②・①・③

エ　②・③・①　　オ　③・①・②　　カ　③・②・①

5 次の文を読んで、設問に答えなさい。

日本国憲法は，侵すことのできない永久の権利として，国民の基本的人権を保障している。その基礎にあるのは，一人一人を等しく尊重するという個人の尊重の原理である。

私たちは，他人の権利や自由を侵さない限り，国家から干渉されることなく，自由に行動することができることを保障されている。これが自由権である。日本国憲法が保障する自由権は，精神的自由・人身の自由・b経済活動の自由に大別される。

平等権は，自由権と並んで近代市民社会では欠かすことのできないものであり，個人の尊重の原理から導かれる。日本国憲法第 14 条の法の下の平等は，人種・信条・性別・社会的身分などによる差別を否定し，男女の平等，選挙における平等，教育の機会均等を保障している。

20 世紀に入ると，これらに加えて，すべての人に人間らしい生活を求める権利を保障することが必要だと考えられるようになった。これが社会権であり，cすべての人に人間らしい暮らしを保障するために，国家が積極的に活動することを求める権利である。日本国憲法は，健康で文化的な最低限度の生活を営む権利としての（　a　）権やd労働基本権などを定めている。

（1）文中の（a）に入る適語を答えなさい。

（2）下線 b が制限される場合があるが，日本国憲法ではどのような言葉で制限しているか答えなさい。

（3）下線 c を最初に保障した憲法は何か，次のうちから 1 つ選んび，記号で答えなさい。

ア　日本国憲法　　イ　マグナ=カルタ　　ウ　アメリカ合衆国憲法

エ　ナポレオン法典　　オ　ワイマール憲法　　カ　大日本帝国憲法

（4）下線部 d の内容として，ふさわしくないものを 2 つ選び，記号で答えなさい。

ア　労働組合が賃金その他の労働条件の改善を求めて使用者と交渉する権利

イ　労働組合が要求を実現するためにストライキなどの団体行動をする権利

ウ　労働者が働くことができなくなったときに，生活保護を要求する権利

エ　労働者が技能を向上させるために研修を受けられる権利

オ　労働者が団結して行動できるように労働組合をつくる権利

6 次の文を読んで、設問に答えなさい。

政府が収入を得て，それを支出する経済活動のことを財政という。社会保障や国民の福祉が政府の仕事になるにつれて，財政規模は拡大してきた。政府の収入は主として税金によってまかなわれるが，税金だけでは必要な収入を得ることができないときには，国の場合は国債，地方公共団体の場合は地方債を発行して，借り入れを行っている。

（1）次の中で，企業が納める直接税として，ふさわしくないものを１つ選び，記号で答えなさい。

ア　法人税　イ　事業税　ウ　固定資産税　エ　関税

（2）下線の国債や地方債を総称して何というか，漢字２文字で書きなさい。

2020(R2) 星城高
教英出版

＝令和２年度＝

理 科

（45分）

一 般

注意事項

1 問題が配付されてもページをめくらないでください。

2 答えはすべて解答用紙の決められた欄に記入してください。

3 問題は１ページから７ページまであります。

1 人の消化について，だ液を使って次の実験を行った。あとの問いに答えなさい。

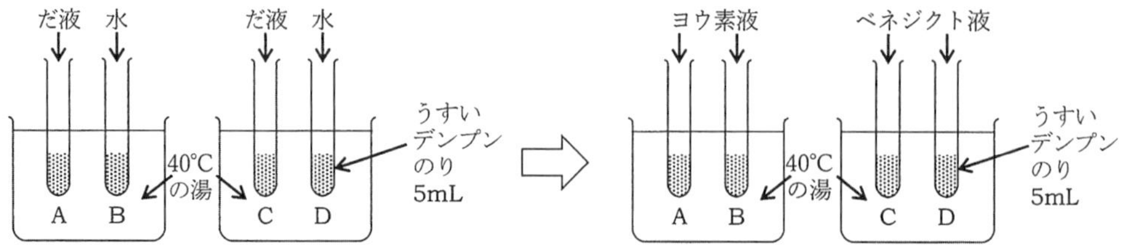

＜実験＞

① 4本の試験管A～Dにうすいデンプンのりを5mLずつとり，試験管AとCには，だ液2mL，試験管BとDには，水2mLを入れ，試験管の液をよく振って混ぜ合わせた。

② 図のように，40℃の湯で10分間あたため，湯から取り出した。

③ 試験管AとB にヨウ素液を2～3滴ずつ加えてよく混ぜ，それぞれの色の変化を観察した。次に，試験管CとDに，ベネジクト液を少量加え，沸騰石を入れて加熱し，それぞれの色の変化を観察した。

(1) 実験結果をまとめ，以下の表を作成した。A～Dの各試験管の変化について，正しい実験結果を記録しているものの組み合わせとして，最も適切なものを，下のア～オから1つ選び，その記号を答えなさい。

試験管	A	B	C	D
実験結果				

ア　A青紫色　B変化なし　C赤かっ色の沈殿が生じる　D変化なし

イ　A変化なし　B青紫色　C変化なし　D赤かっ色の沈殿が生じる

ウ　A青紫色　B変化なし　C変化なし　D赤かっ色の沈殿が生じる

エ　A変化なし　B青紫色　C赤かっ色の沈殿が生じる　D変化なし

オ　A変化なし　B赤かっ色の沈殿が生じる　C青紫色　D変化なし

(2) 実験結果から分かることは何か。以下の文中の（　①　），（　②　）に入る適切な文をア～エからそれぞれ１つ選び，その記号を答えなさい。

・試験管ＡとＢを比較すると（　①　）ということが分かり，試験管ＣとＤを比較すると（　②　）ということが分かる。

ア	だ液によって，デンプンが分解され，他のものに変わる
イ	デンプンには，ベネジクト液から赤かっ色の沈殿を生じさせるはたらきがある
ウ	だ液には，デンプンがふくまれているが，水にはふくまれていない
エ	デンプンは，だ液により，ブドウ糖がいくつか結びついたものになった

(3) 次の文は，消化酵素について説明したものである。以下の文中の（　①　）～（　⑤　）にあてはまる語句として最も適切なものを，下のＡ～Ｌからそれぞれ１つ選び，その記号を答えなさい。

・だ液にふくまれている消化酵素は（　①　）という。消化酵素は，胃液や（　②　）などの消化液にもふくまれるほか，（　③　）にも存在する。

デンプンは，だ液の中の消化酵素のほか，（　④　）から出される（　②　）のなかの消化酵素や，（　③　）にある消化酵素によって，（　⑤　）にまで分解される。

Ａ アミラーゼ	Ｂ ペプシン	Ｃ リパーゼ	Ｄ たんじゅう	Ｅ すい液
Ｆ かん臓	Ｇ 小腸の壁	Ｈ たんのう	Ｉ すい臓	Ｊ ブドウ糖
Ｋ モノグリセリド	Ｌ しぼう酸			

(4) 吸収について，以下の文中の（　①　）～（　③　）に入る言葉をＡ～Ｊからそれぞれ１つ選び，その記号を答えなさい。

・消化された栄養分は（　①　）の内壁のひだをうめる細かい突起の（　②　）という部分から吸収される。その中には，（　③　）とリンパ管が通っている。

Ａ 大腸	Ｂ 小腸	Ｃ 柔毛	Ｄ 消化管	Ｅ 小突起	Ｆ 大動脈
Ｇ 動脈	Ｈ 静脈	Ｉ 毛細血管	Ｊ 血しょう		

2 物質の水へのとけ方を調べるために，次の①～④の実験を順に行った。実験で使ったミョウバンの100gの水にとける質量は，表1のようになった。

＜実験＞

① ビーカーに，水200gとミョウバン120gを入れて，よくかき混ぜるとミョウバンがとけ残った。

② このビーカー内の水溶液をかき混ぜながらガスバーナーで加熱して80℃にした。このとき，ミョウバンはすべてとけていた。

③ このビーカーの水溶液が，20℃まで冷えたとき，ビーカー内にミョウバンの結晶が出ていた。

④ 20℃に保ったまま，この水溶液をろ過して，結晶と水溶液とに分けた。

《表1》　水の温度と100gの水にとけるミョウバンの質量

温度（℃）	20	40	60	80
ミョウバン（g）	5.9	11.7	24.8	71.0

(1) 100gの水にとかすことのできる物質の最大の質量のことを，何というか。下のア～オから1つ選び，その記号を答えなさい。

ア　飽和最大量　　イ　溶質量　　ウ　密度　　エ　飽和質量　　オ　溶解度

(2) ミョウバンは，20℃の水200gに，最大何gとけますか。小数第一位までの値を答えなさい。

(3) 実験③で20℃まで冷えたときに出ていた結晶の質量は全部でおよそ何gか。下のア～オから1つ選び，その記号を答えなさい。

ア　約65g　　イ　約100g　　ウ　約108g　　エ　約114g　　オ　約130g

(4) 実験④でろ過して得られた水溶液の質量パーセント濃度はおよそ何%か。下のア～オから1つ選び、その記号を答えなさい。

ア　約59%　　イ　約56%　　ウ　約25%　　エ　約5.9%　　オ　約5.6%

(5)　表1の実験と同様に，40℃の水500gに塩化ナトリウムをとかして，飽和食塩水を作った。この食塩水を冷やして20℃にしたとき，何gの食塩の結晶ができるか。表2の値を用いて，小数第一位までの値を求めなさい。

《表2》　水の温度と100gの水にとける塩化ナトリウムの質量

温度（℃）	20	40
塩化ナトリウム（g）	35.7	36.4

3 **天体の動きについて，次の文の（　①　）～（　③　）に当てはまる語句や数字を，下のア～スからそれぞれ1つ選び，その記号を答えなさい。**

・地球は地軸を回転の軸として（　①　）へ回転している。地球の自転による天体の見かけの動きを，（　②　）という。

・地球の公転によって，同じ時刻に見える星の位置は，1か月に約（　③　）度ずつ，西へ動く。

ア　西から東	イ　東から西	ウ　北から南	エ　南から北	
オ　公転運動	カ　自転運動	キ　天体運動	ク　日周運動	
ケ　10	コ　15	サ　20	シ　23.4	ス　30

4 図１は北半球で，ある日の夕方に見えた月の写真，図２は地球のまわりを回る月の位置と太陽の光の方向を表したものである。あとの問いに答えなさい。

図 1

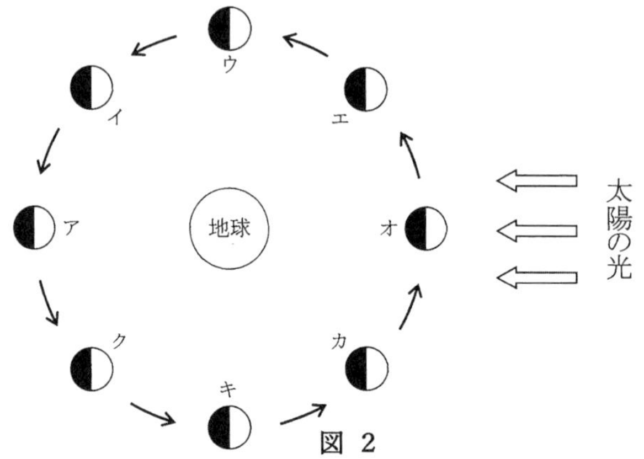

図 2

(1) 図１の月を何と呼ぶか，下のア～オから１つ選び，その記号を答えなさい。

ア　満月	イ　上弦の月	ウ　下弦の月	エ　三日月	オ　新月

(2) 図１の月が見えたときの月の位置を，図２のア～クから１つ選び，その記号を答えなさい。

(3) 日食を起こす時の月の位置として，最も適当なものを図２のア～クから１つ選び，その記号を答えなさい。また，このときの月の呼び方を答えなさい。

5 図のように，電圧を変えられる電源装置，電気抵抗が不明の電熱線 a と電気抵抗が 30Ω の電熱線 b を用いて回路をつくり，電圧と電流を調べる実験を行った。この実験に関して，あとの問いに答えなさい。

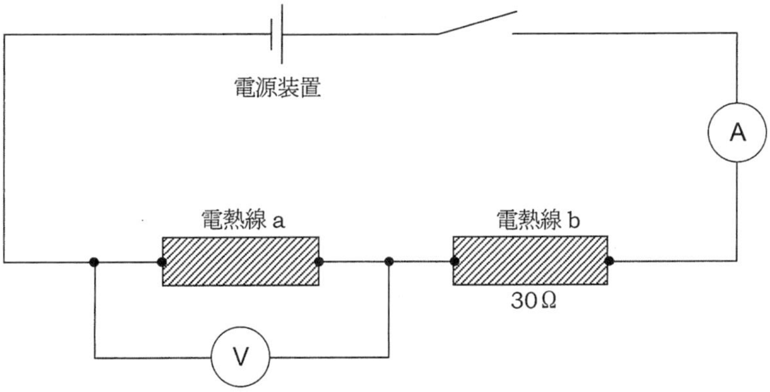

(1) 電熱線 a に加えられた電圧と，上の図の回路中の位置での電流を調べると，次の表の結果が得られた。調べられた電圧が 2.0Vのとき，電熱線 b には，何Aの電流が流れているか。下のア～オから１つ選び，その記号を答えなさい。

＜実験結果＞

電圧（V）	0	2.0	3.0	4.0	6.0
電流（mA）	0	80	120	160	240

ア　80A　　イ　8A　　ウ　0.8A　　エ　0.08A　　オ　0.008A

(2) 電熱線 a の抵抗は何Ωか。下のア～カより１つ選び，その記号を答えなさい。

ア　1.6Ω　　イ　2.5Ω　　ウ　4Ω　　エ　16Ω　　オ　25Ω　　カ　40Ω

(3) 調べられた電圧が 8.0V であるとき，電熱線 a には，何mAの電流が流れているか答えなさい。

(4) (3)のとき，電熱線 b に加えられた電圧は何Vか。小数第一位までの値を答えなさい。

6 図のような装置で，コイルに電流を流すとＡ，Ｂ２つの方位磁針のＮ極のさす方向が変わった。あとの問いに答えなさい。

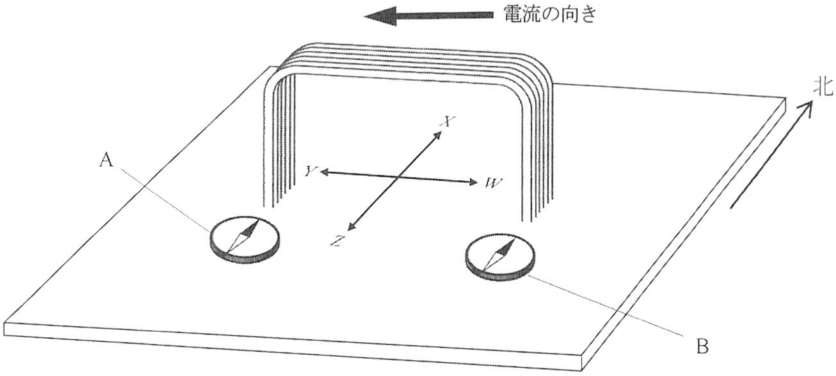

(1) 矢印の向きに電流を流すと，コイルの中心付近の磁界の向きは，W，X，Y，Zのどの向きになるか。正しいものを，下のア～オから１つ選び，その記号を答えなさい。

ア　磁界の向きは決まっていない。	イ　図の→Wの向きにできる。
ウ　図の→Xの向きにできる。	エ　図の→Yの向きにできる。
オ　図の→Zの向きにできる。	

(2) 矢印の向きに電流を流すと、A，Bの方位磁針はどのように振れるかを，下の①～④からそれぞれ１つ選び，その組み合わせとして最も適切なものを，下のア～キから１つ選び，その記号を答えなさい。なお，①～④は方位磁針A，Bを上方からながめた図である。

① 動かない。

② 時計回りに動き，N極がXとWの間で止まる。

③ 180°反転し，N極がZ方向を向く。

④ 反時計回りに動き，N極がXとYの間の方向で止まる。

ア	A－①	B－②	イ	A－①	B－③
ウ	A－②	B－③	エ	A－②	B－④
オ	A－③	B－①	カ	A－④	B－②
キ	A－④	B－①			

2020(R2) 星城高
K 教英出版